Comment on Innovation and
Development of Specialty Industries of National Minorities

论少数民族特色产业创新与发展

张璞 郝戌/等编著

图书在版编目（CIP）数据

论少数民族特色产业创新与发展/张璞，郝戊等编著.—北京：经济管理出版社，2014.7
ISBN 978-7-5096-3210-9

Ⅰ.①论… Ⅱ.①张…②郝… Ⅲ.①少数民族经济—区域经济发展—研究—中国 Ⅳ.①F127.8

中国版本图书馆CIP数据核字（2014）第143242号

组稿编辑：丁慧敏
责任编辑：张　艳　丁慧敏
责任印制：司东翔
责任校对：赵天宇

出版发行：经济管理出版社
　　　　　（北京市海淀区北蜂窝8号中雅大厦A座11层　100038）
网　　址：www.E-mp.com.cn
电　　话：（010）51915602
印　　刷：大恒数码印刷（北京）有限公司
经　　销：新华书店
开　　本：787mm×1092mm/16
印　　张：18.25
字　　数：405千字
版　　次：2014年7月第1版　2014年7月第1次印刷
书　　号：ISBN 978-7-5096-3210-9
定　　价：58.00元

·版权所有　翻印必究·
凡购本社图书，如有印装错误，由本社读者服务部负责调换。
联系地址：北京阜外月坛北小街2号
电话：（010）68022974　邮编：100836

前 言

多年来，我国少数民族经济研究关注的焦点是"发展"问题，即如何加快我国少数民族地区经济的发展。特别是全面建设小康社会的奋斗目标的提出，少数民族经济的发展问题更是成为人们关注的重中之重。但是，作为我国少数民族问题之一的少数民族经济问题是否仅仅是一个如何发展的问题？少数民族经济的发展问题本身是否等同于在经济学意义上的发展问题？这两个问题值得我们思考。毋庸置疑，在经济全球化背景下，少数民族地区经济必须加快发展，才能缩小差距。然而，除了经济学意义上的发展，少数民族经济发展还应该包括民族学意义上的发展，即少数民族特色经济的发展。在市场化进程中，如果单纯强调少数民族地区经济在经济学意义上的发展，民族学意义上的少数民族特色经济就有可能衰退甚至消亡。在一定条件下，少数民族经济在经济学意义上的发展和少数民族经济在民族学意义上的发展是可以相互促进的。如何认识和处理这两层含义的关系，实现少数民族地区经济和少数民族特色经济的共同发展，是我国少数民族经济学科研究的一个具有重要现实意义的课题。

"少数民族地区经济"与"少数民族经济"是不相重合的两个概念，从微观的视角研究某个特定少数民族聚居区时，这两者大概是统一的。而从宏观视角研究泛指的少数民族地区经济时，由于少数民族人口只占这些地区总人口的一部分，或者说，该少数民族地区的经济是既包括少数民族特色经济又包括其他经济。

从世界范围来看，凡先进发达国家和地区，其产业结构和经济体系都有自己鲜明的特色。因此，发展少数民族地区经济，一项重要的任务是努力建设自己的特色产业。民族地区特殊的地理环境、自然气候、人文环境使少数民族地区在发展特色产业方面具有不可比拟的优势。特色产业是特色经济的载体，是特色经济最重要的组成部分。特色产业指的是产业范畴，而特色经济属于空间地域经济的范畴。我国少数民族地区地域辽阔，资源丰富，特有的民俗、民居、民风和民族文化孕育了丰采绚丽的民族风情，形成了独具特色的民族餐饮业、民族食品制造业、民族医药业、民族服装业、民族用品制造业、民族旅游业、民族文化产业和民族贸易等。研究我国少数民族特色产业创新与发展问题，无论在经济学意义上还是在民族学意义上，对促进少数民族经济发展，加强民族团结进步，构建社会主义和谐社会，都具有重大的研究价值。

首先，少数民族特色产业是少数民族地区产业中的重要组成部分。少数民族特色产业的发展，有利于充分利用民族特色资源优势，促进民族地区产业结构的合理化，提高民族特色经济的竞争力，推动经济、社会全面协调发展。少数民族特色产业的发展，对民族经济的发展有着较强的带动性和推动性。发展少数民族特色产业能充分调动当地各少数民族的积极性和主动性，使各民族人民真正参与到经济发展中来。所以说，少数民族特色产业的创新与发展，都直接影响少数民族地区经济的发展，进而推动我国的经济发展。

其次，少数民族特色产业的创新与发展也是民族工作的一部分。我国民族工作的重心是大力发展少数民族地区的经济文化建设事业，提高少数民族群众的物质文化生活水平，实现民族团结。发展少数民族特色产业，鼓励民族特色商品生产经营企业加强产品和技术研发与创新，进行设备改造与更新，提高产品质量和技术含量，促进民族特色商品经营走品牌化、规模化、市场化、国际化发展道路，不断拓展民族商品市场，促进民族特色商品流通，使少数民族特色产品走向全国乃至世界，实现少数民族和民族地区人民充分就业，满足各族人民的生产、生活需要，使少数民族群众得到更多实惠，这不仅有利于少数民族的发展和民族地区的经济发展，也有利于增进各民族的团结，建立平等、互助、团结的社会主义和谐民族关系。

实施西部大开发战略以来，民族地区经济得以快速发展，人民群众普遍受惠，城乡面貌变化巨大。但是民族地区经济发展的特点是快而不大、快而不强和快而不富，少数民族地区面临的最大矛盾和问题依然是发展不足、发展不当和发展不协调。在当前世界经济形势与中国经济发展的背景下，民族地区的发展在政府的积极推动下，以市场为主体，以培育优势、特色产业为主要手段，形成内生式发展机制，走出一条不同于东中部的发展新道路。少数民族特色产业一般是民族地区的优势产业，对于推进民族地区全方位的发展具有不可替代的作用。少数民族地区依照各自的比较优势培育壮大各地区的特色产业，有效解决了区域发展中的产业同构带来的资源浪费和效率损失。因此，少数民族地区特色产业创新与发展是民族地区建立内生式发展机制和赶超东部发达地区的突破口。少数民族地区特色产业的创新与发展能够有效克服产业结构趋同的弊端，以己之长，避己之短，迅速提升产业竞争力，推动产业结构战略性调整和优化升级，缩小与发达地区的经济差距，为民族地区实现健康可持续发展提供一条新的发展模式和路径。

本书是我主持的国家社会科学基金项目"少数民族特色产业创新与发展研究（08XMZ048）"、内蒙古哲学社会科学规划项目"内蒙古产业创新研究（0106）"和内蒙古自治区高校人文社会科学重点项目"创新驱动内蒙古产业结构调整的对策研究（NJZX15）"的结题成果。由于少数民族特色产业创新与发展研究涉及范围太广，既有产业经济学、区域经济学、发展经济学和创新经济学等内容，又有民族学、政策学、历史学、人类学和文化学的内容。单从经济研究的角度看，对少数民族特色产业的研究，几乎涉及了经济学的所有方面，它囊括了宏观、微观、部门、行业、区域经济等各领域，所以具有多重性和交叉性的特点。但是，如果仅仅注重经济学研究方法，而忽略了其他方法和视角的研究，则研究成果将会缺乏交叉学科特色，使研究流于肤浅和表面化。所以，对民族特色产业问题的研究，首先是立足于民族个性的研究。

其次，少数民族有其独特的历史、文化传统、不同的地理居住环境及资源禀赋条件。本书研究中国少数民族地区产业发展规律，涉及各个不同的少数民族地区和不同的少数民族特色产业的发展中抽象归纳出"带有普遍性规律的问题"。

最后，少数民族地区特色产业与少数民族特色产业是有内在联系的不同概念。少数民族地区特色产业是基于当地特殊的自然资源、自然条件、自然环境以及民族文化、历史基础而产生的有别于其他地区的产业形式。而少数民族特色产业是基于民族特性的特色产业。少数民族地区发展特色产业既包含根植于当地特殊的自然资源、自然条件、自然环境而有别于其他地区的产业，也包含民族文化特征明显的特色产业。但是，少数民族特色产业并不是少数民族地区特有的产业，并不排除其他地区形成和发展少数民族特色产业。本书研究的主要对象是少数民族地区的少数民族特色产业，同时也在一定程度上涉及少数民族地区不具有民族特性的特色产业。

鉴于以上少数民族特色产业研究的复杂性与特殊性，本书采取宏观视角和微观视角相结合的方法，即泛指的少数民族聚居区和具有一定行政区划内涵的民族区域自治地区，这样做是考虑数据的可获得性，采取与各年统计年鉴一致的统计口径。同时，通过实地调研，就几个主要的少数民族聚居地区少数民族特色产业发展现状及特色产业培育路径进行基于其各自特殊条件的、因地制宜的案例研究。具体研究方法包括文献研究法、问卷调查法、数学模型法、统计分析法和指标分析法等。

本书的出版得到内蒙古自治区高校人文社会科学重点研究基地"产业信息化与产业创新研究中心"的资助，在此表示感谢。

张璞
2014 年 5 月 18 日于内蒙古科技大学腾飞楼

目 录

第一篇　产业创新理论与模型 ... 1

 第一章　创新——产业竞争的新焦点 ... 3
 第二章　区域产业创新体系构建研究 ... 10
 第三章　少数民族特色产业的内涵和特征分析 ... 17
 第四章　少数民族特色产业创新与发展的演进路径及内在机理分析 ... 23
 第五章　产业部门科技创新效用计量的一种应用模型 ... 29

第二篇　少数民族文化与旅游产业发展 ... 37

 第一章　西部少数民族地区文化产业发展影响因素分析 ... 39
 第二章　少数民族地区文化产业特色推进发展 ... 47
 第三章　基于生态旅游视域下少数民族地区旅游产业创新与发展 ... 55
 第四章　内蒙古文化产业对经济增长的影响分析 ... 65

第三篇　少数民族特需用品产业创新与发展 ... 71

 第一章　少数民族特需用品产业发展对策研究——以新疆地区为例 ... 73
 第二章　少数民族医药产业创新与发展的思考 ... 78
 第三章　"哈里俩"认证模式对我国清真产业的启示 ... 84
 第四章　产业集群的社会特征研究——以银川市清真产业为例 ... 91
 第五章　制度经济学视角下的产业集群及其网络创新 ... 99

第四篇　民族贸易发展 ... 107

 第一章　内蒙古自治区出口贸易及其影响因素的实证研究 ... 109
 第二章　基于国际贸易视角发展内蒙古民族贸易 ... 118
 第三章　扩大内蒙古地区特色产品和民族用品贸易以发展民族贸易 ... 125

第五篇　地区特色产业创新与发展 ... 133

 第一章　浅析内蒙古地区的产业创新 ... 135
 第二章　"鄂尔多斯模式"对资源富集民族地区产业创新的启示 ... 141

第三章　发展内蒙古自治区节约型能源产业的思考 …………………… 146
　　第四章　循环经济视角下我国稀土产业可持续发展的对策思考 ………… 151
　　第五章　稀土产业发展现状与资源整合重组对策 ………………………… 157
　　第六章　我国稀土产业可持续发展的战略思考 …………………………… 163
　　第七章　金融危机背景下包头市稀土产业发展现状及其成因分析 ……… 171

第六篇　创新驱动与少数民族地区产业结构调整 …………………………… 179
　　第一章　科技创新和少数民族地区产业结构优化升级关系的实证研究——
　　　　　　以内蒙古自治区为例 …………………………………………… 181
　　第二章　民族地区经济发展水平评价——对 30 个民族自治州的研究 …… 187
　　第三章　创新驱动与内蒙古区域经济增长问题研究
　　　　　　——基于区域面板的实证分析 ………………………………… 193
　　第四章　产业结构变迁对产业劳动生产率增长的驱动——以内蒙古为例 … 200
　　第五章　鄂尔多斯市产业结构调整分析及对策研究 ……………………… 212
　　第六章　区域经济一体化背景下内蒙古产业发展水平的实证分析 ……… 219

第七篇　少数民族特色产业创新发展模式与策略 …………………………… 227
　　第一章　少数民族特色产业创新与发展的对策建议 ……………………… 229
　　第二章　少数民族特色产业创新与发展模式选择研究 …………………… 239
　　第三章　少数民族特色产业发展与创新的 SWOT 分析 ………………… 247
　　第四章　西部民族地区战略性新兴产业的金融支持研究——基于面板数据
　　　　　　模型的实证研究 ………………………………………………… 252

第八篇　少数民族特色产品开发与设计 ……………………………………… 259
　　第一章　地方民族特色产品包装设计 ……………………………………… 261
　　第二章　民族元素在现代首饰设计中的作用 ……………………………… 268
　　第三章　商业用生态蒙古包设计 …………………………………………… 273
　　第四章　包头市旅游产品开发的设计定位与特色 ………………………… 278

后　记 …………………………………………………………………………… 283

第一篇 产业创新理论与模型

第一章 创新——产业竞争的新焦点*

21世纪最热门的话题是创新、知识、软件、网络……比如创新，人们就可以一口气说出十几个，如技术创新、制度创新、组织创新、管理创新、观念创新、知识创新、产业创新等。随着知识经济的发展，竞争日益加剧。世界各国各地区为了在竞争中保持优胜地位，纷纷不遗余力地推行创新。过去一度被认为存在于金银珠宝之中、用劳动和资本可以发现的财富，今天则主要来自知识创新，创新能力成为一个国家或地区在新的经济格局中的地位的决定性因素，成为产业竞争的新焦点。

一、对创新的理解

创新一词，在《汉语·叙传下》中的定义为"礼仪是创"，颜师注："创，始造之也。"在《现代汉语词典》中如此解释："抛开旧的，创造新的"，意指"创造性"。在英语中，创新Innovate（动词）、Innovation（名词）意为更新，制造新的东西或改变。在日常用语上，创新是与创造、发现、发明等作为同义语使用的。

对创新的研究更多的还是在经济学领域。1912年，美籍奥地利人、哈佛大学教授、经济学家约瑟夫·熊彼特（J. A. Schumperter）出版了其成名作《经济发展理论》，第一次从经济学角度系统地提出创新理论，开创了创新经济学研究的先河。他首次提出的创新概念是指把生产要素和生产条件的"新组合"（包括引入新产品、引入新技术、开辟新市场、控制原材料的供应来源、实现工业的新组织）引入生产体系，以提高潜在的产出能力，获得潜在的利润。人们在不断努力改进生产的过程中，用不同的方式使用现有的生产要素，进行原手段的新组合，使经济自行从内部发生了变化，产生了质上的新现象，这就是不同于增长的发展，也就是创新。熊彼特在定义创新时采用了双重标准。首先，他沿用了创新的基本涵义，把企业家的行为定义为创新，所讲的创新是一个宽泛的概念，是指各种可提高资源配置效率的新活动，几乎涉及企业所有的生产经营活动。因此，他把创新作为影响经济变动与周期的内生变量。其次，他还明确地将技术发明与创新区别开来，认为技术发明不是创新，这样，就把其他人员（如科学家、工程技术人员、其他管理人员等）排斥在"创新"之外，这种观点不符合创新的基本涵义。技术发明是引入新的知识，使知识体系发生变化，根据创新的基本涵义，

---

* 本文原载《北方经济》，2003年第6期，作者：张璞、郝戊。

引入新东西或创造变化就是创新，所以，技术发明也应该是一种创新。而且，熊彼特在经济领域引入创新概念时，把创新局限在企业生产过程的新变化，突出新技术的商业应用，他没有明确区别一般意义的创新与经济学意义的创新。资本主义经济增长的主要源泉不是资本和劳动力，而是技术创新。

美国著名管理学家德鲁克（P. F. Drucker）认为，创新首先是一种企业行为，创新开创新的实业或推出新的服务，创造出新的财富、资源、价值与效用。他认为，尽管创新这个词是从经济学发展出来的，但创新适用于所有人类的活动，创新和企业家精神是社会领域、公共服务部门和企业共同需要的，社会创新要产生比技术创新更大的重要性和更广泛的影响。德鲁克说："社会创新，如建立学校、市政服务、银行和劳工组织等机构，与制造蒸汽机车和使用电报相比，更为关键和困难。"他把创新作为维持组织、经济和社会生存不可缺少的活动，如果社会处于缺少创新的时期，就是该社会停滞或缓慢发展的时期。德鲁克试图把企业创新外扩为社会创新，涉及人的活动领域的普遍的创新性质，但还是属于具体领域、具体层次上的创新理论。

美国著名战略管理学家迈克尔·波特（M. E. Porter），在其1990年发表的《国家竞争优势》中，对竞争优势和创新进行了深入的分析。波特想要回答的问题是：为什么只有特定的国家能在一个或多个产业中培育出许多有国际竞争力的公司。

他认为，国家的竞争优势正是建立在成功地进行了技术创新的企业的基础上的。从某种意义上讲，国家只是作为一个公司的外在环境发挥作用，并加强或者削弱其竞争力。因此，政府可以通过不同的方式影响创新过程。根据波特的观点，政府应该追求的主要目标是为国内企业创造一个适宜的、鼓励创新的环境。

根据对10个国家的10个例子的分析，波特将这些不断创新企业的竞争优势归结于企业在国家结构中的四个因素的状况，他把这些因素称为"钻石"，认为解释某一产业的国家优势在于分析国家在刺激竞争和创新中的作用，当企业获得了规模经济和技术领先优势时，不同的产品都打开了市场，获得这些优势的能力不是原因而是结果。

波特认为，上述问题的答案在于"钻石"中四个因素的作用，四个因素分别是：

（1）要素条件：波特认为，生产要素分为基本要素和高等要素。基本要素包括自然资源、地理位置、气候条件、初级劳工等；高等要素包括高技术及其创造力、科教机构和领先学科、现代化的电讯网络。后者是发展知识经济的必要条件，具有稀缺性而难以仿效，其开发不仅需要长期、大量的资金投入，更为重要的是，要有营造高等要素所需要的创新环境。只有这样，才能保持区域和国家的竞争优势。

（2）需求条件：国内市场是国际市场的基础。国内有经验的挑剔的消费者能够反映先进的需求心理，促进厂商以高标准要求刺激其创新升级。

（3）相关的支持产业：如果某种产业在本国和区域的相关支持产业很发达并具有国际竞争力，那么，这种产业就可能获得国家竞争优势，公司、供应商和顾客的相邻区位优势，通信线路便捷，便于不断交流信息和创新思想，相互促进、共同创新与升级。

（4）公司的战略与竞争状况：它需要适合各自情况的管理体制，促进技术创新、组织创新和管理创新。

上述四个因素组成一个相互增强的体系，它们是企业产生与发展的背景。根据波特的观点，国家在某个特定的产业中取得成功，是因为产业内部环境是动态的、充满竞争的，能刺激企业不断进步和扩大优势。

1896年，美国第一任总统华盛顿在告别演说中曾告诫美国人民："保持创新精神。"百年后的1998年11月，江泽民在美国哈佛大学的演讲中高度评价了美国人民的创新精神。确实，美国这样一个年轻的国家，能够成为当今世界最强大和最富有的国家，与其鼓励创新的价值导向是分不开的，创新是美国经济的灵魂和本质特征。首先，技术创新已经成为美国经济发展的内在动力。其次，美国独特的公共、私人、学术相互交织的创新体系，把产学研紧密地结合在一起。最后，美国对科技创新投入的增长率远远大于经济本身的增长率。分析美国经济发展的创新因素，我们可以得出这样的结论：没有创新就不会有拉动经济发展的新产品、新产业的出现；没有高度发达的创新体系，就不是健康发展的经济，就是缺乏竞争力的经济。

1995年，江泽民在全国科技大会上郑重提出："创新是一个民族进步的灵魂，是国家兴旺发达的不竭动力。没有创新能力的民族，难以屹立于世界民族之林。"在党的"十六大"报告中，又增加了一句话：创新"也是一个政党永葆生机的源泉"。江泽民把创新范畴从企业层面、经济领域的特指名词提升为社会历史层面的一般范畴，揭示了创新在人类历史发展中所具有的普遍性质以及所发挥的重要功能。表明创新范畴超越了专业思维与日常语义，获得了哲学意识、自觉意识与历史意识。

二、创新是产业发展的不竭动力

人类已经经历了五次以系列技术创新为内容的技术革命，每一次都给人类历史的发展注入了新的生命力。史前期以火的使用为代表的创新是第一次技术革命，它结束了人类漫长的野蛮时期，迎来了人类的文明时代。农业技术的系统创新是第二次技术革命，它使人类建立起自给自足的小农经济。工业技术的第一次系统创新是第三次技术革命，它所带来的大机器生产，使人类建立起工厂化生产的体制，发展了商品经济。以重工业技术的系统创新为内容的第四次技术革命，产生了大规模的钢铁厂、化工厂、发电厂和机械厂，建立了重化工业，出现了庞大的工业体系和工商业垄断组织。以信息技术为代表的高科技系统创新是正在发生的第五次技术革命，它正在把人类社会从工业社会带向知识经济时代。

人类的创新活动，不仅推动了生产模式的革命性变化，而且导致了产业的持续有序发展。如果把人类文明进程划分为原始社会、农业社会、工业社会和知识社会的话，那么，产业发展史与这四个时代刚好是一致的，可以划分为四个阶段：第一个阶段是以原始采集和狩猎为主的阶段（原始社会）；第二个阶段是以农业为主的阶段（农业社会）；第三个阶段是以工业为主的阶段（工业社会）；第四个阶段是以知识产业为主的阶段（知识社会）。如表1所示。

表1 产业结构变化的历史比较

发展阶段	产业结构	主要特点	变化原因
原始社会	采集、捕鱼、狩猎、知识服务	以采集食物为主	创新、人口压力、自然条件
农业社会	种植、畜牧、渔业、手工业、商业服务、知识生产	农业生产占主导地位,变化缓慢	创新、人口压力、自然资源
工业社会	农业、工业、服务业	工业生产占主导地位,主导产业不断变化	创新、生产力提高、社会新需求
知识社会	物质产业、知识产业、服务产业	知识产业占主导地位,主导产业不断变化	创新、生产力提高、社会新需求

资料来源：何传启，张风：《知识创新》，北京：经济管理出版社，2001年版，第83页。

在原始社会（200多万年以前），人类是食物采集者，生产活动的主题是采集野果、采割野菜、挖掘植物块根、捕鱼、狩猎等，创新的速度非常缓慢。大约1万年前，人类进入新石器时代，创新的速度加快，出现了大批有历史意义的创新。如原始种植和养殖的发现与发明，使人类逐步摆脱对自然食物的依赖，从食物采集者转变为食物生产者。原始农业的创新导致了农业革命和农业的诞生，人类步入农业社会。

在公元前4000～公元前3000年，人类发明了灌溉农业，粮食产量大幅度提高，粮食生产逐步成为人类的主要食物来源，使农业成为主导产业。从"刀耕火种"的自然农业到人工排灌的灌溉农业的创新发展，使粮食生产基本替代了食物采集，它是人类农业生产的一次飞跃，是产业结构的第一次大转变。

工业时代是创新速度不断加速的年代，正是持续的创新导致了产业结构的持续发展。工业社会前后发生过两次工业革命。第一次工业革命发生在18世纪中叶的英国，它是技术创新和扩散的产物，导致了现代工业的诞生和崛起。第二次工业革命发生在19世纪下半叶的欧洲和美国，它推动了西方国家产业结构的持续变化。工业革命创新使工业生产超过农业生产，是产业结构的第二次大转变。

20世纪70年代以来，世界经济发生了巨大变化。以科技革命、信息革命和学习革命为主的知识革命，加剧了创新的速度，导致一系列新产业（研究与发展、信息产业、高新技术产业、文化产业、知识服务业等）的出现和产业结构的急剧变化，使知识产业崛起并将逐步超过其他产业，成为社会的主导产业，这是产业结构的第三次大转变。

三、创新对产业结构升级的影响

所谓产业升级，主要是指产业结构的改善和效率的提高。产业结构的改善一方面表现为各产业的协调发展，消除"瓶颈"，使整体经济效益提高；另一方面表现为产业结构系统从较低级的形式向较高级的形式转换,其上升运动的一般规律为:农业—轻工业—基础产业—重化工业—高附加值加工工业—现代服务业。效率的提高,则表现为要素效率的提高,管理水平、技术水平、产品质量的提高等。某单个产业各阶段的更替变化构成产业内部的升级,而新旧产业的更替则构成产业结构的换代。这样,从一个较大的范围来看,如从一个地区的角度来看,产业升级不仅指单个产业内部的升级,还包括产业结构中的淘汰、重组和换代。产业的升级换代依次继起并延绵不断,从而推动产业结构不断地升级转型并走向新的层次和阶段,使经济不断增长。

在开放经济条件下,需求结构、供给结构、国际贸易结构和国际投资结构四个因素是决定产业结构变化的基本因素。在这里起核心作用的是创新。按照熊彼特的观点,创新是对生产要素进行新的组合,以提高社会潜在的产出能力。具体表现为三个方面:创造出新的商品和服务;在既定的劳动力和资金的情况下,提高原有商品和服务的产出数量;具有一种扩散效应,这种扩散效应能促进经济的快速发展。因此,创新不仅可以提高生产商品和服务的能力,而且可以增加品种;同时,在产业结构效应的作用下,创新引起关联产业一系列的积极变化。创新对产业结构的影响既有直接的,也有间接的。

(一) 直接影响

在一个资源可以自由流动的社会里,当创新可以提高潜在产出能力时,人们面临的选择主要是以增加本产业产出的形式来获得创新的收益呢?还是把本产业的资金、劳动力等要素转移到其他产业,以增加其他产业产出的形式来获得创新的收益呢?这主要取决于具体的创新方式。一般来说,当创新带来的是新产品开发或原有产品的改善时,由于新产品的需求弹性较大,会吸引生产要素流入该部门。这是因为新产品刚上市时,其价格对成本的反应、需求对价格的反应都比较敏感,从而使其产量的提高能获得较高的收益。当该部门能够获得高于一般产业部门平均水平的收益时,其他部门的生产要素就会向该部门转移。因而,这种方式的创新将倾向于该产业部门的扩张,如20世纪20年代汽车工业的发展就是如此。与此相反,当创新仅仅导致了原有产品的生产效率提高时,如果这些产品的需求弹性较小,那么这将促使该部门的生产要素向外流出。这是因为原有产品已趋于成熟,其价格对成本的反应、需求对价格的反应已不再特别敏感,从而其产量的大幅度提高将大幅度降低该产品的价格,使其收益下降。所以,这种方式的创新更倾向于使该产业部门收缩,尤其表现为该部门劳动力数量的锐减,如20世纪五六十年代的农业创新就是如此。可见,不论采取哪一种方式,创新都将引起生产要素在产业部门之间的转移,导致不同部门的扩张或收缩,从而促进产业结构的变化与升级。

(二) 间接影响

一是创新通过对生产要素相对收益的影响而间接影响产业结构的变化。英国著名经济学家希克斯（Hicks）认为，创新会通过改变各种生产要素，尤其是劳动和资本的相对边际生产率，来改变其收益率之间的平衡。当然，一项创新有可能以相同的比例，同时提高劳动与资本的边际生产率。然而，这种情况是十分罕见的。更常见的是创新对它们的非平衡影响，即资本边际生产率的提高比劳动边际生产率的提高更快。在这种情况下，就会刺激生产要素之间的替代，即资本替代劳动或劳动替代资本。前者就是所谓的"劳动节约型创新"，后者就是"资本节约型创新"。显然，这种要素之间的替代会影响产业结构的变动。二是创新通过改变生活条件和工作条件而间接影响产业结构的变化。创新往往会创造新的或某些潜在的巨大需求（最终需求或中间需求），并且可能通过连锁反应对需求产生更广泛的影响。当然，这些需求结构的变动无疑会影响产业结构的变化。

四、创新是产业竞争的新焦点

Entovation 国际公司的创立者和首席战略家艾米顿（Debra M. Amidon），于 1993 年发表了题为《知识创新：共同的语言》的论文，认为创新力是组织财富和社会财富的基本来源，实现创新和利用知识力量是国家、社会和企业成功进入 21 世纪的关键。他强调，创新的核心要素是知识而不是技术或资本。

进入知识经济时代，知识经济价值观的思想体现就是创新理论的建立。对于一个国家或地区而言，拥有持续创新力和大量的高素质人才资源，就具备了发展知识经济的巨大潜力，缺乏创新力的国家将错过知识经济带来的机遇。

创新能力的大小正成为决定一个国家综合国力和地区实力的重要因素。国际竞争越来越明显地表现为科技和人才的竞争，特别是在科技创新能力和创新人才竞争的时代，为了适应 21 世纪激烈的经济竞争和科技的迅猛发展，世界各国都在调整经济政策、科技政策和发展战略，给予创新高度的重视。从企业层面看，国外公司用于创新的经费不断提高。1997 年英国政府对 300 家大型跨国公司进行的调查发现，它们平均将销售收入的 4.6% 用于创新，其中，丹麦公司平均为 16%，加拿大公司平均为 11%，芬兰公司平均为 10%，而美国孟山都公司为 22%。

可见，在知识经济时代，一个国家和区域的创新能力，是决定其在国际竞争和世界总格局中的地位的重要因素。可以说，国家和区域的创新能力关系到国家和区域的前途和命运。对中国产业的最大挑战就是如何使之更有创新性。国家和企业只有拥有创新性的产业，包括开发和改进顾客和市场所需的产品、生产过程和服务，才能在全球竞争中获利并取得成功。

参考文献

[1] 苏东水. 产业经济学 [M]. 北京：高等教育出版社，2000.

[2] 陈劲等译. 创新聚焦——产业创新手册 [M]. 北京：清华大学出版

社，2000.

［3］何传启，张风. 知识创新［M］. 北京：经济管理出版社，2001.

［4］P. F. Drucker. Innovation and Enter preneuship：Practice and Principles［M］. New York：Harper & Row Publishers，1985.

第二章 区域产业创新体系构建研究*

区域创新体系与国家创新体系、产业（企业）创新体系既有联系又有区别，是介于国家宏观和企业（产业）微观之间的相对独立的中观系统。这三者相互关联，层层递进，环环相扣。区域经济的主要内容是其产业的构成，区域创新必须考虑该区域产业的可持续发展，促进区域内产业升级和区域经济的高质量增长。因此，产业创新是关键动因，必须构建完整的产业创新体系。

一、营造产业创新环境

所谓"产业创新环境"，是指产业创新的社会文化环境，它是地方行为主体（大学、科研院所、企业、地方政府等机构及其个人）之间在长期正式或非正式的合作与交流的基础上所形成的相对稳定的系统。只有存在创新环境的地方，才能实现知识的创新。只有当相关学科进行交叉、相关产业进行融汇、相关科技机构和人员进行合作以及产—供—销相关的企业发挥协同效应时，才能使区域成为具备强大吸引力、拥有旺盛创新精神的区域经济综合体，才能真正发展产业。美国硅谷、德国 Baden–wurttembefg 等地区的实证研究表明，世界上最发达地区的重要特点是具备良好的区域创新环境。

在我国，营造区域创新环境有两种渠道。一种是自上而下的政府行为，其出发点是发展区域产业并以此发展区域经济。可通过两种方式实现：一是建立物质基础，如完善区域交通运输系统和信息网络，对培养人才、产生技术的高校和科研机构等投资（硬方式）。二是影响产业吸引力的形成以及文化氛围的提升，如通过政策、法规、财税制度提供良好的市场环境，组织企业家间的交流，培养具有创新精神和能力的企业家，奖励重大的技术创新，增强政府与企业间的联系和信任等。这种方式着眼于建立具有创新精神、尊重人才的区域文化（软方式）。另一种是自下而上的企业行为，其出发点是利润和效益。其实现方式有两种：一是基于企业自身而产生的自发方式，如增强前、后和经济联系，引进计算机系统优化管理，出于对信息的需要、环境的要求而投资高新产业区的基本建设等。二是引导方式，即在政府引导下的企业行为，出于政府所提供的利益和自身对区域责任感的行为，如与区域相关的公益和福利活动，对区

---

* 本文原载《现代财经》，2003 年第 10 期，作者：张璞。

域经济发展趋势的预测和研究，这种方式是政府诱导而进行的企业与企业间、企业与政府间的正式与非正式交流，如图1所示。

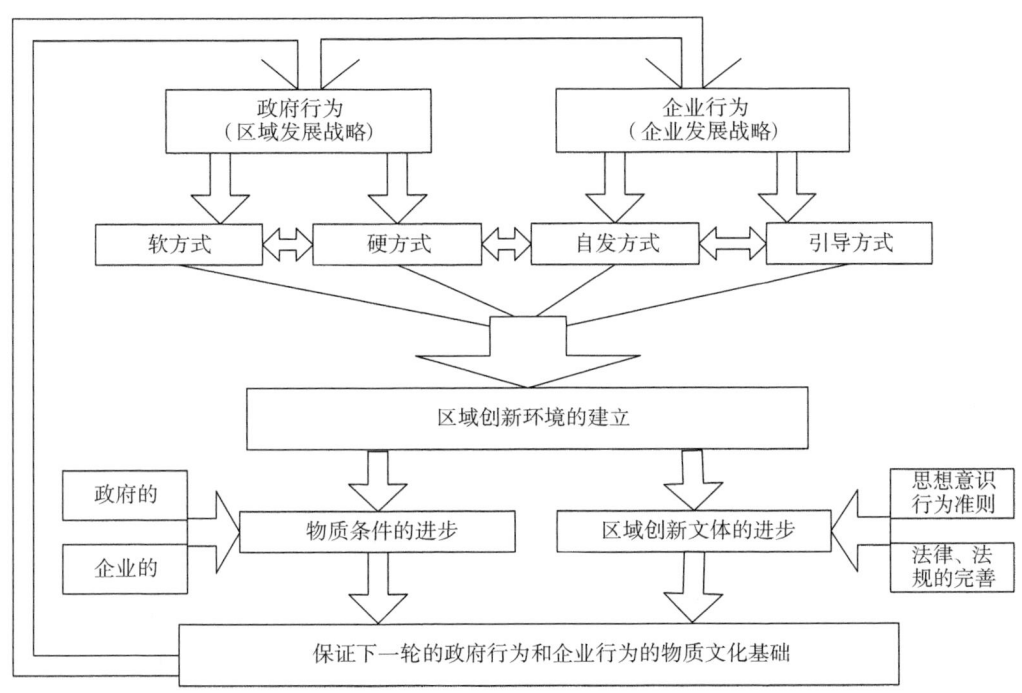

图1 区域产业创新环境形成方式及其相互作用示意图

每种渠道及其复杂的相互作用共同为营建产业创新环境贡献力量。政府行为的硬方式创造了产业发展的物质基础，而引导企业行为的自发方式、引导方式与软方式一起致力于完善产业发展的区域经济文化，改变了整个区域人员的思想意识行为。而这种物质基础与精神文明的进步造就了良好的区域产业创新环境。区域产业创新的建立又成为政府投资基金的来源、企业发展的物质基础和文化基础。所以，两种渠道四种方式之间互为因果、互相影响，它们与整个区域创新环境相互促进，以实现一种良性循环。

产业创新环境建设应注意以下问题：

（1）建立便捷的交流网络，使创新主体之间加强交流与合作，实现信息和资源共享。

（2）推进硬环境与软环境的建设。"硬环境"指经验方面，可用经济指标衡量；"软环境"即社会和文化方面，难以用指标衡量，但经济研究表明，"软"因素（非经济、非贸易、非技术因素）对竞争优势有着后天性的决定作用。所以，要高度重视软环境建设。

（3）在建立区域产业创新环境的同时，要考虑区域的机构稠密性与本地根植性的重要性。

（4）通过组织创新建造产业创新环境。单个企业不能支配创新的全过程，为了创新，必须向上、下游组织开放，在创新过程中形成制造商—供应商—客商三位一体。

二、构建完整的产业创新体系

根据现有研究成果，从创新对象看，区域产业创新体系主要由产业组织创新、产业结构创新、产业技术创新和管理创新四部分组成。其中，产业组织创新是先导，产业结构创新是核心，产业技术创新是关键，产业管理创新是保证。

（一）产业组织理论分析与产业组织创新

经济学家马歇尔1890年出版的《经济学原理》，首次把"组织"看作是一种能够强化知识作用的新要素，其内容包括企业内部组织、同一产业各种企业间的组织、不同产业间的组织形态以及政府组织等。而产业组织理论所述的产业组织是指同一产业内企业间的组织或者市场关系，这种企业间的市场关系包括交易关系、行为关系、资源占用关系和利益关系。产业组织理论分析的重点主要有决策者和交易两个方面，决策者主要指企业家，交易则指这些决策群体之间的交互作用以及对市场环境变化做出的反应。目前，国外对产业组织的研究经历了由最大化理性和有限理性向过程理性阶段的转变，其在区域经济、产业经济发展相关领域的研究成果，特别是战略行为交互作用分析、新制度经济学和演进及创新过程理论都值得借鉴。

目前，我国产业的发展主要依赖于产业政策的导向，政府行为在产业组织演进中发挥着主导作用，这种模式对于地区经济发展的初级阶段是适宜的，但在当前复杂多变的多重转型环境下，已显示出效率低、滞后性强等问题。对于产业组织和地区经济的发展，更好的增长模式是产业创新过程中应着力探讨的问题。因此，研究产业组织发展不能停留在传统产业经济学范畴上，应汲取国外有益的经验，站在更高的角度，全盘把握影响产业经济发展各要素之间共生演进的关系，避免因整体发展思路落后而与发达地区间的差距拉大。

需要指出的是，必须把产业组织概念与其他组织概念区别开来，特别是不能把它与生产组织、企业组织相混淆。区域产业创新体系的组织创新不同于企业为实现技术创新所进行的组织创新。首先，组织的主体要素不同，企业技术创新的组织主体要素为企业家、科技人员、技术工人、营销人员；产业创新体系的组织主体要素是企业、政府有关部门、科研机构和高等院校、中介机构。其次，主体具有的功能不同，主体间的协调机制不同。因此，在产业组织创新过程中应注意三个问题，一是各主体应如何创新才能使其功能归位，从而促进组织创新；二是各创新主体间应当建立怎样的协调关系，以适应创新活动的需要；三是区域政府应当建立怎样的组织机构，以便有效地管理创新活动。对这些问题的研究结论是：

第一，企业是产业创新活动中最重要的行为主体，应具有对创新进行投入、实施研究开发并将创新技术商业化的功能。企业的创新并非是要企业来完成一切研发以及中试、生产的全过程，它可以借助外部的力量和资源，实行开放性的技术引进和合作方式来实现其产品或工艺的创新、组织与管理的进步、市场与利润的扩大。

第二，政府作为创新的引导者和维护者，应具有制定政策、制度和规划，提供共性技术和设施的功能。地方政府作为产业组织的主体要素，既是区域产业创新体系规则的制定者，也是区域创新活动的直接参与者。在贯彻国家宏观政策的同时结合本地实际，制定促进当地发展的计划并设计建立区域产业发展的各种机制，为产业创新营造良好环境。

第三，科研机构通过研发新产品、新技术为创新活动提供知识和技术支持，推动区域的产业创新。对于产业创新体系来说，并不是要求多建科研院所或完整自身的研究体系，关键是突出地方特色，突出主攻方向，以此在组织创新的主体要素中扮演更好的角色，使整个产业组织协调发展。高校在产业组织创新中起基础性作用，既承担研发任务，又进行培训和传播知识，更重要的是，高校的职能将转向为企业培训和输送有创新能力的人才。

第四，中介机构包括咨询机构、技术市场、工程中心、产学研联合体、创业中心，是创新主体的联系者，具有催化创新技术商品化的功能。它是区域产业创新体系的一个重要环节。

因此，在组织创新中应加强企业、政府、科研机构和高校、中介机构的建设，并合理协调彼此间的关系，使整个产业组织良性发展，增加组织的灵活性并实现设计与生产的一体化；通过信息技术将组织与外部环境的相关因素网络化，形成动态的组织层次网络，并在主体之间交流和相互学习的过程中促进产业组织进化。

（二）产业结构调整、优化过程中的结构创新

产业结构演变与经济增长具有内在的联系。产业结构的演进会促进经济总量增长，经济总量的增长也会促进产业结构的加速演进。

首先，产业结构的高变换率会导致经济总量的高增长率。随着技术水平的提高，社会分工越来越细，产业部门增多，部门与部门之间的资本、劳动力和商品流动等联系也越来越复杂。因为大量资本和劳动力所产生的效益在很大程度上还取决于部门之间的技术转换水平和结构状态，不同产业部门对技术的消化、吸收能力往往有很大不同，这在很大程度上决定了部门之间投入结构、产业结构的不同。所以，大量的资本积累和劳动力投入虽然是经济增长的必要条件，但不是充分条件。

其次，供给、需求、国际贸易、国际投资等因素的共同作用影响了产业结构的变动。其中，供给因素包括自然条件和资源禀赋、人口、技术进步、资金和商品的供求状况、环境因素等。需求因素包括消费需求和投资需求。这些因素交织在一起综合地影响和决定现有产业结构及其未来的发展变化。所以在强调产业结构创新过程中要时常考虑这些影响因素。

再次，推动产业结构合理化和高度化进程。依据产业关联技术经济的客观比例关

系调整不协调的产业结构,促进各产业间的协调发展,这就是产业结构合理化。依据产业结构演化规律,通过创新,加速产业结构向高度化演进。

最后,欲实现结构创新有三种方式:创造出新的商品和服务;在一定的劳动力和资金的情况下,提高原有商品和服务的产出数量;发挥扩散效应的功能,促进经济的快速发展。其中,第一种方式带来的是新产品开发或原有产品的改善,由于其需求弹性较大,会吸引生产要素流入该部门,故这种方式的创新倾向于该产业部门的扩张。第二种方式使原有产品的生产率提高,若这些产品需求弹性较小,那么这将促进该部门的生产要素向外流出,所以这种方式的创新更倾向于该产业部门的收缩,尤其表现为该部门劳动力数量的锐减。第三种方式则是在产业结构效应的作用下引起关联产业的一系列积极变化,这种创新对产业结构的影响是间接的。

可见,产业结构创新是产业结构高度化和合理化的动力,一个国家或地区的创新能力是其产业结构有序发展的核心动因。

(三) 产业可持续发展及在此基础上的技术创新

产业要发展,必须考虑人口、资源、生态环境问题,即要考虑产业的可持续发展问题。一方面,人口、资源和生态环境是产业得以顺利进行的前提和基础,人口和资源为产业发展提供了基本的生产条件和对象,生态环境则是产业发展过程中必然产生的废弃物的排放场所和自然净化场所;另一方面,产业发展对人口、资源和生态环境也有重要影响,当产业发展建立在生态环境可持续能力的基础上时,产业的持续稳定发展能优化生态环境;反之,当产业发展突破或破坏了生态环境的可持续能力时,产业的高速发展会导致对环境资源的过度消耗,使得资源枯竭或再生受阻,从而破坏生态环境,大量废弃物的排放更会造成环境污染。

随着知识经济与传统工业经济的不断融合,科技进步成为产业发展越来越重要的途径,并且只有把技术合理运用到产业中才能有效地促进产业的可持续发展。这就要求不断进行技术创新。

第一,通过重组和市场选择,使技术创新能力较强的企业生存发展下来,进而形成一系列具备专业化分工并能在创新活动中密切协作的产业群,支撑整个产业的技术进步,同时技术进步对创新产生影响,诱发新一轮技术创新。因此,以企业技术创新为基点,带动产业技术创新是形成企业与产业两方面的核心能力,进而拥有竞争优势的重要途径。

第二,以促进高新技术发展为主要内容,加快高新技术产业区的发展。这样,在反映现代科技和产业进步主要趋势的同时,也成为区域产业中高技术经济的中心区。这些高新技术产业的辐射作用能有效地扩散技术创新效应,从而促进区域内的产业结构调整。

第三,用高新技术改造传统技术,提高其知识集约化水平,如发展制造业高技术。尤其是对一些资源与活动集聚程度较高,已经形成一定产业的地区而言,这将对传统产业起到"脱胎换骨"的作用。同时,能够加强产业创新系统与区域经济之间的联系,为高新技术产业提供广阔的市场机会。

第四，设计一个有效促进创新的科技体制，从宏观层面上进行改革，将大多数研究开发型的科研机构推向市场，迫使其以生产需求为导向，加强与企业的联系，从而使研发、生产紧密联系起来，快捷有效地进行创新。

（四）产业政策研究与管理创新

制定合理又合时宜的产业政策需要不断进行管理创新。首先，从根本上改变传统经济增长方式和企业经营模式，先于结构创新、技术创新而进行制度创新。这不仅需要对政府、企业、高等院校、科研机构等社会硬件系统进行创新，而且需要对政策、制度、管理等社会软件系统进行创新。因为创新要知识和技术要素实现重新组合，单纯的新技术无法实现产品和工艺创新，必须依靠制度和管理的先进性来实现。

其次，要发挥市场机制对资源有效配置的作用，建立适应市场化的价格机制、运行机制和用人机制，制定发展高新技术产业的分配政策，激励知识和技术成果商品化、产业化的政策，鼓励知识创新型人才进入企业的政策，建立扶持科技园区、高新技术开发区、专业孵化器、企业孵化器的政策，鼓励产学研一体化、推动科技成果转化为现实生产力的政策，完善知识技术性经济成果奖励制度，为科技成果进入市场创造一个宽松的政策环境。

再次，对管理体制和管理模式进行再造，加快政府部门管理职能的转变，要求企业按照新经济规律运行，积极推行现代化管理，建立与结构创新、技术创新、知识传播和应用为内容的管理体系，为发展产业创造有利的管理体制条件。在全社会真正形成推动创新工作的有效管理机制，从而提高各种主体创新行为的组织化、社会化程度，保证产业创新、经济发展的效率和效果。

最后，政府要通过税收、金融政策和政府采购政策扶持创新企业，加强生产、生活设施的建设投入，以改变投资环境；调整管理体制，形成大行业管理，废除条块分割；培植产学研转化的中介机构，促进科研成果产品化、商品化；培育风险金融市场，为产业创新提供资金支持。

三、构建产业创新体系的过程中应注意的问题

在构建产业创新体系的过程中还有许多相关问题，比如创新主体、创新方式、创新性质以及产业创新和经济增长关系等问题，同时还应看到创新过程中会遇到的不利因素。

第一，不要把地方政府作为创新活动中的唯一主体。创新主体包括企业、科研机构、教育机构以及政府等。政府确实能够在创新中发挥作用，因为政府了解当地的经济发展状况，占有较多的有效信息，所以能安排一些有关产业尤其是主导产业的创新

活动。正是由于政府的特殊地位,创新体系建设多由政府部门主导,很少提及如何实现企业创新与产业创新的有效协调,也很少看到作为创新主体之一的企业的参与。这就使产业创新体系具有很大的主观性,有可能使政府做出非理性的、脱离实际的决策,导致产业创新体系在完善性和应用性上起不到应有的作用。所以,地方政府应认识到自身的局限性,随着市场和市场制度发育成熟,逐步推出大范围的创新活动,把创新主角让渡给企业。

第二,在构建创新体系过程中,应针对本区域的产业特点有所突出和强调其中一种或几种创新方式。一方面,要构建完整的产业创新体系,把组织创新、技术创新和管理创新结合起来,协调运作;另一方面,具体的创新方式应该多样化,这就需要大量的技术和市场信息,需要科技人员的创造性思维,还需要各专业、各行业的协作配合,注意本地区科技资源尤其是智力资源的积累,从而真正实现产业创新方式的推陈出新。

第三,产业创新是一个综合过程并且具有阶段性,这是创新的性质所在。组织创新、结构创新、技术创新、管理创新在创新过程中起到了相应的作用,应引起足够的重视。同时,创新不可能在短期内完成,它是长期渐进的,需要经历几个阶段,并且在不同阶段应用不同的创新策略。

第四,创新并不一定带来区域经济高速增长,因此,要正确认识创新的作用。伦德瓦尔(Lundvall,1992)等的研究表明,创新系统并不一定要以高新技术来带动。即使取得了高速经济增长,也不能完全归结为技术创新的作用。区域要发展,先得在全球化竞争浪潮中经受住来自国内外社会、经济、文化领域的考验,尤其是在网络经济时代,信息在某种程度上削弱了技术在经济中的绝对重要地位,技术和诀窍已经不能完全保证一个地区始终处于优势地位。因此,在资本、市场和人力资源上保留一席之地,使得本地区保持经济的活力和社会的稳定是最重要的。区域产业创新过程并不一定是经济高速增长过程,不同区域的发展道路并不完全一致。所以,只要经济保持长期发展,即使是缓慢的,就不应怀疑创新的成功。

第五,在区域产业创新过程中还存在许多不利因素。如一些大企业盲目追求规模,强调垂直一体化,这不利于新产品的开发;中小企业缺乏足够的自信心,"等(项目)、靠(国家投资或吸引外资)、要(政策)"的现象普遍,这种依赖性不利于开展创新活动;企业协作意识薄弱,法制观念不强,不正当竞争现象和知识产权纠纷严重;对区域产业创新的责任感不强等。可见,体制和思想意识是产业创新的主要问题。

产业创新是一个动态过程,而不仅仅是结构的构建,关键是如何把人文的、物质的等基础设施有效地与创新目的结合起来,才能形成一种持久的创新能力。

参考文献

[1] 王辑慈. 知识经济和区域创新环境 [J]. 经济地理, 1999 (1).
[2] 王辑慈. 区域创新环境和企业根植性——兼论我国高新技术企业开发区的发展 [J]. 社会科学研究, 2000 (4).
[3] 黄鲁成. 关于区域创新系统研究内容的探讨 [J]. 科研管理, 2000 (2).

第三章　少数民族特色产业的内涵和特征分析[*]

从世界范围看，凡先进发达国家和地区，它们的产业结构和经济体系都有自己鲜明的特色。因此，发展少数民族地区经济的一项重要任务是努力建设自己的特色产业，发展特色经济。民族地区特殊的地理环境、自然气候、人文环境使少数民族地区在发展民族特色产业方面具有不可比拟的优势。特色产业是特色经济的载体，是特色经济最重要的组成部分。特色产业指的是产业范畴，而特色经济属于空间地域经济的范畴。我国少数民族地区地域辽阔，资源丰富，特有的民俗、民居、民风和民族文化孕育了丰采绚丽的民族风情，形成了独具特色的民族餐饮业、民族食品制造业、民族医药业（藏药、蒙药、维药、傣药、苗药等）、民族服装业、民族特需用品制造业、民族特色旅游业、民族文化产业和民族贸易等。

少数民族特色产业是民族地区普遍的优势产业，对于推进民族地区全方位发展具有不可替代的作用。少数民族依照各自的比较优势培育壮大各不相同的特色产业，可以有效解决区域发展中的产业同构带来的资源浪费和效率损失。因此，在当前世界经济形势与中国经济发展的背景下，民族地区的发展必须在政府的统筹安排下，以市场为主体，以培育优势、特色产业为主要手段，形成内生式发展机制，走出一条不同于东、中部的发展新路。

一、少数民族特色产业的内涵

什么是特色？《辞海》中的解释是："特色是指事物所表现出的独特色彩、风格等。"《方言·六》中提到："物无祸曰特。"《诗·秦风·黄鸟》指出："维此奄息，百夫之特。"古语云："事物之独胜处曰特色，言其特别出色也。"这些言语从不同侧面说明了事物与众不同。

特色是一个事物或一个地区所特有的区别于其他事物或地区的本质属性。既为特色，至少需要具备两点：一是"独"，即与众不同，具有与其他迥然不同之处；二是"胜"，即要出色，不同不是目的，目的是在不同中彰显独到的竞争优势，以出奇制胜。"特色"的东西是历史的积淀、文化的传承，是由其赖以产生发展的特定具体环境所决

---

[*] 本文原载《前沿》，2011年第17期，作者：张璞、赵周华。

定的。

关于特色产业的内涵，国内学者对其理解不一，尚无明确的定义。特色产业作为产业经济的一个类属，必然具有产业的一般属性，即同类性与规模性。因此，构成特色产业的经济活动也必然具有这样或那样相同或相似的属性，特色产业就是依据某种相同或相似的关联方式划分出的产业类别，这种相同或相似关联方式就是特色，这是特色产业区别于其他产业的根本属性，特色产业形成的标志之一，就是特色产品的生产或服务形成了产业集群或产业链，形成了特色，达到了一定的规模。

一般来说，特色资源是特色产品和特色产业的基础，没有特色资源就难以形成特色产品和特色产业。随着时间的推移，特色产业可以从无到有，当把特色资源进行加工生产出特色产品，特色产品企业逐渐壮大后才形成特色产业，即特色资源—特色产品—特色产业。

我国各少数民族特殊的自然地理条件和经济环境，形成了各自的历史渊源、文化传统、风俗习惯、宗教信仰、生活方式，造就了独特的民族个性。为了表现民族特性，维持必需的生产生活，各民族形成了具有特定用途、规格和款式，并浓缩了本民族文化的物质与精神产品，我们称为少数民族特色产品，而称生产和制造这些特色产品的产业为少数民族特色产业。如清真饮食产业的产品是我国信仰伊斯兰教的回族、维吾尔族、哈萨克族、柯尔克孜族、乌孜别克族、塔塔尔族、塔吉克族、东乡族、撒拉族和保安族十个少数民族共同拥有的饮食；又如打制"蒙古刀"是蒙古族特有的手工业。

如何正确理解少数民族特色产业的概念？可以从以下三点把握其含义：

（1）少数民族特色资源是指具有地方少数民族特色和比较优势的资源，包括自然资源和社会资源；有形资源和无形资源。如云南石林是云南石林地区的特色自然资源，当然也是全中国、全世界的特色自然资源，内蒙古鄂尔多斯婚礼文化、成吉思汗祭祀仪式等是鄂尔多斯高原的特色社会资源；内蒙古包头的五当召、梅力更召是特色有形资源，而用蒙古语诵经则是梅力更召的特色无形资源。

（2）少数民族特色资源可以通过普通的工艺流程生产出少数民族特色产品，也可以通过特色工艺流程生产出少数民族特色产品，同时一般资源也可以通过特色工艺生产出少数民族特色产品。少数民族特色产品是附着于某种产品之上的，具有同类产品不可替代的某种使用价值，或因自然条件或技术手段不同，外观与同类产品相比具有明显的不同之处，为某个少数民族或少数民族地区所独有，其经济价值较高，能够满足少数民族特殊需求的产品。当然，随着这些商品逐渐被认同，消费人群会进一步增加，成为其他民族包括汉族消费者的消费品。如蒙古族许多饮食习惯及食品已经被内蒙古地区广大的汉族群众和其他少数民族群众所接受，并受到其他地区消费者的青睐。民族地区的特色旅游业也吸引着世界各地的旅游者前来观光。

（3）若少数民族特色产品生产没有达到一定规模，则不能称之为少数民族特色产业；只有当生产少数民族特色产品的企业（企业群）形成了一定的规模，才会被认为形成了当地的少数民族特色产业。

二、少数民族特色产业的特征与类型

我国少数民族特色产业是基于当地（民族地区或非民族地区）特殊的自然资源、自然条件、自然环境以及民族文化、历史基础而产生的有别于其他地区的产业形式。少数民族特色产业至少具有如下特征：

（1）民族性。现实中人们所观察到的少数民族特色产业大多具有民族性，所以民族性是少数民族特色产业最基本的特征。少数民族特色产业与民族密切相关，其生产首先是为了满足一个或者几个民族的特殊需要，以与普通的、大众化的商品相区别。少数民族特色产品（产业）代表着民族的特殊文化传统，或者为延续民族的风俗习惯和生活方式所必需的。如果没有民族，没有因民族的特殊性而产生的对特色商品的特殊需要，特色商品及特色产业就没有存在的必要。没有民族的特性，没有民族之间的差异，就没有少数民族特色产业。民族性越强，特色性越强，竞争力也就越强，越容易形成特色产业。

（2）历史性。在发展过程中，少数民族保留着不同历史阶段的文化遗产和宗教圣地，民族地区可称为"天然历史博物馆"。民族地区的少数民族特色产业是在长期的历史过程中形成的，其生产的每一个特色商品都根植于本民族的历史渊源和文化传统中，蕴含着某个民族某一方面的特殊文化背景，比如，藏香是藏族中藏传佛教在历史上长期使用的，蒙古、藏、哈萨克等民族从事畜牧业的打草机、羊毛剪子、羊绒抓子、剪毛机、牛奶分离器、奶桶、奶盆、打狼夹子等，都是长期在草原环境下生产生活而形成的。

（3）特需性。特色商品是为了满足少数民族某一方面的特殊需要，所以我们称之为少数民族特需品。比如，哈达为藏族和蒙古族人民拜佛时必须要敬献的物品，同时也作为婚礼、节日或社交活动中相互馈赠的礼物。又如，边销茶是以食用肉类和乳类为主的少数民族在长期生活中的必须用品，因为茶叶能溶解肉食和乳类，便于消化。特需商品不仅用途特定，而且规格和款式也都有特别的要求，比如，法器、法鼓和佛珠就是少数民族从事宗教活动所用，不能用作他用，并且具有固定的规格，固定的制作工艺，也不能随意制造。正是由于这种特需性，才使得国家对民族特需商品十分重视，采取很多优惠政策措施，保证特需商品的供应。国家民族事务委员会 2001 年修订的《少数民族特需用品目录》将少数民族民族特需品划分为 11 个大类上千种，即针纺织类、服装类、鞋帽类、日用杂品类、家具类、文体用品类、工艺美术品类、药类、生产工具类、清真食品类和边销茶（紧压茶、砖茶）。按照这些产品类型划分，基本可以归为不同的产业，即民族用品制造业（日用杂品类、家具类、文体用品类、工艺美术品类、生产工具类和边销茶）、民族医药业（药类）、民族服装业（针纺织类、服装类、鞋帽类）、民族食品制造业和餐饮业（清真食品类）。

（4）文化性。文化是民族之根，是一个民族生存、延续、发展的重要支柱。少数民族特色产业根源于其特色民族文化，与特定民族的文化紧密相连。少数民族在长期改造自然的过程中创造了独特的生存方式和文化伦理，形成了有特色的民族风俗和保护生态环境、珍惜野生动物的生态伦理，比如，整体和谐的自然观、循环再生的生产观以及敬畏生命的平等观等，它们体现了生态文明的核心理念与可持续发展的思想，体现了少数民族文化的崇高价值观。少数民族特色商品是其民族文化的重要载体。每一个商品都代表着特定的文化，凝聚着民族的智慧和精神。同一种类的特色商品往往有不同的规格，不同的规格又代表不同的需要、文化含义、级别高低、尊贵程度等。并且这些特色商品大多按照传统工艺制作，有复杂的制作工艺，有的甚至需要特殊的技艺来完成，工艺的不同也造就了丰富多彩的外形。这也是这些特色商品不能为相似用途的其他商品所代替的原因，比如壮锦历史悠久，代表着壮族对美好生活的向往，对生活、大自然的热爱和壮族的乐观精神。阿昌族的"户撒刀"有500多年的历史，花色多，质量好，不仅使用方便，而且刀背上刻有精美的图案，是阿昌族文化的典型代表。可以说，每一种少数民族特色商品或特色产业都孕育着丰富的文化内涵，从而形成民族旅游文化、民族医药文化、民族工艺文化、民族服装文化、民族饮食文化、民族艺术文化等。

根据少数民族特色产业的内涵和特征，并结合少数民族特色产业的形成来源，可以将少数民族特色产业分为科技型特色产业、资源型特色产业、人文型特色产业、生态型特色产业和综合性特色产业。科技型特色产业主要体现在产品的加工制造等工艺流程方面的独特之处，其科技含量非常高，产品的附加值非常高，品牌效应非常好，如西藏唐卡、藏毯，蒙古族呼麦艺术等；资源型特色产业主要体现在资源（或原料）等方面的独特之处，一般来说其科技含量不高，产品附加值不高，如民族饮食业、民族旅游业等，其广阔分布于民族地区甚至全国各地；人文型特色产业主要体现在产品具有的民族性、文化性、宗教性等，如藏族传统宗教文化产业、民族手工业等；生态型特色产业主要体现在特色产业与生态环境的融合与相互促进方面，如生态旅游业、生态农牧业；综合性特色产业是上述至少两个方面的融合，如蒙医药产业就是一个融合多特征的特色产业，既具有人文型特征又具有资源型特征，还具有科技型特征，只不过前两者特征显著，后一种特征不显著，这也是蒙医药产业今后要努力的方向。

三、发展少数民族特色产业的重要性

我国少数民族分布在全国各地，但主要聚居在内蒙古、西藏、新疆、广西、宁夏5个自治区，以及云南、贵州和青海3个省。民族地区土地面积6133277平方公里，占全国国土总面积的63.89%；2007年，民族地区人口为17948万人，占全国总人口的13.81%。如此广阔区域的发展问题，必然事关国家整体经济实力的强弱。但是，民族地区普遍落后，与内地和沿海相比，我国少数民族地区深居欧亚大陆腹地，与世界14个国家边境交界（除俄罗斯外，都是发展中国家甚至贫穷国家），远离世界和中国的人口和经济中心,相当多的地方还没有开发或开发程度低。在我国的三大地势阶梯中,第一阶梯全部在民族地区,第二阶梯大部分在民族地区,第三阶梯中自然灾害最频繁的地区也主要在民族地区。

中国少数民族经济发展的差异,在历史上就很明显。中国历代集权官僚制王朝,只注重政治上的大统一,不重视也没有能力促进边疆地区少数民族部落经济、文化的发展。近代以来,中国经历了长达百年的半殖民阶段,帝国主义对华贸易主要集中在东部沿海地区,工业化也从东部沿海地区萌芽、发展。由于自然条件恶劣,经济区位偏远,少数民族地区的经济发展水平极其低下,往往是长期封闭、半封闭地维持着族群的延续,其历史进程也极其缓慢,长期处于前资本主义的各种社会阶段,部分少数民族地区依然停留在原始社会或奴隶社会发展阶段。

新中国成立后,党和政府把加快少数民族和民族地区的发展作为一项基本政策,由中央政府统一安排,大力促进民族地区发展,民族地区实现了生产力的跨越式发展,跨越了前资本主义的各种发展阶段。改革开放以来,民族地区的经济建设迎来了前所未有的变化,尤其是西部大开发战略实施10年来,民族地区社会经济获得了高速的发展。

但不可否认,身处以市场经济为中心、以自由竞争为原则的市场经济大环境中,块状经济的地方属性逐渐增强,已演变为以大大小小行政单元为基础的地方经济。在这种相对独立、相互竞争的区域经济运行机制下,民族地区所能动员和组织的资源不足,吸引外来投资的能力也有限,在竞争中处于劣势地位。与东部沿海地区相比,民族地区的自然屏障多,基础设施普遍薄弱,交通不便,信息不畅,市场经济发育缓慢,金融、信息、技术、人才等要素市场尚不发达,消费能力不高,文化教育水平偏低,各类人才奇缺,与东部沿海地区的差距依然很大,在相当长的时间里还有日益扩大的趋势。

毋庸置疑,在经济全球化背景下,少数民族地区经济必须加快发展,才能缩小差距,否则就要落后。但是,我国少数民族经济问题是否仅仅是一个如何发展的问题?少数民族经济的发展问题本身是否等同于经济学意义上的发展问题?这两个问题值得引起思考。除了经济学意义上的发展,少数民族经济发展还应该包括民族学意义上的发展,即少数民族特色经济的发展。在市场化进程中,如果单纯强调少数民族地区经济在经济学意义上的发展,民族学意义上的少数民族特色经济就有可能衰退甚至消亡。在一定条件下,少数民族经济在经济学意义上的发展和少数民族经济在民族学意义上的发展是可以相互促进的。如何认识和处理这两层含义的关系,实现少数民族地区经济和少数民族特色经济的共同发展,是我国少数民族经济学科研究的一个具有重要现实意义的课题。研究我国少数民族特色产业创新发展问题,无论是从经济学意义上还是从民族学意义上看,对促进少数民族经济发展,加强民族团结进步,构建社会主义和谐社会,都具有重大的选题价值。

少数民族特色产业,不仅在少数民族地区经济发展过程中有着十分重要的地位和作用,它既是少数民族地区产业中的一部分,也是民族工作的一部分。其发展既是我国经济工作的重要内容,也是民族工作的重要任务,是党的民族政策的具体体现,对满足少数民族群众生产生活特殊需要，加强民族团结，巩固国防，促进民族地区社会经济发展具有重要的政治、经济和民族意义。

首先，少数民族特色产业是少数民族地区产业中的重要组成部分。少数民族地区经济是国民经济的重要组成部分，少数民族经济发展与否，直接关系到社会主义建设事业的成败。商品经济的发展离不开市场，少数民族地区的市场是社会主义统一市场的重要组成部分，因而依赖少数民族地区市场的少数民族特色产业就必然同全国统一市场发生多方向、多内容的联系。所以说，少数民族特色产业的创新与发展，都直接影响到少数民族地区经济的发展，进而影响全国的经济发展。

其次，少数民族特色产业的创新与发展是民族工作的一部分。我国民族工作的重心是大力发展少数民族地区的经济文化建设事业，提高少数民族群众的物质文化生活水平，搞好民族团结。民族工作的成就在很大程度上表现为经济的发展程度，在经济发展过程中，少数民族特色产业又起着举足轻重的作用。发展少数民族特色产业，鼓励民族特色商品经营企业加强产品和技术研发与创新，进行设备改造与更新，提高产品质量和技术含量，促进民族特色商品经营走品牌化、规模化、市场化、国际化发展道路，不断拓展民族商品市场，搞好民族特色商品流通，使少数民族特色产品走向全国市场乃至世界市场，把产品变为货币；同时把外地的先进生产资料和生活资料输入少数民族地区，满足各族人民生产生活需要，使少数民族群众得到更多实惠，有利于增进各民族的团结，建立平等、互助、团结的社会主义和谐民族关系。

参考文献

[1] 李文庆. 少数民族地区特色产业内涵探析 [J]. 现代经济，2009（1）.

[2] 孟凯锋. 少数民族特需商品管理立法研究 [D]. 北京：中央民族大学硕士学位论文，2009.

[3] 刘天平. 西藏特色产业发展战略研究 [D]. 成都：西南财经大学硕士学位论文，2004.

第四章 少数民族特色产业创新与发展的演进路径及内在机理分析[*]

我国少数民族特色产业是基于少数民族文化传统、历史渊源、风俗习惯、宗教信仰和生活方式而产生的具有独特民族个性的产业形式。从少数民族特色产业的内容来看，可以划分为民族用品制造业、民族医药业、民族纺织与服装业、民族餐饮业、民族食品制造业、民族旅游业、民族文化产业等。研究我国少数民族特色产业创新与发展问题，无论是从经济学意义上还是从民族学意义上来讲，对促进少数民族经济发展，加强民族团结进步，构建社会主义和谐社会，都具有重大的研究价值。

为什么少数民族能够形成具有民族特色的产业，而这种特色又能在复杂多样的各种产业中特色鲜明、脱颖而出呢？为什么少数民族特色产业在文明发展中得以保存、延续，而没有在文明的交互演进中或在"融合"的浪潮中失掉特色而渐渐消亡呢？少数民族特色产业如何在延续传统特色的基础上走出一条创新发展的道路，而这种创新与发展的本质机理是什么？围绕上述问题，本文将进行分析和探讨。

一、古代政治、经济因素对少数民族特色产业形成与发展的作用

恩格斯指出：一切社会变迁和政治变革的终极原因，不应在有关的时代哲学中寻找，而应当在有关时代的经济学中寻找。从历史发展轨迹来看，我国几个少数民族聚居区一直是在国家版图的偏远地区，而这样的地理分布与其文化发展的根源依赖密不可分。我国汉文化从根本上讲应属于两河文化，即根系于黄河、长江资源禀赋的农耕文化。少数民族文化的起源则依赖于其所在地域的河流、山川，例如，蒙古族的发祥地就在额尔古纳河流域的室韦地区；塔里木河流域被认为是古代维吾尔族的发祥地；雅鲁藏布江中下游的山南地区是藏民族的发源地。而不同发源地所依赖的地理、自然、气候环境，使得不同民族在未来的发展中走出了各自的特色。从政治、经济的角度考察，可以发现不同道路对社会发展所产生的影响。

---

[*] 本文为2010年中国工业经济学会交流论文，作者：边璐、张璞。

（一）政治因素的作用与影响

秦汉以来，农耕的汉民族对游牧民族的战争态度总的来说体现了"守"。然而，在汉民族发展的强盛时期，其对待少数民族（主要指匈奴）战争的态度则是自卫反击。早在秦始皇时期，在群雄逐鹿的战国年代，出于军事补给的考虑，其向北修筑秦直道，最北到达当时的九原郡（即今天的内蒙古包头）；向南修筑了世界最古老的人工运河之一——灵渠（又称湘桂运河），到达今天的广西壮族自治区境内，为秦王朝统一岭南提供了重要的物资资源保证；向西修筑了都江堰，一方面解决了天府之国的水患，另一方面也发挥了蜀国粮仓在军事、经济中的作用。尽管这些工程多是出于军事目的，但站在历史的角度，人们不能否定它从一定程度上加快了汉文化对少数民族地区文化的影响速度，加深了汉民族与少数民族的交流。以灵渠为例，开凿灵渠，对于岭南经济文化的发展，起了积极推动的作用。在秦汉时代，内地的铁制工具和耕牛经由灵渠大批运入岭南。南下的汉族人民带来了先进的技术和文化，各族人民的辛勤劳动，使岭南的生产水平有了较快的提高。唐代广西出产的"桂管布"，从灵渠北运，远销中原。灵渠沟通了长江、珠江水系，扩大了我国内河航行范围。时至明代和清代，灵渠仍然是南北水路交通的要道。灵渠对于促进岭南和中原地区经济文化交流和民族融合起过重大作用。而对于秦直道而言，其加快了中央政府与北方各地的联系速度，促进了农耕文化与草原游牧文化的融合。从现有资料比较分析来看，水域工程对地域经济文化的影响更具有深远性、渗透性和持续性，而陆地工程对地域经济文化的影响常常受到战争的影响而表现出阶段性。但无论怎样，其各种影响都源自政治决策。

（二）自上而下的"皇家专享"外溢效应

我国古代的羁縻政策就是在不改变周边少数民族政治实体内部结构的前提下，通过加强政治、经济、文化等诸多联系的办法，施加中心（即中原地区）对边区（多为少数民族聚居区）的影响，从而建立一种较为稳定的政治关系（中原与地方的关系）格局，进而逐步扩大和加强大一统的多民族国家政权，最终完成中央王朝对周边少数民族的直接有效统治。其核心是"因俗而治"，其内容包括和亲、通使、互市、贡赐、盟誓等羁縻、属国制等手段。因此，通使、贡赐、属国等都是加强少数民族地区与中央政府的联系的途径。为了迎合中央政府高高在上的心理，少数民族邦国会自发地将其区域内的特色物产定期奉上，例如，贡品中有来自新疆的和田玉材、天山雪莲，来自蒙古草原的貂皮，来自青藏高原的金银器皿、冬虫夏草等。而中央皇权的统治者郊游散心，则逐渐形成了人们对塞外边疆的认知——壮美、苍凉的印象。一次次地出行，在一定程度上加强了非物质层面——文化的交流。封建社会的统治者关心的只是如何控制商业以保证国家的财政收入，很少意识到工商业发展对经济增长的作用，然而封建社会行政的低效率、贪污腐败，使得皇家专享慢慢发展为各级官员都能共享。在这种皇家专享外溢效应的作用下，一些少数民族地区具有资源禀赋特征的产品才逐渐完成了商品化、产业化的过程,特别是涉及诸如手工艺等具有较复杂操作工艺和技术的产品,统治阶层需求的外溢效应让更多的人可能接触传统制作工艺领域,传承的结果是传统工艺、传统技艺能够更大可能地得以保存与延续。

二、少数民族特色产业创新与发展的内在机理
——基于信息扩散随机模型的解释

演化理论之所以对社会经济分析有着重大意义,一是现实世界的社会经济现象与生物有机体和生物过程有许多相似之处,二是社会系统与生物系统都是极其复杂的,他们都含有缠结的结构和因果关系,系统的变化都呈现连续性和极大的多样性。

中国传统文化中固有的保守与等级制度导致了历史沿袭的结果之一是缺乏创造性、开拓性与对权利的渴望。而这仅仅是从文化根源上找到了西蒙理论上的学习、记忆与习惯形成的对应物,但仍然没有从本质上解释为什么中国文化差异会形成少数民族特色产业的不同路径,为什么有些产业延续传统的内容多,而有些产业在传统的基础上加入了更多的创新。在哈耶克看来,文化既不是人为设计的,也不是自然的,它是介于本能和推理之间的东西,是一种"行为规则"的传统,这些规则是通过一种文化传播过程而继承下去的。在文化传播过程中,究竟哪些规则能够保留下去,将由文化演化过程中的选择过程所决定。本文借助理论生物学,引入了因文化造成的思维差异的动力模型,即关于种群(Species)的信息扩散模型,用以解释少数民族特色产业在形成、发展与创新过程中的本质原因。

(一)信息扩散模型

这里借用生态学中资源有限的逻辑斯蒂增长方程(Logistic Equation),将其引入社会学,用于描述大众传播等信息扩散过程,见模型方程式(1)。

$$\frac{\partial n}{\partial t} = kn(N-n) - dn(1 - \alpha \frac{n}{N}) \tag{1}$$

公式(1)中,N 代表某个阶段传统工艺或者传统技艺技能掌握者的数量,可进一步理解为在历史时间轴上的某个时间点 T_i 上的技能掌握者数量的存量;n 表示在众多的技能掌握者中,具有创新意识或者常常与本民族外的其他民族进行信息交流的先进技能掌握者的数量,也就是说,在 T_i 上先进技能掌握者数量的存量;$(N-n)$ 是需要掌握新信息的学习者数量,即需要在所有技能掌握者中找到尚不具备创新能力或者尚没有掌握新信息的需要学习的学习者数量;k 是需要接受、提升创新能力的学习者数量增长率;而 $dn(1-\alpha\frac{n}{N})$ 表示淘汰率或者说不思进取率,其中的 d 表示掌握新信息的困难程度。α 代表敏感度,①当 $\alpha > 0$ 时,它可以用来衡量人们对新信息、创新的排斥度。当

N 一定、n 很小的时候，意味着很少有人能接受新信息、即在技能的传承者中具有创新精神与创新能力的人很少，此时 $dn(1-\alpha\frac{n}{N})$ 淘汰率就会很大；而当 N 一定、n 很大的时候，即很多人能够接受新信息、很多人具有创新能力时，淘汰率就降低。我们称 $\alpha>0$ 的情况是"保守主义行为"的特征。②当 $\alpha<0$ 时，它可以用来衡量人们对冒险行为的偏好度。当 N 一定、n 很大的时候，$\frac{n}{N}$ 将很大，$dn(1-\alpha\frac{n}{N})$ 代表由 $\alpha<0$ 风险偏好所带来的一个高于100%的不思进取率，即认为即便具备创新能力的人很多，但仍被认为是"不思进取"的，也就是仍认为创新不够；而当 N 一定、n 很小的时候，则意味着有创新能力的人很少，但由于 $\alpha<0$，所以 $dn(1-\alpha\frac{n}{N})$ 所代表的不思进取率仍然超过100%。因此可以把 $\alpha<0$ 的情况看成是"非保守"的"极端进取型"的行为模式。由此可见，不同的 α 代表了不同的行为方式。根据公式（1），可以得到 n 的均衡解：

$$n^* = N(1-\frac{d}{kN})/(1-\frac{d\alpha}{kN}) \quad (2)$$

从公式（2）中可以得到下面的不等式：$n^*_{\alpha<0} < n^*_{\alpha=0} < n^*_{\alpha>0}$，即"极端进取型"下的均衡创新者数目要小于"保守主义行为"下的均衡创新者数目。

如果面临的是一个涨落不断的环境，可以考虑以下随机方程式：

$$\frac{\partial x}{\partial t} = kx(N-x) - dx(1-\alpha\frac{x}{N}) + \partial kx\varepsilon(t) \quad (3)$$

这里 x 是一个随机变量，$\varepsilon(t)$ 是随机扰动项，∂ 是随机扰动项的方差。根据公式（3）可以求出 Fokker–Planck 方程的稳态概率密度的极值，结果如下（Horsthemke and Lefever 1984）：

$$x_m = N(1-\frac{d}{kN}-\frac{K\alpha^2}{2N})/(1-\frac{d\alpha}{kN}), \sigma<\sigma_c \quad (4)$$

$$x_m = 0, \sigma>\sigma_c \quad (5)$$

这里的 $\sigma_c^2 = \frac{2}{k}(N-\frac{d}{k})$。

比较两个不同少数民族特色产业创新与发展的路径：一种是保守型，即 $\alpha_1>0$；另一种是极端进取型，即 $\alpha_2<0$。保守型少数民族特色产业稳态具有创新人口的规模 n_1 比极端进取型的创新人口规模 n_2 大，所以为了容纳同样多的人数，相对于极端进取型的少数民族特色产业，保守型少数民族特色产业所需的资源与发展空间较少；为了容纳 n_2 规模的人数，极端进取型的少数民族特色产业需要更多的发展空间。考虑到环境下的稳定性，保守型少数民族特色产业比进取型少数民族特色产业的稳定性高。如果存在某种生存阈值或临界大小的话，保守型少数民族特色产业显然比进取型少数民族特色产业更稳定（Zurek and Schieve, 1982）。但是当新的信息来临时，考虑到每个人的学习能力有限，保守型少数民族特色产业吸纳新技术的潜力要比进取型少数民族特色产业差。

（二）信息开放程度对保守型与进取型少数民族特色产业的影响

保守型少数民族特色产业在现实中对应的是那些在很大程度上延续了传统工艺、传统技艺的产业，尽管其也有产品的"推陈出新"，但总体而言，这是一种以延续为主、改进为辅的传承模式，称为适度创新。以少数民族医药为例，"藏药广泛吸收、融合了中医药学、印度医药学和大食医药学等理论，而蒙药则是广泛吸收藏医、汉医经验而逐渐形成"，但它们以各自的生活环境、自然资源、民族文化、宗教信仰等为根基，依然保存着本民族特色的医药体系。

极端进取型的少数民族特色产业在现实中对应的则是对传统工艺、技艺进行了很大程度改造的产业，称为过度发展。例如，滇南苗族的服饰材料由现代工业生产的化纤、人造丝、棉等布料替代了原来手工自纺的传统麻、棉布料和蚕丝。化学纤维、机制布料等便逐渐成为当地苗族妇女着装材料的主流。服饰制作技术也逐渐向半机械或机器化生产工艺转化。

适度创新与过度发展的关键问题是信息交换空间的开发程度问题。在适度"开放"与过度"开放"的信息交流层面，信息对人们的意识与技术的影响是通过如下过程实现的。如前文所述，n 是创新者数量，受到创新意识、信息交流能力的影响：$n = f(I)$，I 表示信息开放程度。并且有 $\frac{dn}{dI} > 0$，即信息开放程度越高，具有创新意识、能够对增加信息交流人数起到正向作用；反过来，n 对信息开放程度 I 也有着一定的影响，即信息开放程度受到创新意识、信息交流能力的影响两者的函数关系为 $I = f(n,o)$，o 是其他影响创新程度的因素，并且仍有 $\frac{dI}{dn} > 0$，即具有创新意识、能够与外界进行信息交流的人数增加，能够提升信息开发程度。这样，创新者数量 n 与信息开放程度 I 是一种双向影响关系。

保守型少数民族特色产业与极端进取型少数民族特色产业在信息开发程度上存在一个阈值，使得当信息开放到一个临界值的时候，保守与极端的界限就能被打破。而这种打破从少数民族特色产业保护上是一种挑战，正如凉山彝族的漆艺，底胎的制作一定程度上由电动机械代替了手工车制，在进步的同时却是传承的流失。而涨落不断的环境随机方程的结论给我们的启示是：相对于极端进取型的少数民族特色产业，保守型少数民族特色产业所需的资源与发展空间较少，极端进取型的少数民族特色产业需要更多的发展空间。这再次印证了：保守型少数民族特色产业在民族地区是适当创新的传承，而极端进取型的少数民族特色产业，其最后走向是民族共融后传统的消亡，取而代之的是新的失去民族特色的产业。

三、结 论

根据以上分析,为了使少数民族特色产业创新与发展的道路能够走出特色,其传承应该是适当的创新,而不是过度的创新;而这样的思路恰恰是少数民族特色产业能够持续发展下去的核心问题,否则,一味地追求极端进取道路,其最终的结果是走向世界大同,丢掉了其特色、丢掉了传承,少数民族特色创新与发展将失去根基。

参考文献

[1] 张璞,赵周华. 少数民族特色产业的内涵和特征分析 [J]. 前沿,2011(17).

[2] 陈平. 文明分岔经济混沌和演化经济动力学 [M]. 北京:北京大学出版社,2004.

第五章 产业部门科技创新效用计量的一种应用模型*

20 世纪以来,科学技术的发展对世界各国的经济产生了巨大影响,并日益成为直接的、第一生产力。在发达国家的经济增长中,科技创新因素所占比重已由 20 世纪初的 5% ~20%,增加到目前的 60% ~80%。由于科技创新对经济增长具有决定性作用,定量评价其对经济增长的效益也就有了特殊的意义。

一、科技创新效用的模型计量方法

对于科技创新对经济增长的影响的测定,目前尚无一种统一的、公认的计量方法。目前世界上盛行的方法有总量生产函数法和指标法,特别是生产函数方法运用得最为普遍。如用 Y 代表产出量,L、K 分别代表劳动要素和资金要素投入量,则生产函数为:$Y = F(t, L, K)$,其中时间 t 用来反映生产函数的动态。具有代表性的生产函数有柯布—道格拉斯(Cobb—Douglass)生产函数、索洛(Solow)的余值法生产函数、CES 生产函数等。

C—D 生产函数是由数学家柯布(C. W. Cobb)和经济学家道格拉斯(Paul H. Douglas)于 20 世纪 30 年代提出来的。C—D 生产函数被认为是一种很有用的生产函数,因为该函数以其简单的形式具备了经济学家所关心一些性质,它在经济理论的分析和应用中都具有一定意义。其一般形式如式(1)所示:

$$Y = A_{(t)} K^\alpha L^\beta \quad (i = 1, 2, \cdots, n) \tag{1}$$

式(1)中 $A_{(t)}$ 表示某一时期内科技创新的累积效应,参数 α、β 分别表示资本和劳动力的产出弹性。其中,$\alpha + \beta > (= 或 <)1$ 分别意味着规模报酬递增(不变或递减)。采用该模型时假设 $\alpha + \beta = 1$。对式(1)求时间 t 的导数,得出科技创新年平均增长率为:

$$\frac{\dot{A}}{A} = \frac{\dot{Y}}{Y} - \alpha \frac{\dot{K}}{K} - \beta \frac{\dot{L}}{L} \tag{2}$$

相应地科技创新作用为:

---

* 本文原载《科学学与科学技术管理》,2010 年第 5 期,作者:张璞。

$$\frac{\dot{A}}{A} \div \frac{\dot{Y}}{Y} \tag{3}$$

上述方法的优点是公式推导严谨,表述简便,抓住了生产资金和劳动要素这两个主要要素来测算科技创新对经济增长的影响,综合反映科技创新作用的大小。但是上述方法把科技创新视为脱离资本和劳动力的一个独立因素,只把资本和劳动力两个生产要素看为有数量增加的变化,忽视它们由于科技创新所引起的质的变化,这些都不符合实际情况。这种模型忽视了科技创新的特点,即其除了自身的产出外,还通过资本、劳动对象以及劳动力对经济系统的产出做出贡献,而这后种贡献比科技的产出更为重要。我们认为,科技要转变成生产力,需要通过人的因素和物的因素,而不能脱离它们独立地发挥作用。科技只有与生产要素相互融合、渗透,并通过"武装"生产要素使其发生质的变化,才能发挥巨大的作用。科技最开始是通过人的因素即提高劳动力素质体现出来的,同时,科技创新也通过物的因素即改善劳动手段的质量而转化为直接的生产力。

二、C—D 生产函数的应用模型

通过改进 C—D 生产函数模型,可以测定科技创新对产业部门净产值的贡献。

(一)设定生产函数,并划分生产要素的等级

目前,对科技创新效用的综合计量大多采用 C—D 生产函数,因为它比较符合经济理论的分析和观测到的经济现象,特别是它在计算上比较方便。

假定科技进步属于非物化的、中性的,并以一个固定的指数比率增长,则用于估算的第 i 部门 t 时期的 C—D 生产函数如式(4)所示:

$$Y_i = A_{i0} e^{\lambda_i t} K_i^{\alpha_i} L_i^{\beta_i} \tag{4}$$

式(4)中,Y_i、K_i、L_i 分别是 t 时期 i 部门的产出、资本投入、劳力投入,A_{i0} 表示第 i 部门初始的技术水平,λ_i 是非物化的外生的技术进步比率,t 为时间常数。

如果把 K_i 和 L_i 划分为若干等级,则上述 C—D 生产函数如式(5)所示:

$$Y_i = A'_{i0} e^{\lambda_i t} K_{i1}^{\alpha_{i1}} K_{i2}^{\alpha_{i2}} \cdots K_{in}^{\alpha_{in}} \cdot L_{i1}^{\beta_{i1}} L_{i2}^{\beta_{i2}} \cdots L_{in}^{\beta_{in}} \tag{5}$$

式(5)中,$K_{i1}, K_{i2}, \cdots, K_{in}$ 是把第 i 部门的资本存量(这里只考虑固定资产)按技术水平等级划分为 n 个等级,其中 K_{i1} 代表最落后的、没有科技创新的固定资产(如手工工具);$L_{i1}, L_{i2}, \cdots, L_{in}$ 是把第 i 部门劳动力按技术水平或受教育程度划分为 n 个等级,其中 L_{i1} 是没有科技创新的劳动力(如文盲)。为了测算第 m 项生产要素的技术水平($m = 1, 2, \cdots, n$),需要有一个基数,K_{i1}、L_{i1} 就起基数的作用,但实际上它们也有一定的科技含量,我们假定它们为零。$\alpha_{i1}, \alpha_{i2}, \cdots, \alpha_{in}$ 分别是第 i 部门固定资产各等级的资金产出弹性系数,$\beta_{i1}, \beta_{i2}, \cdots, \beta_{in}$ 分别是第 i 部门各等级劳动力的产出弹性系数。

（二）推导用估算生产函数各参数的回归方程

由式（4）与式（5）相等，得到式（6）：

$$A_{i0}e^{\lambda_i t}K_i^{\alpha_i}L_i^{\beta_i} = A_{i0}'e^{\lambda_i' t}K_{i1}^{\alpha_{i1}}K_{i2}^{\alpha_{i2}}\cdots K_{in}^{\alpha_{in}} \cdot L_{i1}^{\beta_{i1}}L_{i2}^{\beta_{i2}}\cdots L_{in}^{\beta_{in}} \tag{6}$$

即：

$$K_i^{\alpha_i}K_i^{\beta_i} = \frac{A_{i0}'}{A_{i0}}e^{(\lambda_i-\lambda_i')t}K_{i1}^{\alpha_{i1}}K_{i2}^{\alpha_{i2}}\cdots K_{in}^{\alpha_{in}} \cdot L_{i1}^{\beta_{i1}}L_{i2}^{\beta_{i2}}\cdots L_{in}^{\beta_{in}} \tag{7}$$

令：$\dfrac{A_{i0}'}{A_{i0}} = A_{i0}''$，$\lambda_i - \lambda_i' = \lambda_i''$

则有：

$$K_i^{\alpha_i}L_i^{\beta_i} = A_{i0}''e^{\lambda_i'' t}K_{i1}^{\alpha_{i1}}K_{i2}^{\alpha_{i2}}\cdots K_{in}^{\alpha_{in}} \cdot L_{i1}^{\beta_{i1}}L_{i2}^{\beta_{i2}}\cdots L_{in}^{\beta_{in}} \tag{8}$$

式（8）中，我们称 $A_{i0}''e^{\lambda_i'' t}$ 为 $K_i^{\alpha_i}, L_i^{\beta_i}$ 与 $K_{i1}^{\alpha_{i1}}, K_{i2}^{\alpha_{i2}}, \cdots, K_{in}^{\alpha_{in}}, L_{i1}^{\beta_{i1}}, L_{i2}^{\beta_{i2}}, \cdots, L_{in}^{\beta_{in}}$ 的转换因子。

式（8）也可写成：

$$K_i^{\alpha_i}L_i^{\beta_i} = (A_{i1}e^{\lambda_{i1}t}K_{i1}^{\alpha_{i1}}K_{i2}^{\alpha_{i2}}\cdots K_{in}^{\alpha_{in}}) \cdot (A_{i2}e^{\lambda_{i2}t}L_{i1}^{\beta_{i1}}L_{i2}^{\beta_{i2}}\cdots L_{in}^{\beta_{in}}) \tag{9}$$

于是有：

$$K_i^{\alpha_i} = A_{i1}e^{\lambda_{i1}t}K_{i1}^{\alpha_{i1}}K_{i2}^{\alpha_{i2}}\cdots K_{in}^{\alpha_{in}} \tag{10}$$

$$L_i^{\beta_i} = A_{i2}e^{\lambda_{i2}t}L_{i1}^{\beta_{i1}}L_{i2}^{\beta_{i2}}\cdots L_{in}^{\beta_{in}} \tag{11}$$

其中，$A_{i1}e^{\lambda_{i1}t}$、$A_{i2}e^{\lambda_{i2}t}$ 均为转换因子，$A_{i1}A_{i2} = A_{i0}''$，$\lambda_{i1} + \lambda_{i2} = \lambda_i''$，$K_i = K_{i1} + K_{i2} + \cdots + K_{in}$，$L_i = L_{i1} + L_{i2} + \cdots + L_{in}$。

式（4）、式（10）、式（11）即为我们估算各参数的回归方程。它们的对数形式分别为：

$$\ln Y_i = \ln A_{i0} + \lambda_i t + \alpha_i \ln K_i + \beta_i \ln L_i \tag{12}$$

$$\alpha_i \ln K_i = \ln A_{i1} + \lambda_{i1} t + \alpha_{i1} \ln K_{i1} + \alpha_{i2} \ln K_{i2} + \cdots + \alpha_{in} \ln K_{in} \tag{13}$$

$$\beta_i \ln L_i = \ln A_{i2} + \lambda_{i2} t + \beta_{i1} \ln L_{i1} + \beta_{i2} \ln L_{i2} + \cdots + \beta_{in} \ln L_{in} \tag{14}$$

（三）估计各参数，并做相应调整

利用横截面数据或时间序列数据，根据式（12）、式（13）、式（14）建立横截面回归方程或时间序列回归方程，采用普通最小二乘法，可以估算出各参数的估计值 A_{i0}；A_{i1}；A_{i2}；λ_i；λ_{i1}；λ_{i2}；α_i；β_i；α_{i1}，$\cdots$，α_{in}；β_{i1}，$\cdots$，β_{in}。具体做法如下：

先利用式（16）估算出 α_i 和 β_i，然后进行参数调整。假定规模报酬不变，即 $\alpha_i + \beta_i = 1$，由于估计结果可能使 $\alpha_i + \beta_i \neq 1$，故需要调整使 $\alpha_i + \beta_i = 1$。

令：$\alpha_i' = \dfrac{\alpha_i}{\alpha_i + \beta_i}$，$\beta_i' = \dfrac{\beta_i}{\alpha_i + \beta_i}$。

则有：$\alpha_i' + \beta_i' = 1$。

将 α_i'、β_i' 代入式（13）、式（14），分别估计参数 α_{i1}，α_{i2}，$\cdots$，α_{in} 和 β_{i1}，β_{i2}，$\cdots$，

β_{in}，并调整参数，使：$\alpha_i' = \alpha_{i1} + \alpha_{i2} + \cdots + \alpha_{in}$，$\beta_i' = \beta_{i1} + \beta_{i2} + \cdots + \beta_{in}$。

（四）测算科技创新的贡献

由于 α_{i1}、β_{i1} 是基数，只有数量的贡献，没有科技创新的贡献。所以，科技创新通过固定资产的贡献为：

$$Y_{i31} = \left[\left(\frac{\alpha_{i2}}{K_{i2}} - \frac{\alpha_{i1}}{K_{i1}}\right)K_{i2} + \cdots + \left(\frac{\alpha_{in}}{K_{in}} - \frac{\alpha_{i1}}{K_{i1}}\right)K_{in}\right]Y_i \tag{15}$$

式（15）中，Y_{i31} 表示科技创新通过固定资产的贡献；Y_i 为第 i 部门的净产值；$\frac{\alpha_{i1}}{K_{i1}}$，$\frac{\alpha_{i2}}{K_{i2}}$，$\cdots$，$\frac{\alpha_{in}}{K_{in}}$ 分别是各等级固定资产的单位资金贡献率；$\left(\frac{\alpha_{i2}}{K_{i2}} - \frac{\alpha_{i1}}{K_{i1}}\right)K_{i2}$ 是固定资产 K_{i2} 的科技创新贡献率；$\left(\frac{\alpha_{in}}{K_{in}} - \frac{\alpha_{i1}}{K_{i1}}\right)K_{in}$ 是固定资产 K_{in} 的科技创新贡献率；$\left(\frac{\alpha_{i2}}{K_{i2}} - \frac{\alpha_{i1}}{K_{i1}}\right)K_{i2} + \cdots + \left(\frac{\alpha_{in}}{K_{in}} - \frac{\alpha_{i1}}{K_{i1}}\right)K_{in}$ 是科技创新通过固定资产 K_i 的科技创新贡献率。

同理，科技创新通过劳动力的贡献为：

$$Y_{i32} = \left[\left(\frac{\beta_{i2}}{L_{i2}} - \frac{\beta_{i1}}{L_{i1}}\right)L_{i2} + \cdots + \left(\frac{\beta_{in}}{L_{in}} - \frac{\beta_{i1}}{L_{i1}}\right)L_{in}\right]Y_i \tag{16}$$

式（16）中，$\frac{\beta_{i1}}{L_{i1}}$，$\frac{\beta_{i2}}{L_{i2}}$，$\cdots$，$\frac{\beta_{in}}{L_{in}}$ 分别是各等级单个劳动者的贡献率，第一项是劳动力 L_{i2} 全部人数的科技创新贡献率，余类推。科技创新通过劳动力 L_i 的全部劳动者的科技创新贡献率为 $\left(\frac{\beta_{i2}}{L_{i2}} - \frac{\beta_{i1}}{L_{i1}}\right)L_{i2} + \cdots + \left(\frac{\beta_{in}}{L_{in}} - \frac{\beta_{i1}}{L_{i1}}\right)L_{in}$。

于是，科技创新通过固定资产和劳动力的贡献为：$Y_{i3} = Y_{i31} + Y_{i32}$。

固定资产的数量贡献为：

$$Y_{i1} = \left\{\alpha_i' - \left[\left(\frac{\alpha_{i2}}{K_{i2}} - \frac{\alpha_{i1}}{K_{i1}}\right)K_{i2} + \cdots + \left(\frac{\alpha_{in}}{K_{in}} - \frac{\alpha_{i1}}{K_{i1}}\right)K_{in}\right]\right\}Y_i \tag{17}$$

劳动力的数量贡献为：

$$Y_{i2} = \left\{\beta_i' - \left[\left(\frac{\beta_{i2}}{L_{i2}} - \frac{\beta_{i1}}{L_{i1}}\right)L_{i2} + \cdots + \left(\frac{\beta_{in}}{L_{in}} - \frac{\beta_{i1}}{L_{i1}}\right)L_{in}\right]\right\}Y_i \tag{18}$$

式（17）中 { } 内为固定资产的数量贡献率，式（18）中 { } 内为劳动力的数量贡献率。

某产业部门 i 的净产出为资本的数量贡献、劳动力的数量贡献与科技创新通过资本和劳动力的贡献之和，即 $Y_i = Y_{i1} + Y_{i2} + Y_{i3}$。

上述模型可以反映科技创新通过资本和劳动力的贡献，克服了仅把科技创新视为脱离资本和劳动力的一个独立因素，认为生产要素只有数量增加而忽视由于科技创新所带来的其质的变化这一缺陷，这对生产函数的应用是一个重要的改进。

三、应用模型的基本原则和步骤

（一）应用模型的基本原则

测算科技创新的作用是一项既有意义又有一定难度的工作，我们应该持相对可靠的态度，找出可适用的指标和方法。事实上，我们在寻求相对合理解，而并非唯一解或最优解。具体来说，要遵循以下几个原则：

第一，测算要符合数学基本原理并能够用经济学常识加以解释；而且，测算的公式和指标不宜太烦琐，易于理解，即科学性和可操作性的结合。

第二，根据现行统计的基础条件，可以采集到有关的统计数据，并且这些数据应具有公开性。

第三，有关测定结果要有动态稳定性和空间可比性，也要符合我国科技和经济发展的现状，要经得起历史数据的检查。

（二）应用模型的步骤

1. 收集相关数据

通过调研，收集某地区在某一时期各产业部门的净产值、生产性固定资产原值和劳动力数量。

2. 按一定标准划分固定资产等级和劳动力等级

如固定资产等级可以划分为手工操作、半机械化、机械化、半自动化、自动化、智能化等；劳动力水平可以划分为学徒工、一般工人、高级技工、工程师与一般管理人员、高级工程师与高级管理人员等。

3. 利用模型进行测算

应用模型计算出某一产业部门的科技创新贡献率（包括科技创新通过资本和劳动力的贡献率）、固定资产和劳动力的贡献率、科技创新的累积效应值、科技进步率、初始科技水平值、资本产出弹性、劳动力产出弹性等。

四、结　论

（1）利用模型测算结果，可以对某地区在某一时期内的产业部门科技创新进行评估。

利用各产业部门科技创新的贡献率测算结果，并与全部产业部门科技创新的平均贡献率进行比较，从而可以判断每一部门科技创新效应的发挥情况，分析整个产业部门和各个产业部门科技创新对经济系统产出的贡献主要是通过劳动者素质提高而实现的，还是通过资本存量的效能而实现的；利用各产业部门科技进步率、初始科技水平值的测算结果，可以分析每一产业部门的科技进步程度的大小，分析其科技发展水平等。通过评估，可以了解产业部门科技创新的现状，从而提出相应的科技创新对策与建议。

（2）利用模型分析，可以清晰地认识科技创新的特点，从而有针对性地采取措施进一步推动科技创新。

科技创新是科学原创和技术创新的总称。科学原创是人类在认识自然现象及其运动和发展过程中发现和发明的带有规律性的新知识及其所用的器具；技术创新就是人们在为了改造自然而进行的制造和操作过程中，总结发明或发现的新知识、新技艺。科技创新的概念源于技术创新的概念但又比技术创新的概念更加丰富，其主要的不同点在于科技创新对于科学研究与科学发现的重视。科技创新是科技知识的创新、生产的物质技术条件的创新以及人力素质和劳动技能的创新。主要包括：新设备的发明使用；新技术、新工艺的创新运用；新产品的开发、新材料的发明和原材料的代替与综合利用；生产组织管理水平的提高；人才开发和劳动者积极性的发挥；技术服务水平的提高等。科学创新在经济发展中属于质量型生产要素，对生产数量因素投入起到加倍的作用。

科学创新中最为活跃的要素是人，人是生产力中首要的、能动的、极有价值的要素。科学技术通过劳动者的内化，成为生产力的决定性力量。科技以知识为本意味着创新的最终主体是人。知识本质上是人的智力活动的成果，人的智能具有汲取原有知识和创新知识的神奇功能。尽管信息经济时代的智能机也拥有不断增大的知识生产能力，但它永远不能取代人的高级智能功能和人的智力源（本）的地位与作用。可见，科技以知识为本，知识以人力为本，决定了科技创新首要的任务是掌握科学与技术知识和培育知识创新的智力劳动群体并调动其积极性。

物化劳动是物质化活劳动的简称，是凝结和凝固了的活劳动，具有物质和劳动双重属性。理解物化劳动的双重性，在于理解物化劳动与资本是两个完全不同但又密切联系的经济范畴。从生产力的角度观察，物化劳动的表现形式是劳动资料和劳动对象，劳动资料表现为生产设备、机器、厂房、工具等；劳动对象表现为原材料、燃料与动力。物化劳动的物质属性与资本相区别；从生产关系角度分析，资本是生产三要素（劳动力、土地和资本）之一，资本总是在谋取其独立的经济利益。物化劳动的劳动属性与生产经营的企业相联系。因此，物化劳动作为生产要素能够创造价值，而资本作为经营要素不能创造价值，两者必须有效地结合，才能形成现实的生产力。要把物质生产过程变成科学应用和创新结合的过程，必须把科学技术内化到劳动资料中去，使科学技术在机器上、生产方法中、生产工艺中得到体现。科学技术一旦与物化劳动相结合，表现为新设备的发明使用，新技术、新工艺的创新运用，新产品的开发、新材料的发明和原材料的代替与综合利用等，将无限提高现代生产力的发展空间。通过物化劳动的中介,科技创新才有了载体,才能把人类的知识和智慧运用到实践中去,创造出无与伦比的社会生产力。

参考文献

[1] 张守一,肖志杰. 科技投入产出模型研究,数量经济与技术经济研究 [J]. 1992 (2).

[2] [美] 罗伯特·M. 索罗. 增长理论一种解析 [M]. 冯健等译. 北京:中国财政经济出版社,2004.

[3] 舒元,谢识予,孔爱国,李翔. 现代经济增长模型 [M]. 上海:复旦大学出版社,1998.

[4] 李文明,赵曙明,王雅林. 科技创新的特点、主体与动力激励系统研究 [J]. 现代经济探讨,2006 (6).

[5] 施建军. 科技统计分析与评价 [M]. 北京:科学技术文献出版社,1990.

第二篇 少数民族文化与旅游产业发展

第一章　西部少数民族地区文化产业发展影响因素分析[*]

一、引　言

随着经济全球化和区域一体化，国际竞争日趋激烈，文化产业逐渐成为知识经济背景下区域竞争和国家竞争的重要组成部分。通过发展文化产业来培育区域和国家的"软实力"，从而增强区域和国家的综合竞争力，已成为世界范围内许多国家和地区提升其竞争力的有效途径。

中国作为最大的发展中国家，其经济增长在全球经济复苏中起了重要拉动作用，而且发展文化产业已成为我国新的经济增长点。胡锦涛在"十八大"报告中特别指出，要将文化产业发展成为国民经济的支柱性产业。要发展新型文化业态，提高文化产业规模化、集约化、专业化水平。

作为少数民族主要聚集地的西部地区，其经济社会发展直接关系着我国的稳定繁荣富强与边疆安全，加强民族地区的经济发展是我国实现可持续发展的客观需要。作为世界经济发展潮流和新型服务业的文化产业，对民族地区构建和谐社会具有重大的推动作用，且已日益成为西部地区转变经济增长方式、优化产业结构的重要推动力量。然而，我国的文化产业处于区域发展不均衡状态，"十一五"期间，各省市文化产业增加值占GDP比重的2.8%~5%，以北京为中心的京津冀都市圈、以上海为中心的长江三角洲、以广东为中心的珠江三角洲、以湖南等省份为中心的中部地区文化产业增加值占GDP的比重超过5%，与之对应的西部少数民族地区文化产业增加值占GDP的比重大多低于2.8%。针对这一状况，本文利用灰色关联法，对西部少数民族八个省、自治区的文化产业影响因素进行分析排序，并比较了各个因素对发展文化产业的作用，进而提出西部少数民族地区文化产业发展的对策建议。

---

[*] 本文原载《商业时代》，2013年第29期，作者：张璞、郭琦、杨海燕。

二、文献评述

　　国外严格意义上的文化产业理论著述极少，更多的是涉及文化产业的大文化研究和分类研究。1841年德国学者弗里德里希·李斯特提出了著名的"生产力理论"。他认为，不仅体力劳动是生产力，脑力劳动、管理、组织都应包括在生产力内。他还特别强调促进教育、宗教、科学、艺术的人的精神劳动的生产性，认为"国内自由、智力、技术与科学、国际与国内贸易、航海业与运输的改进、文化和政治力量，工厂和工业品是它们的前因，也是它们的后果"，正是这些因素构成了工业的主要手段。Michela Addis 于 2006 年以消费者行为、娱乐和教育为分析对象，指出新技术和消费将产生寓教于乐的文化消费。Yuko Aoyalma 通过研究指出，文化产业的兴起，部分是由先进的工业化经济和娱乐的增加而推动的。

　　国内对文化产业的研究起步比较晚，宣立华、张毅于2007年从体制、内容、形式三方面对文化产业的发展提出新要求；钱韵竹、张磊针对城市文化产业发展中的影响因素，以西安、北京、深圳三个城市为研究对象，阐述了影响城市文化产业发展的关键因素，并比较了各个因素对城市发展文化产业的作用。王玉玲基于钻石模型与灰色关联理论建立文化产业竞争力评价体系来比较中日差异，总结了日本发展文化产业的人才为本、市场为本、项目为本等经验，提出了中国应培育人才群、打造产业群、夯实项目群，推进文化产业跨越式发展。于孝建、任兆璋于2011年分析了我国文化产业金融创新与发展方式的两个特点："融资方式多样化"与"融资参与主体多样化"，并分析单个企业多个版权集合质押担保贷款方式，在这两者的基础上，借鉴中小企业集合债原理和版权质押贷款方式，提出了更适合中小型文化企业的多个企业版权集合质押担保贷款的新融资方式，认为可灵活采用各种无形资产进行集合质押，可引入多种金融机构增强文化企业贷款信用，从而提高企业贷款能力，降低银行贷款风险。王一川认为，在全球金融危机的大背景下，未来文化产业的发展必须以我国经济增长方式转型为契机，加强价值观引导，构建公共服务体系，实现文化产业发展的重点突破。在对文化产业的定量研究方面，一部分学者对文化产业集聚程度进行了相关研究。如吴学花、罗勇、崔鑫生、任英华、陈立泰等均通过对空间基尼系数（Gini Coefficient）、赫芬达尔指数（HHI）以及行业集中度指数 CRn 指数的分析，对国内文化产业空间集聚程度进行了测量。王婧通过实证研究表明，人均文化娱乐消费显著地影响了各地区文化产业的集聚发展。袁海对省域文化产业空间集聚影响因素进行了实证分析，并得出相关结论。党胜利、刘志峰将河北文化产业集群创新系统结构划分为计划系统、组织系统、领导系统和控制系统四个层面。还有一部分学者通过对文化产业竞争力进行研究，并得出相关结论。如傅梅烂、奚建华、刘杏通过因子分析对浙江文化产业竞争力的影响进行了综合评价，并对提升文化竞争力提出了建议。王安琪对文化产业竞争力、文化产业国际竞争力、区域文化产业竞争力、文化产业核心竞争力、文化产业竞争力评价指标体系相关文献进行了梳理和评论。

综观以上文献,与国外相比,国内学者多是在综述国外文化产业发展理论的基础上对我国文化产业的发展提出建议与创新,即使是定量研究也多是对文化产业集中度与竞争力的分析。而对于西部少数民族地区文化产业的研究,特别是对其区域文化产业发展影响因素的关联分析则比较缺乏。

三、研究方法与数据

(一) 研究方法

由于我国文化产业发展起步较晚,缺乏大量相关完整的统计数,故本文采用了适合小样本分析的灰色关联理论,来对西部少数民族地区文化产业发展影响因素的相对关联度进行分析,并将影响因素排序。

1. 灰色关联系数模型

设参考数列(又称母序列)为 $Y = \{Y(K) \mid k = 1,2,\cdots,n\}$;比较数列(又称子序列)$X_i = \{X_i(K) \mid k = 1,2,\cdots,n\}, i = 1,2,\cdots,m$。

由于系统中各因素列中的数据可能因量纲不同,不便于比较或在比较时难以得到正确的结论。因此,在进行灰色关联度分析时,一般都要进行数据的无量纲化处理,如下:

$$x_i(k) = \frac{X_i(k)}{X_{i(1)}}, k = 1,2,\cdots,n; i = 0,1,2,\cdots,m$$

然后计算 $x_0(k)$ 与 $x_i(k)$ 的关联系数:

$$\varepsilon_i(k) = \frac{\min_i \min_k |y(k) - x_i(k)| + \rho \max_i \max_k |y(k) - x_i(k)|}{|y(k) - x_i(k)| + \rho \max_i \max_k |y(k) - x_i(k)|}$$

记 $\Delta_i(k) = |y(k) - x_i(k)|$,则:

$$\varepsilon_i(k) = \frac{\min_i \min_k \Delta_i(k) + \rho \max_i \max_k \Delta_i(k)}{\Delta_i(k) + \rho \max_i \max_k \Delta_i(k)}$$

$\rho \in (0, \infty)$,称为分辨系数。ρ 越小,分辨力越大,一般 ρ 的取值区间为 $(0,1)$,具体取值可视情况而定。当 $\rho \leq 0.5463$ 时,分辨力最好,通常取 $\rho = 0.5$。

2. 灰色关联度模型

因为关联系数是比较数列与参考数列在各个时刻的关联程度值,所以它的数不止一个,而信息过于分散不便于进行整体性比较。因此有必要将各个时刻的关联系数集中为一个值,即求其平均值,作为比较数列与参考数列间关联程度的数量表示,关联度 r_i 公式如下:

$$r_i = \frac{1}{n}\sum_{k=1}^{n}\varepsilon_i(k), k = 1, 2, \cdots, n$$

对关联度按大小排序，如果 $r_1 < r_2$，则参考数列 y 与比较数列 x_2 更相似，算出 $X_i(k)$ 序列与 $Y(k)$ 序列的关联系数，再计算各类关联系数的平均值，平均值 r_i 就称为 $Y(k)$ 与 $X_i(k)$ 的关联度。

（二）指标体系构建与数据来源

作为反映文化业发展核心指标的文化产业增加值是文化产业的深度价值体现，故选取 2006～2009 年文化产业增加值作为参考数列 Y，从而能更充分反映系统行为特征。影响文化产业发展的因素是源于多方面的，为了全面地研究这些相关因素，基于该领域相关评价模型的建立原则及数据的可得性、完整性和可量化的原则，影响文化产业发展的因素分别选取 2006～2009 年普通高等学校教育经费支出、城镇居民家庭人均教育文化娱乐服务消费支出、人均 GDP、城镇居民家庭人均可支配收入、教育经费收入五个指标作为比较序列 X_i，所有数据来源于 2010 年《中国文化文物统计年鉴》。利用 NUAA 公司的灰色关联软件 Main 对数据进行无量纲化处理，并得出灰色关联系数与关联度。最后对各个省、自治区文化产业发展的影响因素进行分析与排序。

四、实证分析与讨论

从最终的计算结果来看，新疆维吾尔自治区"城镇居民家庭人均可支配收入"以及"教育经费收入"影响西藏文化产业发展的关联度均超过了 0.8，关联非常显著，"城镇居民家庭人均教育文化娱乐服务消费支出"与"人均 GDP"影响西藏文化产业发展的关联度均超过了 0.7，关联程度显著；"普通高等学校教育经费支出"的关联度相对偏低，但也超过了 0.6。可知，新疆文化产业发展受"城镇居民家庭人均可支配收入"与"教育经费收入"的影响最大。居民家庭全部收入用于安排家庭日常生活的现金与高等学校"教育经费收入"的增加是影响新疆地区文化产业发展的重要因素。

西藏自治区"普通高等学校教育经费支出"、"人均 GDP"、"城镇居民家庭人均可支配收入"以及"教育经费收入"关联度均超过了 0.6；而"城镇居民家庭人均教育文化娱乐服务消费支出"与"城镇居民家庭人均可支配收入"的关联度相对偏低。可知，西藏文化产业发展受"教育经费收入"及"普通高等学校教育经费支出"的影响最大，教育作为推动社会文明进步的基本条件，是传播科学文化、劳动技能、培养思想道德的主要手段。加大教育经费的投入，对增加西藏自治区文化产业发展有重要作用。

青海省"普通高等学校教育经费支出"、"人均 GDP"、"城镇居民家庭人均可支配收入"以及"教育经费收入"的关联度均超过了 0.7；而"城镇居民家庭人均教育文化娱乐服务消费支出"的关联度也超过了0.6。可知，青海文化产业发展受这几种因素的影响比较平均。"人均GDP"与"城镇居民家庭人均可支配收入"反映了国内需求，国内需求提高有利于促进竞争。一国的国内文化产品需求状况是该国文化产业发展的基础，国内经济发展与需求高低和文化产业的发展呈正相关的关系。总之，青海省文化产业发展的关键在于各种因素的均衡发展。

内蒙古自治区"普通高等学校教育经费支出"、"城镇居民家庭人均教育文化娱乐服务消费支出"、"人均GDP"、"城镇居民家庭人均可支配收入"以及"教育经费收入"的关联度均超过了0.7。内蒙古文化产业发展受这几种因素的影响也比较均衡，但"教育经费收入"及"普通高等学校教育经费支出"对其文化产业发展的影响更大。所以，内蒙古自治区在均衡发展的同时特别要加大教育的投入与支出。

宁夏回族自治区只有"人均GDP"以及"教育经费收入"的关联度均超过了0.7。"城镇居民家庭人均教育文化娱乐服务消费支出"与"城镇居民家庭人均可支配收入"也超过了0.6，而"普通高等学校教育经费支出"的关联度相对偏低，只有0.569。可见宁夏文化产业发展受"教育经费收入"以及"人均GDP"的影响最大，所以"教育经费收入"及"人均GDP"的增加是宁夏回族自治区文化产业发展的重要因素。

云南省"教育经费收入"的关联度超过了0.8，关联程度非常显著，"普通高等学校教育经费支出"、"城镇居民家庭人均教育文化娱乐服务消费支出"、"人均GDP"的关联度均超过了0.7，而"城镇居民家庭人均可支配收入"的关联度也超过了0.6。可见云南文化产业发展的关键是加大对教育事业的投入。

贵州省"教育经费收入"的关联度超过了0.8，关联程度非常显著，"普通高等学校教育经费支出"、"城镇居民家庭人均可支配收入"、"人均GDP"影响贵州文化产业发展的关联度也都超过了0.7。"城镇居民家庭人均教育文化娱乐服务消费支出"相对偏低。可见贵州文化产业发展受"教育经费收入"的影响最大，贵州省文化产业发展的重要因素是增加教育经费收入。

广西壮族自治区"普通高等学校教育经费支出"与"教育经费收入"的关联度超过了0.8，关联程度相对较高，"城镇居民家庭人均可支配收入"、"人均GDP"和"城镇居民家庭人均教育文化娱乐服务消费支出"的关联度相对偏低，但也都超过了0.6。广西文化产业发展受"普通高等学校教育经费支出"与"教育经费收入"的影响最大，所以"普通高等学校教育经费支出"与"教育经费收入"的增加是广西壮族自治区文化产业发展的重要因素，具体数据如表1所示。

表1 西部少数民族地区文化产业影响因素关联度

地区	文化产业增加值关联度	普通高等学校教育经费支出关联度	城镇居民家庭人均教育文化娱乐服务消费支出关联度	人均GDP关联度	城镇居民家庭人均可支配收入关联度	教育经费收入关联度
新疆	1	0.672	0.718	0.717	0.800	0.913
西藏	1	0.604	0.590	0.601	0.578	0.654

续表

地区	文化产业增加值关联度	普通高等学校教育经费支出关联度	城镇居民家庭人均教育文化娱乐服务消费支出关联度	人均GDP关联度	城镇居民家庭人均可支配收入关联度	教育经费收入关联度
青海	1	0.754	0.647	0.749	0.720	0.769
内蒙古	1	0.795	0.711	0.724	0.721	0.787
宁夏	1	0.569	0.619	0.701	0.656	0.762
云南	1	0.712	0.711	0.728	0.623	0.844
贵州	1	0.746	0.607	0.780	0.731	0.850
广西	1	0.846	0.617	0.696	0.689	0.817

对影响各个地区文化产业发展的因素进行排序，由排序结果可知：5个影响因素对新疆地区文化产业发展的影响程度从大到小依次为"教育经费收入"、"城镇居民家庭人均可支配收入"、"城镇居民家庭人均教育文化娱乐服务消费支出"、"人均GDP"联度、"普通高等学校教育经费支出"。

西藏自治区文化产业发展的影响程度从大到小依次为"教育经费收入"、"普通高等学校教育经费支出"、"人均GDP"、"城镇居民家庭人均教育文化娱乐服务消费支出"、"城镇居民家庭人均可支配收入"。

青海省文化产业发展的影响程度从大到小依次为"教育经费收入"、"普通高等学校教育经费支出"、"人均GDP"、"城镇居民家庭人均可支配收入"、"城镇居民家庭人均教育文化娱乐服务消费支出"。

内蒙古自治区文化产业发展的影响程度从大到小依次为"普通高等学校教育经费支出"、"教育经费收入"、"人均GDP"、"城镇居民家庭人均可支配收入"、"城镇居民家庭人均教育文化娱乐服务消费支出"。

宁夏回族自治区文化产业发展的影响程度从大到小依次为"教育经费收入"、"人均GDP"、"城镇居民家庭人均可支配收入"、"城镇居民家庭人均教育文化娱乐服务消费支出"、"普通高等学校教育经费支出"。

云南省文化产业发展的影响程度从大到小依次为"教育经费收入"、"普通高等学校教育经费支出"、"城镇居民家庭人均教育文化娱乐服务消费支出"、"人均GDP"、"城镇居民家庭人均可支配收入"。

贵州地省文化产业发展的影响程度从大到小依次为"教育经费收入"、"人均GDP"、"普通高等学校教育经费支出"、"城镇居民家庭人均可支配收入"、"城镇居民家庭人均教育文化娱乐服务消费支出"。

广西壮族自治区文化产业发展的影响程度从大到小依次为"普通高等学校教育经费支出"、"教育经费收入"、"人均GDP"、"城镇居民家庭人均可支配收入"、"城镇居民家庭人均教育文化娱乐服务消费支出"，具体数据如表2所示。

表2 西部少数民族地区文化产业发展影响因素关联度排序

地区	普通高等学校教育经费支出	城镇居民家庭人均教育文化娱乐服务消费支出	人均GDP	城镇居民家庭人均可支配收入	教育经费收入
新疆	5	3	4	2	1
西藏	2	4	3	5	1
青海	2	5	3	4	1
内蒙古	1	5	3	4	2
宁夏	5	4	2	3	1
云南	2	3	4	5	1
贵州	3	5	2	4	1
广西	1	5	3	4	2

五、结论与对策建议

通过灰色关联分析，对影响西部少数民族地区文化产业因素进行了分析与排序。从最终的实证研究结果来看，"教育经费收入"与"普通高等学校教育经费支出"对西部少数民族地区文化产业发展的关联度普遍比较显著，其次是"人均GDP"。文化产业发展说到底是人才的竞争。文化产业要取得长足的发展需要以高素质的劳动者做支撑，在社会生产力和科学技术迅猛发展的今天，教育的重要性日益突出，教育与经济的关系日益紧密，教育发展为文化产业发展提供了后劲。文化产业作为一种"朝阳产业"，文化的发展及文化消费市场的形成，都需要一定的经济发展水平作为基础。因此，积极推进经济建设，切实增加人民的收入，提高消费能力，才能促进文化产业的持续快速发展。

通过实证分析，主要对策建议如下：

（1）增加教育投入与支出，进一步提高财政教育支出占公共财政支出的比例。健全以政府投入为主、多渠道筹集教育经费的体制，大幅度增加教育投入。充分调动全社会办教育的积极性，扩大社会资源进入教育途径，多渠道增加教育投入，地方财政统筹利用自有财力和中央财政一般性转移支付、税收返还安排的教育支出，进一步优化财政支出结构，压缩一般性支出，优先保障教育支出。

（2）积极推进经济建设，加快转变经济发展方式，推动产业结构优化升级，切实增加人民的收入，提高消费能力，从而促进文化产业的持续快速发展。

参考文献

[1] Michela Addis. New Technologies and Cultural Consumption – edutainment is Born![J]. European Journal of Marketing, 2006（39）.

［2］Yuko Aoyama. The Role of Consumption and Globalization in a Cultural Industry［J］. Geoforum, 2007（38）.

［3］宣立华, 张毅. 文化创新与齐鲁文化产业的发展［J］. 山东社会科学, 2007（9）.

［4］钱韵竹, 张磊. 城市文化产业发展影响因素实证分析［J］. 产业观察, 2009（11）.

［5］王玉玲. 文化产业竞争力培育: 日本经验与中国的路径选择［J］. 亚太经济, 2011（5）.

［6］于孝建, 任兆璋. 我国文化产业金融创新方式分析［J］. 上海金融, 2011（6）.

［7］王一川. 我国文化产业发展契机与发展趋势研究［J］. 生产力研究, 2011（10）.

［8］吴学花, 杨蕙. 中国制造业产业集聚的实证研究［J］. 中国工业经济, 2004（10）.

［9］罗勇, 曹丽莉. 中国制造业集聚程度变动趋势实证研究［J］. 经济研究, 2005（8）.

［10］崔鑫生, 崔英夫. 基于行业集中度对西部开发战略实施效果的评价［J］. 经济探索, 2009（11）.

［11］任英华, 邱碧槐. 现代服务业空间集聚特征分析——以湖南省为例［J］. 经济地理, 2010（3）.

［12］陈立泰, 张祖妞. 我国服务业空间集聚水平测度及影响因素研究［J］. 中国科技论坛, 2010（9）.

［13］王婧. 中国文化产业经济贡献的影响因素［J］. 统计与决策, 2008（3）.

［14］袁海. 中国省域文化产业集聚影响因素实证分析［J］. 经济经纬, 2010（3）.

［15］党胜利, 刘志峰. 河北文化产业集群创新系统结构研究［J］. 商业时代, 2010（3）.

［16］傅梅烂, 奚建华, 刘杏. 浙江文化产业竞争力的影响因子研究［J］. 新闻界, 2009（3）.

［17］王安琪. 文化产业竞争力研究述评［J］. 生产力研究, 2011（11）.

第二章　少数民族地区文化产业特色推进发展*

2009年国务院颁布了《文化产业振兴规划》，文化部相继发布了《关于加快文化产业发展的指导意见》和《文化产业投资指导目录》等文件，各省、市、自治区经历了"十一五"时期的推进文化产业发展规划和文化产业体制机制建设，文化产业进入新的发展阶段。国务院制定文化产业规划目标及政策措施，确定了文化产业发展的八项重点任务，培育文化产业成为国民经济新的增长点。然而，我国的文化产业处于区域发展不均衡状态，"十一五"期间各省市文化产业增加值占GDP比重为2.8%~5%，以北京为中心的京津冀都市圈、以上海为中心的长江三角洲、以广东为中心的珠江三角洲、以湖南等省份为中心的中部地区文化产业增加值占GDP比重超过5%，少数民族地区文化产业增加值占GDP比重大多低于2.8%，区域文化产业的不均衡制约我国文化产业的总体发展，因此，在我国文化产业发展的新阶段，少数民族地区文化产业如何可持续发展成为值得探讨的重要问题。

一、少数民族标志性的文化资源概览

少数民族地区，通常指内蒙古、宁夏、新疆、青海以及西南的广西、西藏、贵州、云南等少数民族聚集区域，蒙古族、回族、维吾尔族、藏族、壮族、瑶族、苗族、傣族、白族、侗族等少数民族繁衍生息、文明嬗变的历史发展进程，积淀了丰厚的根植于特有的民族生态环境，凝聚着民族感情、意志和追求，体现民族智慧的深厚文化资源，成为民族特有的标志。

（一）蒙古族、回族、维吾尔族、藏族标志性的文化资源

中华文明源远流长，56个民族发展融合，少数民族依然保持和传承浓郁的民族风情和丰厚的地域色彩文化风尚，或蕴含于生态景观和遗址文物情景，或浸透于生活礼仪行为规范，或承载于生动多样的艺术形态。草原驰骋的蒙古民族刚毅强悍，传诵着《江格尔》的英雄史诗，祭拜着成吉思汗的亡灵，拨动着深情委婉的马头琴，吟唱着悠

---

* 本文原载《技术经济与管理研究》，2011年第9期，作者：王雅荣、张璞。

长深邃的"长调",律动着舒展豪迈的"驯马舞"、"鹰舞"、"祝福舞"。杂居各区域,聚居宁夏平原和山区的回民族,顽强生存,吃苦耐劳,恪守伊斯兰教规,尊崇清真寺,聆听《古兰经》教义、教律、教史及宗教风俗故事,遵从传统衣食起居的禁忌与节庆婚俗,构建白、蓝、绿凝聚神韵的建筑艺术,引吭高亢婉转高腔山歌"花儿"。戈壁绿洲上异域文化的交汇养育了维吾尔族的奔放激越,载歌载舞,维吾尔族血液中渗透的诗、歌、乐、舞汇集的木卡姆艺术传达着民族宗教礼仪和警示箴言,传诵着乡村俚语、民间故事,代言着民族欢乐忧伤,生命礼赞。雪域高原滋养藏民族的刚烈阳光,身与心虔诚的朝拜跨越了漫长时空,完整留存了藏传佛教神山、圣湖、圣殿的精髓,以布达拉宫为代表的宫殿建筑简洁自然,传递人与宇宙联接的宁静神秘,豪放的歌舞形式歌颂日月星辰、山河大地,祝福相会,祝颂吉祥如意,传诵格萨尔王似的英雄人物和宗教信仰。

(二) 壮族、苗族、傣族标志性的文化资源

依山傍水而居的壮族外柔内刚,才思敏捷,以歌述志传情,三月三的"歌圩"青年男女起舞欢歌孕育歌仙刘三姐,传唱着山歌好比春江水。而秀美的山水赋予壮族歌舞的灵性,山水间的对歌坪、三姐岩、麻篮石等遗址也浸染了民族文化内涵。居住于湘西、黔东高山地带的苗族能歌善舞,每年踩花山时盛装的男女青年欢聚对歌舞蹈,谈情说爱,戴高贵富丽银冠着精美花饰百褶裙的姑娘,展现了风姿绰约的美丽,也展示着民族的精湛银饰工艺和蜡染刺绣服饰工艺。苗族因山的养育,信仰万物有灵,崇拜自然。旖旎山水风光生存的傣族,孔雀启迪了傣族歌与舞的灵感,也成为傣族吉祥与幸福象征。傣历新年的泼水节,盛装的男女相互泼水嬉戏,以示消灾弥难,相互祝愿,其间举行赛龙船、放高升、放飞灯等传统娱乐活动和民族歌舞盛会释放快乐与幸福。

广袤土地上生活栖息的少数民族的灿烂文化,承载着民族生命延续的长歌。跨越时空浸染着民族生命印记的山水风光和遗址建筑,传承的民俗风情、文学艺术及传说故事筑起了民族认同的精神家园,也储备了丰厚的民族文化资源。当今,挖掘这些封存着民族记忆的文化资源,并以多种途径开发经营,活化民族文化资源的社会价值,创造民族文化资源经济价值。

二、少数民族地区文化资源开发与文化产业发展

民族文化是民族文明发展的记载,少数民族的歌谣、曲艺、传说、民族工艺和建筑、传统礼仪和习俗等文化片段历经漫长岁月风霜可能濒于失传或销毁,需要民族文明传承的保护性开发;民族文化是精神化的物质资源,文化资源可以商品化满足了人们精神消费的需求,因此,更需要将文化资源的文化价值转化为经济价值经营性开发

的文化产业发展。"十一五"期间，在国家文化产业政策的引导及文化产业发展形势的驱动下，少数民族地区的开发与经营文化资源的旅游业、演艺业、工艺美术业、娱乐业、影视音像业等起步发展，其中民族文化旅游业、民族演艺业、民族工艺美术业及会展业的发展初具规模。

（一）少数民族地区旅游业发展

少数民族文化景观资源和民族文化风情资源开发，初步形成地区民族特色旅游产品体系，拓展旅游市场，旅游产业获得长足发展。内蒙古依托草原风光和蒙古族文化风貌，开发4条精品旅游路线，12个重点旅游区，2009年旅游人数达4009.14万人次，旅游总收入为611.35亿元。广西依托秀丽多姿的自然景观和独具异彩的壮族文化古迹，开发了包括5个城市的特色旅游资源，建设了6条精品旅游线路，2009年旅游人数达1.2016亿人次，旅游总收入为701亿元。云南依托良好的自然生态环境和多彩的民族风情，培育了8大旅游产品，建设5个一批项目，开发6大旅游区，打造5条精品旅游线路，2009年旅游人数达1.2亿人次，旅游总收入为810.73亿元。旅游产业发展的核心是旅游资源的开发与运作，少数民族地区以其民族生存的地域风光和民族风情旅游资源开发，推出民族特色旅游产品，形成旅游产业发展的基本脉络，但民族特色旅游服务相关配套程度较低，还没有形成特色旅游产业价值链体系，一些民族风情资源挖掘的旅游产品往往拘泥于形式而缺少民族文化精神与内涵，因此，少数民族地区旅游产业特色发展需要"行、游、购、住、食、娱"六要素组合来追寻民族文化价值，拓展旅游产业价值链体系的可持续发展。

（二）少数民族地区演艺产业发展

少数民族地区蕴藏着丰厚的民族文化资源，以音乐、舞蹈及工艺美术等艺术形态开发，开启了少数民族文化艺术产业的发展，其中既融入民族生态要素，又用现代观念和技术进行了阐释的民族歌舞艺术，以全新的运作模式促动的民族文艺演出业的发展最受关注。云南的大型原生态歌舞集《云南映象》和广西的大型山水实景演出《印象·刘三姐》是民族艺术资源开发商业运营的成功典范。自2003年以来，《云南映象》以其柔美细腻、气势磅礴民族歌舞的生态美巡演全国33个省市，也远赴中国台湾、东南亚、日本、澳大利亚、美国、欧洲等国家或地区进行商业演出，艺鸣惊海内外，到目前为止，演出突破3000多场次。自2004年以来，《印象·刘三姐》以其如梦如诗、气势恢宏的实景演出，吸引大批中外游客观看，截至2009年上半年，演出1400多场次，票房收入3亿元。该项目由于精良的制作及运营的示范和带动效应入选了文化部命名的全国首批文化产业示范基地。此后，大型藏族歌舞乐《藏谜》、维吾尔族歌剧《木卡姆先驱》、大型苗族歌舞剧《仰欧桑》、大型蒙古族曲艺音诗《草原传奇》、大型草原实景演出《天骄·成吉思汗》等蕴含区域民族性的演出不仅赢得了社会效益，也获得了丰厚的经济收益。与此同时，还涌现出众多的蕴含浓郁民族风情的少数民族音乐、舞蹈、曲艺及影视作品，以节目或项目方式经营，因其优良的对民族艺术品质的创新诠释也赢得市场的认可。以《云南映象》和《印象·刘三姐》为代表的两类演艺产业发展模式的实践，示范少数民族地区演艺产业发展路径，但实际上，少数民族地区演艺业尚未形成产业发展的大氛围，挖掘民族艺术资源创作的作品，将其从思维形态转换为视觉艺术作品走向市场，历经筹备、创作、运作的过程，演艺产业发展的投资主体、创作主体及市场消费主体尚需政策引导规范培育与开发。

（三）少数民族地区工艺美术业发展

少数民族文明发展的地域环境与经济文化水平塑造的民族习尚以工艺美术思维创作的物质形态，记载民族生活方式，传承民族风尚审美。民族历史嬗变引发的经济与文化艺术的变更创造了民族时代风格烙印的民族工艺美术的工艺和内容。因此，民族工艺美术创作及工艺美术创作品具有物质和精神双重内涵，成为民族文化绚丽的瑰宝。当今，少数民族工艺美术品制作突破民族习俗的传承功用而拓展更宽的商业发展路径。例如，蒙古族的金银器具主要有银碗、蒙古刀、蒙古银壶、药勺、饮酒器具、头饰银簪、马具、鞍花、火链等，造型淳厚，图案装饰古雅，錾雕工艺精巧细致。藏族的唐卡独具特色的绘画艺术形式，绘制工艺复杂，颜料为天然矿植物原料，色泽艳丽，经久不褪，具有浓郁的雪域风格。壮族的壮锦以棉纱为经线，丝绒为纬线编制精美结实，图案新颖，色彩鲜丽，经久耐用；印染和扎染选用野生植物做染料，将白布染成蓝色或黑色或配凤凰展翅、双鹤飞舞、喜鹊闹梅、蝴蝶恋花等图案，成为民间工艺的杰作。苗族的银饰，头饰、胸颈饰、手饰、衣饰、背饰、腰坠和脚饰，工艺流程复杂，手工技术严密，制作纹样精美，造型奇美，工艺精巧。随着少数民族生活的现代化，本民族对民族工艺美术品日用需求相对弱化，而区域旅游业发展带动本民族之外对浓郁民族风格工艺美术品使用、陈设或收藏需求的市场，而且海外需求也比较大。2010 年中国工艺品贸易额达 3200 亿美元，其中少数民族工艺美术品占一定比例。因此，少数民族工艺美术品生产具有产业化发展的空间。目前，少数民族工艺美术品多为家族传承、家庭作坊或私营小企业的传统工艺的小规模加工生产，生产模式精工细作，可能会因产业化追求经济利益的工业流程生产而摧毁民族工艺美的价值品质，丢失世代传承、创新发展的工艺流程。因此，少数民族工艺美术业发展进程中需要保护创意和生产蕴含深刻民族文化的价值。

（四）少数民族地区会展业发展

少数民族地区依托民族区域资源特色和已形成规模的产业，筹办专业会展，推动区域特色经济发展。但由于会展业的发展受制于地区经济、社会、场馆等因素，少数民族地区形成会展业发展相对发达的地区，主要包括云南、新疆、内蒙古、广西。云南地区会展业发展的中心——昆明，1993 年举办第一届中国昆明进出口商品交易会，

1999年举办世界园艺博览会，2005年举办大湄公河次区域首脑（GMS）会议，系列标志性会展或会议的成功举办表明昆明具备了举办国际性重大会展/会议的条件和能力。2010年昆明会展业直接收入达12.4亿元，各类会展活动150项以上，培育了8个具有较强影响力和知名度的会展品牌。会展业已成为推动昆明现代服务业发展的重要力量。新疆地区的会展业主要集中于乌鲁木齐，每年举办各类会展多达40场，其中乌洽会最具影响。至2010年乌洽会已举办了19届，共有来自27个国家的近1500名外商办证参展参会，展会期间内联项目合同金额1040.21亿元，国内贸易合同成交总额220.47亿元。此外，吐鲁番葡萄节、中国喀什中亚南亚商品交易会、和田玉石旅游文化节也形成规模影响，新疆会展业成为新疆民族区域经济发展新亮点。内蒙古地区会展业形成以呼和浩特市为中心、以包头市和鄂尔多斯市为两翼的"会展经济圈"，并延伸到各个盟市。其中，国内有影响的节庆会展包括"中国·内蒙古草原文化节"和"中国·呼和浩特昭君文化节"；地区产业特色的专业会展包括内蒙古奶牛及乳制品交易会、中国民族商品交易会和中国西部文化产业博览会。2010年举办的会展有300多项，贸易成交总额约20亿元，会展业日渐凸显内蒙古第三产业的地位。广西地区会展业在"中国—东盟博览会"上带动会展业的全面发展。2010年，中国—东盟博览会已举办了七届，共有150多家商协会参与，参展企业达一万多家，贸易成交额达49.2亿美元。2010年12月20日，广西正式实施《会展服务规范》和《会展场馆安全管理要求》，规范会展服务，使其更具专业性和国际性。虽然少数民族地区会展业起步发展，但与经济发达的中、东部地区相比尚显落后，会展业总体没有形成具有区域特色的系列品牌会展的规模经济效应，大型会展多由政府行政鼎力支撑，缺乏有实力的会展企业的经营运作，而中小型会展多处于低水平展销状态，还不能彰显区域经济的拉动效应。

少数民族地区民族文化资源奠定了文化产业发展的物质基础，但文化产业发展更需要对其文化资源内涵精神把握的创造和创造活动的经营运作的推动，虽然少数民族地区已经形成文化产业发展意识和举措，且上述产业发展初具规模，但与其他地区相比，文化产业的总体发展仍处于随机发展探索状态，没有形成总体文化产业发展基本理念，也缺乏政府战略思维导向推进策略。

三、少数民族文化产业特色推动发展

少数民族特色文化资源基础可以构建民族特色的文化产业发展体系，但文化产业发展及形成产业体系是民族文化资源创造活动的经营运作产业化，因此，这一过程涉及应该以何种观念和模式驱动少数民族地区文化资源产业化运作，兼顾文化的精神价值和经济价值，使少数民族文化产业持续健康发展。

（一）文化生态观与西部地区少数民族文化产业发展

西部少数民族文化资源为文化产业化提供了得天独厚的物质条件，但在民族文化资源开发市场转化的产业发展过程中，涂抹浓重的商业利益而着意夸示甚至扭曲民族文化的精神，脱离了民族的本色，许多文化产业发展项目有形式而无内容，或有内容而缺少内涵，短期获得了经济利益，但缺乏赢得可持续发展的社会价值。因此，西部少数民族文化产业新的发展阶段，应融汇什么样的意识和观念支撑文化产业创新与发展，协调文化产业发展经济效益和社会效益。文化生态观是生态美学的一个分支，认为自然滋养了人类文明，人类应尊重自然，感恩自然，保持人与自然的和谐氛围；自然环境塑造人类生存与生活方式，哺育了多彩的民族文化，保持各具特色的民族文化传承与发展，呼吁人类生产的扩张不能突破自然的承受能力，人类物质的文明不能摧毁民族文化"物种"及"物种"多样的绵延，主张用生态的智慧研究与开发民族文化资源，提出不是所有民族文化资源都可以作为产业化的形态来运作发展，反对表层民族文化造设的经济发展。因此，文化生态观引导的文化产业发展应坚守文化资源开发以民族本源性为基础，追求社会价值和经济价值。近年来，西部少数民族地区文化产业发展涌现一些成功的范例，共同的成功原因是蕴含文化生态的思想。其中，西部少数民族文化产业的核心产业——演艺业典范示例《云南印象》、《印象·刘三姐》、《草原传奇》以史诗的笔调勾勒了蒙古民族由神话起源到草原生活这样一幅雄浑多彩的历史画卷，展现蒙古诗词音乐曲艺独特的音韵意境之美，蒙古民族蓬勃的生命活力与博大的精神情怀。实际上，西部少数民族地区文化产业的外围产业——旅游业、会展业及工艺美术业也需要融入文化生态理念才会给产业注入持续发展的活力。当今，少数民族地区开发民族文化资源，过度追求商业化及短期效益产业发展倾向，而文化生态观不会自发地全面渗透到西部少数民族地区文化产业及文化产业项目中，需要政府纳入文化生态观作为少数民族地区文化产业发展规划的指导思想，并宣传、制订相应的政策引导、规划与调控，避免偏离民族文化基本元素的产业畸形发展，遵从"文化产业发展以社会价值为先，以经济价值为后"的原则，使西部少数民族地区文化产业持续健康生态发展。

（二）特色推进与西部地区少数民族文化产业发展

"十一五"期间，西部少数民族地区的文化产业获得一定程度的发展，但政府宏观导向的文化产业发展重点并不十分明朗。2009年国务院发布的《文化产业振兴规划》明确了文化产业发展的重点任务，在此基础上，文化部《关于加快文化产业发展的指导意见》确定了文化产业发展的10个重点领域，包括演艺业、动漫业、文化娱乐业、游戏业、文化会展业、文化旅游业、艺术品与工艺美术、艺术创意与设计、网络文化、文化产品数字制作与相关服务业。西部少数民族地区在寻求文化产业均衡发展的进程中，政府需要确定产业发展重点并推进发展。文化资源要素是文化产业发展的物质基础，西部少数民族地区应在指导意见圈定的重点领域内结合民族文化资源优势确定重点发展方向，但地区经济发展水平、生产技术和创新能力影响文化产业发展，西部少数民族地区总体经济发展水平的落后状态制约文化产业自主形成与发展，政府需要基于文化生态观意识，审视标志性的民族文化资源文化产业的运作方向与方式，采取特色推进的文化产业发展。为此，西部少数民族地区应设立民族文化产业项目审核委员会和民族文化产业项目风险投资委员会。民族文化产业项目审核委员会由民族文化领域专家学者和文化产业高级经营管理者构成，负责审核年度文化产业项目申请，项目所属文化产业方向、项目开发文化资源的品相要素、价值要素、效用要素、发展预期和传承能力、成本及时间，筛选出获得支持的文化产业项目及区分文化产业项目支持等级，保持文化产业内涵的民族文化生态和文化产业重点方向的特色发展。民族文化产业项目风险投资委员会由文化产业高级经营管理者和风险投资的专家构成，负责提供文化产业项目开发与运作的资本金、经营管理及其他方面的支持，促进民族文化资源开发成果的市场化，孵化特色民族文化产业项目的产业化。西部少数民族地区在"十二五"期间，政府通过重点文化产业方向特色推进的运作方式，以民族文化项目方式培育民族文化企业的成长，民族文化企业的成长汇集特色文化产业的形成与创新发展。

西部少数民族地区文化产业特色推进，是基于文化生态观引导挖掘民族文化资源创造经济价值，政府指导下文化产业有序发展的基本思路，但民族文化产业发展如何将文化项目发展的典范示例推广为区域文化产业特色发展系统实践模式，需要政府制定翔实的民族文化产业发展规划，推动民族文化资源转化为可持续发展经济的发展优势，培育民族特色文化产业成为民族区域经济的增长点。

参考文献

[1] 昝廷全，赵永刚．区域文化产业在不均衡状态下的均衡发展［J］．郑州航空工业管理学院学报，2009（2）．

[2] 范周，蒋多等．文化产业趋于成为区域经济支柱产业各地"十一五"文化产业规划目标难以实现［J］．中国文化报（京），2009（65）．

[3] 邓宏碧，黄荣清．中国少数民族人口政策研究［M］．重庆：重庆出版社，1998．

[4] 申维辰，焦斌龙．评价文化：文化资源评估与文化产业评价［M］．太原：山西教育出版社，2004．

[5] 康小明，向勇．产业集群与文化产业竞争力的提升［J］．北京大学学报（哲学社会科学版），2005（2）．

[6] 中国新闻网，http：//www.chinanews.com/cj/2010/09-05/2512904.shtml．

[7] 中国—东盟博览会带动广西会展业蓬勃发展［EB/OL］．中国东盟博览会官方网站，http：//www.caexpo.org/gb/aboutcaexpo/caexponews/t20101220_91737.html．

[8] 王希恩．论中国少数民族传统文化现状及其走向［J］．民族研究，2000（6）．

[9] 姚兴权．全球化语境与民族文化的生态观照［J］．陕西师范大学学报（哲学

社会科学版),2002(6).

[10] 肖生禄. 浅析文化生态观 [J]. 学理论,2009(6).

[11] 吴钦敏. 维护多样性的文化生态理性看待我国少数民族文化的兴衰、发展和保护贵州 [J]. 民族研究,2006(3).

[12] 冯子标,焦斌龙. 分工、比较优势与文化产业发展 [M]. 北京:商务印书馆,2005.

第三章　基于生态旅游视域下少数民族地区旅游产业创新与发展

旅游是重要的经济活动，旅游目的包括"休闲、娱乐、度假"、"探亲访友"、"商务、专业访问"、"健康医疗"、"宗教/朝拜"、"其他"（UNWTO，1991）。随着旅游需求的拓展，旅游产业也成为国民经济发展的新动力。依据传统的产业划分标准，即相同技术和同质性产品，旅游产业的内涵很难明确，美国旅游专家托马斯（2001）认为，旅游产业根本不是一个产业，而是"行、游、购、住、食、娱"六要素相关产业组合的产业群。但国民经济核算体系需要描述和测量旅游活动的经济影响，联合国世界旅游组织推荐采用以旅游消费需求为标准的旅游卫星账户（Tourism Satellite Accounts，TSA）为框架界定旅游产业的范畴，形成集交通运输、住宿、餐饮、消遣娱乐和旅行贸易各部门"合成"的旅游产业。旅游产业发展的核心是开发自然风光旅游资源，挖掘与运作民族风情旅游产品，通过行、购、住、食、娱等产业环节获取旅游消费增加值。但全球性生存危机的背景使人类的环境意识开始觉醒，认真思考旅游产业进一步发展的模式不该侵害自身生存方式。因此，"十二五"期间，少数民族"五区三省"旅游产业如何在发展中既寻求经济价值，又保持地区独特的生态价值、精神价值、文化价值，这是少数民族地区旅游产业创新并持续发展的关键。

一、生态旅游观与旅游资源开发研究

1983年国际自然保护联盟（IUCN）特别顾问谢贝洛斯·拉斯喀瑞（Ceballas Lascurain）首次提出生态旅游（Ecotourism）的概念，1993年国际生态旅游协会定义生态旅游为：具有保护自然环境和维护当地人民生活双重责任的旅游活动，并认为生态旅游的物件是自然景物与原生态文化，主张生态旅游的目的是保护完整的自然和文化生态系统，参与者能够获得与众不同的经历，强调旅游规模的小型化，限定在承受能力范围之内，通过旅游者亲自参与其中而更加热爱自然，自觉保护自然与文化资源。因此，生态旅游的责任是保护旅游资源，保证旅游地经济、社会、生态效益，使旅游产业可持续发展。生态旅游观成为21世纪旅游产业发展的重要理论。

国内外学者从多个角度阐释生态旅游的内涵和产业规范。关于旅游资源的认识：

---

* 本文部分内容发表在《前沿》，2012年第1期，作者：王雅荣、张璞。

佟玉权（2008）认为，生态旅游资源包括自然要素和人文要素。人文要素对自然的渗透以及人类对自身历史的关注，使得很多自然要素与人文要素密不可分。生态旅游蓬勃发展，人文要素虽然还不是生态旅游的主要吸引物，可能只是整体旅游体验中的次要或附属部分，但作为旅游资源的一部分，已经被游客广泛享用了。人文资源同样是人类宝贵的财富，也需要同样的关注和保护。吕君（2008）认为，旅游生态系统的结构由区域内的自然要素与人文要素构成，自然要素主要包括地质、地貌、气候、水文、生物、土壤等成分，各成分相互联系、相互作用，构成旅游区的自然生态环境。人文要素主要包括旅游者、旅游业及其服务体系、当地居民与其生产、生活方式等成分，各成分亦相互联系、相互作用，构成旅游区的旅游经济和社会系统。关于旅游发展目标的认识：李长荣（2004）认为，生态旅游可持续发展表现为维护自然生态的可持续发展和促进旅游地区域可持续发展。关于旅游责任的认识：Swardrooke（1999）提出创立生态旅游受益者体系，包括当地社区、政府机构、旅游业、旅游者、保护机构、志愿部门、专家、媒体，协调诸多受益者之间的利益平衡。杨桂华（2004）认为，建立生态旅游的双向责任模式系统，即旅游目的地社区责任和生态旅游者责任。田里（2004）认为，生态旅游的实践涉及管理者的保育、经营者的效益、旅游者的纪律、地方居民的参与。关于旅游产品的认识：生态旅游产品贯穿于产品的策划和经营过程中的环境可持续性实践，包括旅游食宿、旅游形式、旅游景点开发不能损害地区的自然与人文环境，规范经营者和游客的行为。实质上，生态旅游观研究旅游现象与其赖以生存的自然、社会和文化环境之间相互关系，其目的是保证旅游的可持续发展，解决旅游发展与环境之间的矛盾。

国内学者运用生态旅游观分析地区旅游资源开发与旅游产业的发展。何永彬和王筱春（2006）提出了以环境污染、生态环境变化、生态系统稳定性三个方面为核心的生态旅游环境变化评价指标体系，以石林风景区为例开展实证评价分析，并提出基于旅游环境质量的全面管理与保护目标的发展协调解决方案，使旅游产业可持续发展。唐德彪（2007）论证了恩施土家族民俗文化的开发潜力，提出恩施土家族民俗文化旅游资源生态保护性开发的模式，包括时空保护性开发模式、民俗文化主体性保护开发模式和跨省市联合保护开发模式，将文化资源转化成旅游产品，保持民族风格，传承民俗文化，寻找土家族民俗旅游开发新思路。吕君（2008）采用"压力—状态—响应"框架模型构建旅游发展的生态安全系统，评价内蒙古自治区四子王旗草原旅游生态系统的安全度。冯亚芬等（2009）运用生态安全导向模式评价内蒙古萨拉乌苏河流域旅游开发的生态环境适宜度。杨文琪（2010）运用生态系统分析方法设计河南新乡黄河湿地鸟类国家级自然保护区试验区符合生态安全的旅游产品，开发以原生、绿色、环保和寓教于乐为核心的旅游项目，使自然和人类达到和谐统一，资源保护和开发实现共赢。此外，还有很多学者运用旅游生态观分析各区域旅游资源开发，关注旅游产业可持续发展。

旅游与资源和环境联系紧密，旅游资源开发应考虑人与自然的和谐，旅游产业应立足现在，定位未来，承担旅游规划资源开发与保护责任。因此，旅游产业发展不能仅以经济利益为目标，还应注意保护生态环境。生态旅游观作为当代旅游产业发展重要理论，强调环境保护、旅游者享受、旅游文化传播，实现经济发展的四位一体发展模式，指导区域旅游业发展实现旅游多主体的生态系统性协调，保证旅游资源保护与旅游业发展的动态平衡。

二、少数民族地区旅游业发展

少数民族"五区三省"旅游产业历经1978～1991年的培育发展期，旅游产业形态基本形成；1992～1999年转轨规范发展期，政府主导型市场化运作初步形成了旅游综合产业体系，旅游业逐步成为民族地区支柱产业、主导产业或先导产业；2000～2008年全面提升发展期，政府服务型市场化运作健全旅游产业体系，并优化产业结构，巩固产业地位，云南、广西等省和自治区提出了建立旅游强省目标。经过上述3个时期的旅游业发展基础，各地区政府进一步制定了区域旅游发展规划、地方旅游发展总体规划、特色旅游产品规划和景区（点）的规划，推进了民族地区旅游产业的纵深发展，旅游产业对地区经济影响度持续提升。

（一）少数民族地区旅游业发展

1. 完善特色旅游产品体系

少数民族"五区三省"旅游业具备良好的发展基础，并逐渐成长为地区经济发展的优势产业。少数民族地区挖掘、整合优质民族区域旅游资源，逐渐形成旅游产品体系。云南培育八大旅游产品，建设五个一批项目，开发六大旅游区，打造五条精品旅游线路；广西打造五个"中国优秀旅游城市"，建设六条旅游精品线路，开发五种新型旅游产品，形成三大旅游格局；贵州开辟17个骨干旅游景区，建设10种旅游新业态，打造六类旅游基地；内蒙古开发以两大城市为中心的四条特色精品旅游路线，12个重点旅游区；新疆开发以"丝绸之路"为主线，以"五区三线"为重点的旅游发展格局；西藏开发"两心两轴四环线七区"旅游格局；宁夏一带一轴一核旅游生产力布局，以银川为中心，以黄河旅游带为主轴、宝中铁路线为辅轴，建设六大旅游区，推出十大特色旅游精品；青海开发"一圈三线"精品旅游工程，两大核心旅游产品，一批精品旅游项目等。同时加强旅游景区建设，评定、复核旅游景区等级，创建国家5A级旅游景区，提升4A级旅游景区的质量；培育3A级旅游景区，建设工农业旅游示范点。"五区三省"A级旅游景区各数量如表1所示。少数民族地区开发旅游产品体系推广也集中塑造了区域民族旅游品牌的形象与内涵，如内蒙古的"绿色草原，蒙古风情"，西藏的"世界屋脊，神奇西藏"，宁夏的"雄浑塞上风光，浓郁回乡风情"，云南的"七彩云南，天堂之旅"，青海的"壮阔高原，大美青海"，广西的"山灵水秀，美在广西"，浓郁地域民族特色的旅游品牌建设助推旅游产品体系特色发展。

表1　"五区三省" A 级旅游景区数量

省（区）	A 级景区数（家）	5A（家）	4A（家）	3A（家）	2A（家）
内蒙古	74	1	8	23	35
新疆	197	3	12	57	45
西藏	21	—	11	1	2
广西	110	2	56	46	6
宁夏	30	2	5	4	2
云南	134	2	42	19	62
青海	69	0	17	47	5
贵州	51	2	16	21	12

数据来源：2010 年各省区统计年鉴，《旅游产业"十二五"发展规划》，政府旅游网站。

2. 建设旅游业服务体系

旅游服务体系反映旅游接待能力，是旅游产业发展的重要保障。住宿接待设施和布局不断完善，形成了多层次的住宿接待体系。2009 年，少数民族"五区三省"中，旅游业发展较好的地区如云南、广西适应市场需求建设了较多的星级宾馆，且布局了较多的 5 星级宾馆和 4 星级宾馆，但总体上，各地区 3 星级宾馆和 2 星级宾馆所占比例较大，适应旅游市场大众客户需求，具体数据如表 2、表 3 所示。此外，注重发展价廉、舒适的经济型品牌宾馆，开发区域民族特色乡村旅馆，贵州省质量监督局发布乡村旅舍等级评定与管理办法，青海评定了 10 家星级乡村旅游接待点，新疆开辟星级农家乐。餐饮产品创新，使餐饮与地方民族特色文化相结合，如青海挖掘地方特色餐饮，开发西北面食、牛羊肉、奶制品等特色餐饮，培育撒拉族、土族等少数民族特色文化餐饮；新疆的九碗三行宴，开发回族饮食文化中的代表菜品。加强对旅游餐饮质量和服务水平的管理，把餐饮业纳入旅游服务质量管理体系，提高餐饮的食品安全、环境安全和卫生水平。广西制定实施《旅游饭店服务质量规范》。旅行社优化发展，在合理控制数量的同时，重点发展高素质旅行社，引导旅行社实现集团化和网络化。2009 年，"五区三省"旅行社中，内蒙古有 616 家、贵州有 264 家、青海有 198 家、新疆有 441 家、西藏有 102 家、广西有 354 家。2009 年 5 月 3 日起施行国家旅游局第 30 号令《旅行社条例实施细则》，制定旅行社服务质量信用标准，建立旅行社旅游服务规范意见反馈机制，强化旅行社服务质量的监督和执法力度。2010 年，内蒙古自治区注销了 31 家严重违规违法旅行社，规范旅行社业务经营。贵州组织"十佳旅行社"评选活动，引导旅行社规范发展。旅游商品的开发、生产和流通体系的建设，扶持特色旅游商品生产企业，强化对旅游商品市场的管理和监督，2009 年，内蒙古实施旅游商品准入制度、旅游商品销售点特许制度、旅游商品价格调控制度和旅游商品说明及宣传广告审查制度。2010 年 10 月 1 日发布实施《云南省旅游购物场所等级划分与评定标准》，建立旅游购物行业市场进入和退出机制。"五区三省"加强旅游要素建设，配套旅游产业体系。

表2　2009年"五区三省"星级宾馆数量

省（区）	星级宾馆（家）	5星级	4星级	3星级	2星级	1星级
内蒙古	249	7	14	73	2	13
新疆	448	3	9	43	101	19
西藏	75	—	2	34	35	4
广西	427	13	49	217	144	4
宁夏	117	7	31	63	—	—
云南	934	11	53	282	491	97
青海	105	1	10	31	56	7
贵州	248	9	24	98	98	17

数据来源：2010年各省区统计年鉴，《旅游产业"十二五"发展规划》，省自治区旅游局网站，商业旅游网站，"—"表示没有找到相关数据。

表3　2005年与2009年"五区三省"旅游人数及旅游收入

省（区）	2005年				2009年			
	国内旅游人数（万人次）	入境旅游人数（万人次）	旅游总收入（亿元）	占GDP比重（%）	国内旅游人数（万人次）	入境旅游人数（万人次）	旅游总收入（亿元）	占GDP比重（%）
内蒙古	2062.00	100.20	208.10	5.34	3880.00	129.00	611.35	6.28
新疆	1465.00	33.11	138.75	5.33	2098.00	35.49	186.08	4.35
西藏	180.06	12.13	19.35	7.78	543.57	17.49	55.99	12.69
广西	6493.00	146.20	303.73	7.45	11800.00	209.90	700.95	9.03
宁夏	500.00	0.80	17.75	2.92	908.90	1.50	53.40	3.95
云南	6861.00	347.60	430.14	12.43	12056.00	284.49	810.70	13.14
青海	633.00	1.21	26.00	4.79	1105.00	26.00	60.05	5.55
贵州	3099.46	27.62	251.14	12.93	10400.00	39.95	805.23	20.58
合计	21293.52	668.78	139.96	8.05	42791.47	743.82	3283.75	9.45
全国	121200.00	12029.20	7685.74	4.19	190200.00	12647.59	12894.19	3.79

数据来源：2006年和2010年全国及各省区统计年鉴。

（二）少数民族地区旅游业绩效

少数民族地区开发民族特色自然资源和文化资源，形成有区域特色的旅游产品体系，塑造旅游区域民族品牌。同时，旅行社、旅游饭店和旅游商品等旅游要素配套发展，构建旅游发展服务体系和服务规范，旅游产业链不断延伸扩张，产业获得规模发展，民族区域旅游成为全国旅游市场的新亮点和热点，较2005年，2009年旅游人数和旅游收入大幅度提升，"五区三省"旅游人数和旅游收入如表3所示。2009年，"五区三省"旅游总人数约达43535万人次，占全国旅游总人数21.45%；总收入约达

3283.75亿元，占全国旅游总收入的25.97%，旅游总收入占GDP比重为9.45%，高于全国平均水平，旅游产业成为民族地区重要经济产业，旅游业发展对地区经济的贡献持续提升。

三、少数民族地区旅游业发展问题

少数民族"五区三省"旅游产业发展格局基本形成，旅游业对地区经济的影响显著提升，但旅游产业发展规模扩张，存在产业要素综合管理方面的问题，特别是产业发展观念的问题。

（一）旅游产业要素综合管理方面的问题

旅游产品开发方面的问题，有旅游资源开发形式单一，方式还比较粗放，旅游产品结构层次低，基本属于单纯的观光旅游，缺少休闲度假等高端旅游产品，产品精细化程度较低，高质量、规模化的拳头旅游产品数量不足，缺乏较强的市场带动力和号召力。例如，内蒙古除草原观光旅游产品外，度假旅游、冰雪旅游、森林生态旅游、民族文化旅游产品的市场影响力有限，历史遗迹旅游、都市旅游产品基本上处于待开发状态，强大的旅游资源优势尚未转化为有竞争力的产品优势。旅游建设方面的问题，是旅游景区建设以低档次的数量扩张为主，旅游景区缺乏精品建设，缺少撼动性名牌景点，例如，青海的青海湖景区、塔尔寺等相对成熟的景区半天时间就可结束游览，景区配套服务设施建设落后，不能有效地吸引游客并延长游客停留时间，旅游"快餐化"趋势制约旅游效益的提升。旅游营销方面的问题，是旅游产品的市场影响力有限，营销整合力度较差，持续性、针对性、延伸性不够，区域互动、企业联动、整合营销的大旅游市场格局尚未形成。旅游产业化方面的问题，是旅游龙头企业没有形成，旅游规模化强度较弱，旅游项目投融资途径不畅通。旅游管理体制方面的问题，是旅游综合协调能力不足，旅游产业要素配套程度较差，旅游通达性和舒适性没有完全解决，缺乏加油站、餐馆、汽车旅馆、厕所等配套服务设施以及旅游交通标识系统，游客赴景区不顺畅。上述问题表明少数民族地区旅游产业素质整体偏低，政府宏观政策引导和资金投入可以逐步推进产业价值链衔接完整与产业规模化程度提升，但是必须意识到，强力推进的产业发展可能会侵害或者已经侵害了旅游产业可持续发展所需的自然资源和人文资源基础。

（二）旅游产业发展观念的问题

实质上，少数民族地区旅游产业发展面临的最主要问题是旅游资源的粗放开发和盲目利用，风景区生态环境系统失调，风景名胜区环境污染严重，各地区关注旅游产业经济效益而漠然旅游产业发展所引发的旅游资源毁损和环境的破坏。审视"五区三省"旅游产业"十二五"发展规划,回顾成就与总结问题也集中在旅游产业发展格局、旅游产业要素、旅游产业体系、旅游市场及旅游交通基础设施,并列举旅游总人数、旅游业总收入、旅游业总收入占GDP比重等经济指标说明旅游产业发展状况,但缺少旅游产业规模扩张和经济利益下环境和资源的保护、毁损情况的说明。2010年《中国旅游业"十二五"发展规划纲要》提出坚持节能环保,推进低碳旅游方式。发展循环经济,合理利用资源,强化旅游业发展科技支撑,丰富文化内涵,实现旅游业可持续发展。在此基础上,在"五区三省"旅游产业"十二五"发展规划中,贵州提出使旅游业成为带动就业、富民增收的主导产业和保护生态环境的绿色产业;青海旅游业作为实施生态立省战略,实现有青海特色的科学发展模式的支柱产业;新疆提出加强优质精华自然景观的保护,维持新疆旅游业的可持续发展;内蒙古提出建设21世纪中国生态旅游基地等,但关于如何细化和体现目标实施的操作性与衡量性没有明晰的表述。实质上,旅游产业依然以发展经济利益为重,还没有真正将生态效益作为旅游产业发展的主导目标。

四、生态旅游视域下少数民族地区旅游业发展

旅游产业发展状况通常以产值的经济贡献度衡量,旅游产业发展会忽略资源承载力而追求产业规模的扩张,使当代旅游产业发展的繁荣侵害未来旅游业发展的潜能,因此,旅游产业发展应考虑以生态环境的保护度衡量,寻求旅游产业发展与区域环境承载力的平衡。由此,少数民族"五区三省"旅游产业发展基于经济价值与生态价值双重视角下,从宏观层面、中观层面及微观层面布局旅游资源开发,旅游产品体系及食、住、行、游、购、娱等要素形式与内容,创造可持续旅游产业发展方式。

(一)旅游产业生态规划

少数民族地区旅游产品体系与产业布局基本形成,"十二五"旅游产业规划发展重心强调创造安全、舒适的旅游环境,规制旅游活动的生态承载力和环境容量限度,实现经济、社会、生态效益的有机统一,促进人与自然的和谐发展。政府从政策上引导旅游产业生态化发展,确立旅游产业生态化发展的战略、步骤、目标,引入激励与约束机制,鼓励旅游企业、团体参与旅游产业生态化建设。"五区三省"颁布旅游管理条例,强调旅游发展规划应当坚持可持续发展和市场导向的原则,注重对资源和环境的保护,防止污染和其他公害,防止无序开发和低水平重复建设,因地制宜、突出特点、合理利用,提高旅游业发展的社会、经济和环境效益。其中,2010年《西藏自治区旅游条例》明确规定,开发经营以自然资源为主的旅游景区(点),应当加强对自然资源和环境的保护,保持其自然状态或者历史原貌,保障自然资源的可持续利用;开发经

营以人文资源为主的旅游景区（点），应当保持其地方特色和历史文化风貌；对于重点旅游城镇的新区规划和旧区改造，其建筑规模和风格应当与其地方特色、历史风貌和周围景观相协调。但还需要政府从立法上建立适应旅游产业生态化发展的法律法规体系，推行旅游生态安全系统的法律责任；需要政府从意识上宣传保护自然景物与生态文化，营造旅游回归自然的诗意和谐意境体验。

（二）旅游行业生态管理

国家旅游局将 2009 年确定为"中国生态旅游年"，少数民族"五区三省"中内蒙古地区相应开展了生态旅游服务建设，2009 年内蒙古技术监督局制定了《内蒙古自治区生态旅游服务标准》，包括资源保护、环境保护、规划建设、经营服务、制度与管理、生态教育和社区共建方面的基本要求，同时也制定了《内蒙古自治区生态旅游服务评分标准》。内蒙古旅游局依据标准组织专家对旅游景区进行监督检查评分，督促旅游景区生态意识的建设与管理，评定内蒙古生态旅游示范区和内蒙古生态旅游达标区，推介成为国家生态旅游服务标准化示范区。2007 年 10 月"内蒙古缩影"的克什克腾旗成为国家生态旅游服务标准化示范单位，2010 年 6 月通过国家评审验收。"五区三省"旅游行业通过生态旅游服务标准推行管理，使旅游景区实行生态化发展，建设环境友好、清洁生产、社区参与共享旅游区，实现区域内经济、社会与环境的可持续发展。

（三）旅游企业生态运营

旅游企业是生态意识最重要的传递者，生态旅游服务的关键执行者。旅游企业要贯彻生态旅游服务标准，从旅游产品与设施设计、开发与使用的整个过程减少和消除对环境的直接或间接负面影响，生产出低能耗、低污染、可循环利用的清洁产品，实施绿色营销、绿色管理，使产品生产、消费、分解的过程生态化清洁生产。旅游交通运输企业使用无废气排放的电动、太阳能驱动，甚至是风能驱动的运输车辆，高性能、低噪声的动力和传动，不排放有害的废气，也不产生有害的噪声，和自然风光相协调。酒店餐饮企业采用现代化技术，设计和改造酒店餐饮业工艺流程，包括采用水系统控制实现节水与水资源循环利用，采用智能照明技术、电机变频技术实现节电，利用循环经济技术实现废弃物的无害化处理和资源化利用等，实现酒店餐饮业生产运作与经营方式的生态化转变，以环保、健康、安全为原则营造酒店餐饮业的绿色氛围。此外，各类型旅游企业要协作参与生态化运营，提高旅游资源、能源利用效率，减量废弃物，才能优化旅游环境。

（四）旅游目的地社区生态保护

旅游目的地社区追求自身生存与发展的经济利益，但也要承担地区文化资源传承与保护的社会责任及自然资源维护的生态责任。全国有多种形式的旅游社区合作。例如，厦门岛东海岸区自然资源"生态旅游股份合作制"社区参与模式，界定旅游资源产权主体，将旅游资源及其技术、劳动力转化成股本，收益按股分红与按劳分红相结合，进行股份合作制经营，设置内在的经济激励机制，把社区居民的责（任）、权（力）、利（益）有机结合起来，引导社区居民自觉参与保护赖以生存的生态资源。贵州平坝县文化资源"天龙屯堡文化旅游"社区参与模式，文化旅游开发实行了"政府+公司+旅行社+农民旅游协会"的模式，利润四方分享，调动社区开发语言、建筑、服饰、娱乐（地戏）、饮食习俗等方面屯堡文化资源，鼓励自觉承担文化传承，从保护传统文化形态获取可持续的地区经济利益。因此，社区承担着继往开来的生态保护角色。"五区三省"借鉴依据旅游目的地社区生态保护的范例，结合社区经济状态和旅游资源特点，探索适合的旅游发展与社区生态保护模式。

（五）旅游者行为生态约束

旅游者是旅游活动的主体，旅游主体游乐的不自觉行为会造成旅游客体环境污染和资源破坏，因此，重要旅游景区制定旅游者生态行为要求，引导与约束旅游者行为，使旅行者保护旅游资源，维护旅游地自然原状，尊重文化习俗，保护文化、文物或考古遗迹；旅游者旅行遵守旅游指引路线，避免给土地造成严重磨蚀；旅行者宿营行为要杜绝对环境的干扰和变动；旅行者公共卫生要避免环境污染和破坏，保护旅游资源。旅游景区通过多种形式与途径传达旅行者生态行为要求，使旅游者旅游愉悦心情同时陶冶心灵，潜移默化自觉调节自身保护环境与资源的行为，身体力行推动旅游目的地可持续旅游发展。

旅游资源的精神价值与文化价值是旅游产业创造经济价值的根基，因此，少数民族地区旅游产业"十二五"规划导向加强基础设施建设，完善旅游服务功能，拓展旅游产业发展价值链体系，开发和培育高品质、具有民族特色的旅游产品，必须强调生态视域下旅游产业发展体系生态建设，探索与示范合理开发资源、采取保护环境的产业结构增长方式和消费模式，在产业生态效益基础上顾全经济效益的增长，且政府将以指标的形式细化考核生态目标，约束行业发展方向，规范企业运营模式，引导旅游者行为，维系基于生态系统的旅游产业持续发展。

参考文献

[1] 王慧敏. 旅游产业定义的新界定——无边界产业 [OB/OL]. http：//www. davost. com/intelligence/vision/, 2008 – 05 – 27.

[2] 葛宇菁. 旅游卫星账户的发展与方法研究 [J]. 旅游学刊, 2007, 22 (7).

[3] 田里, 李常林. 生态旅游 [M]. 天津：南开大学出版社, 2004.

[4] 李长荣. 生态旅游地可持续发展 [M]. 北京：中国林业出版社, 2004.

[5] 佟玉权, 宿春丽. 旅游生态系统及其要素配置结构 [J]. 生态经济, 2008 (12).

[6] 吕君. 旅游生态系统的结构与功能分析 [J]. 干旱区资源与环境, 2008, 22

(8).

[7] John Swarbrooke. Sustainable Tourism Management [M]. New York: CABI Publishing, 1999.

[8] 杨桂华. 论生态旅游的双向责任模式 [J]. 旅游学刊, 2004, 19 (4).

[9] 杨桂华. 生态旅游景区开发 [M]. 北京: 科学出版社, 2004.

[10] 何永彬, 王筱春. 生态型旅游资源开发的环境影响评价研究——以石林为例 [J]. 云南师范大学学报, 2006, 26 (6).

[11] 唐德彪, 罗毅. 生态旅游资源保护性开发模式探讨——以恩施州土家族民俗文化为例 [J]. 怀化学院学报, 2007, 26 (6).

[12] 吕君, 陈田, 刘丽梅. 区域旅游发展的生态安全系统分析——以内蒙古自治区四子王旗为例 [J]. 地理科学进展, 2008, 27 (2).

[13] 冯亚芬, 贾铁飞. 旅游开发的生态安全导向模式及其实证研究——以内蒙古萨拉乌苏河流域旅游开发为例干旱区资源与环境 [J]. 2009, 23 (6).

[14] 杨文琪. 基于生态系统分析的湿地旅游产品特色研究——以河南新乡黄河湿地鸟类国家级自然保护区为例 [J]. 中国农学通报, 2010, 26 (9).

[15] 郭岱宜. 生态旅游——21世纪旅游新主张 [M]. 中国新北京: 扬智文化事业股份有限公司出版, 1999.

[16] 李柏文. 中国少数民族地区旅游业发展30年: 业绩、经验及趋势 [J]. 广西大学学报 (哲学社会科学版), 2009, 31 (6).

[17] 贵州省旅游局中国旅游研究院. 贵州省旅游业"十二五"发展规划 [R]. 2010.

[18] 新疆维吾尔自治区旅游局. 新疆维吾尔自治区旅游业发展第十二个五年规划 [R]. 2010.

[19] 青海省旅游局. 青海省旅游业"十二五"发展规划 [R]. 2010.

[20] 内蒙古自治区旅游局. 内蒙古自治区旅游业"十二五"发展规划 [R]. 2010.

[21] 国家旅游局. 中国旅游业"十二五"发展规划纲要 [R]. 2010.

[22] 高大帅, 明庆忠, 李庆雷. 旅游产业生态化研究 [J]. 资源开发与市场, 2009, 25 (9).

[23] 许云飞, 王宁宁. 关于生态交通建设思考 [J]. 山东交通科技, 2008 (2).

[24] 胡春林. 酒店餐饮业生态化建设的思路与政策 [J]. 哈尔滨商业大学学报 (社会科学版), 2010 (2).

[25] 张波. 旅游目的地"社区参与"的三种典型模式比较研究 [J]. 旅游学刊 2006, 21 (7).

[26] 宁夏回族自治区旅游局. 宁夏旅游业"十二五"规划 [R]. 2010.

[27] 云南省旅游产业发展和改革规划纲要 (2008~2015).

[28] 西藏自治区旅游发展总体规划 (2005~2020).

第四章　内蒙古文化产业对经济增长的影响分析[*]

民族经济是民族文化的基础，为文化发展提供物质条件；民族文化又是民族经济发展的源泉，为经济发展塑造适宜的劳动力，并提供适宜的社会组织等软环境和不断创造的源泉。每个民族的现代化进程都离不开传统，离不开传统文化的支持。少数民族蕴含着丰富的民族传统文化。经济的可持续发展，必定要从一个民族（一个地区）内部去寻找增长力量的源泉，这个源泉就是文化。内蒙古具有悠久灿烂的历史文化，是中华文明的重要发祥地之一，被誉为中华文明曙光升起的地方，是文化资源大区。美丽富饶的大草原人杰地灵，历史上有乌桓、柔然、敕勒、回纥、鲜卑、匈奴、突厥、契丹、女贞和蒙古等十多个少数民族在这里繁衍生息，创造了特色鲜明的草原文化，并与黄河文化、长江文化等共同构筑了光辉灿烂的中华民族文化。近年来，内蒙古自治区利用草原文化丰富的内涵，打造草原品牌，推动民族特色产业发展的新思路，取得了显著成效，涌现出"伊利"、"蒙牛"、"小肥羊"等全国知名品牌。现代管理学之父彼得·德鲁克指出："今天，真正占主导地位的资源以及具有决定意义的生产要素，既不是资本，也不是土地和劳动，而是文化。"研究草原文化对经济增长的影响，发挥草原文化的社会功能，促进内蒙古特色产业的发展，对推动内蒙古经济、社会的全面进步具有重要的理论意义和现实意义。

一、内蒙古文化产业增加值占 GDP 比重较低

随着世界多极化、经济全球化的深入发展，文化与经济空前融合。经济的文化含量越来越高，文化的经济功能越来越强，文化产业成为越来越强大的经济引擎。从产业协调来说，文化产业本身是第三产业，而且在现代服务业发展中起着重要的基础性作用。目前，美国文化产业增加值比重高达 25%，成为第一大产业，文化产品出口每年在 700 亿美元以上，超过汽车工业和航空工业，美国人靠一杯水（可口可乐）、一个面包（麦当劳）、一只老鼠（米奇老鼠）赚了全世界的钱。日本成功利用奥运会和世博会推广和宣传本国文化，文化产业总值超过电子工业和汽车工业之和，助推日本成为世界经济强国。我国文化产业对国民经济的贡献和影响低于发达国家，如文化产业

---

[*] 本文原载《生产力研究》，2010 年第 6 期，作者：魏曙光。

从业人员占全部从业人员的比重，美国为4.77%、英国为7.70%、加拿大为3.9%；文化产业增加值占本国GDP的比重，美国为5.83%、英国为7.61%、加拿大为3.8%；这两项指标之比维持在1∶1左右，而我国为1.8∶1，表明我国文化产业创造的价值仍较低。另外，我国文化产业区域发展不均衡的问题突出，统计资料表明，我国文化产业发展与经济发展格局基本相同，区域发展不均衡：一是呈现东高西低的态势，东部地区经济发达省份的文化产业发展规模以及创收能力大大高于中西部地区；二是省际间文化产业的发展尤不平衡，文化产业发展的地区差距大于GDP的地区差距。在北京、广东等经济发达省市，文化产业已经成为支柱产业，占GDP比重超过5%。内蒙古自治区文化产业增加值占GDP比重为1.05%，远低于全国2.8%的平均水平。目前，内蒙古文化企业法人单位数量、资产拥有量、从业人员数量和年营业收入分别仅占全国的1.01%、0.42%、1.07%和0.49%，分别处于全国的第26位、第27位、第24位和第24位，有规模、有实力、有竞争力的企业寥寥无几。内蒙古民族文化资源丰厚，加快文化产业发展应该成为缩小同发达地区差距的一条重要路径。

二、内蒙古文化产业的比较优势分析

（一）比较优势理论

虽然不同学者对比较优势理论表述的不同，但其理论核心是一致的，都强调各国应该按照生产成本或要素禀赋的差异确立各自的比较优势，相应地以较低的生产成本生产的产品参与国际分工与贸易，从而获得比较利益，遵循比较优势原则进行国家和区域的分工和贸易。比较优势理论日益成为区域经济发展的理论基础，尤其对于内蒙古这样一个资源富集、经济发展水平相对滞后的少数民族地区而言，强调文化产业的比较优势，有更重要的理论价值和深远的现实意义！

比较优势理论只是从静态的角度研究了区域产业选择和专业化生产方向，更多地强调了一国或地区产业发展的可能性。然而经济发展是一个动态的过程，随着社会生产力的发展，生产要素流动和市场需求变化以及国家发展战略和地方政府对区域发展环境的改造，都会影响区域比较优势的实现程度。内蒙古文化产业占GDP比重较低，正是这种比较优势没有凸显的良好例证。

（二）内蒙古的文化优势

目前内蒙古全区已发现各类文化遗存1.5万处，其中全国重点文物保护单位35处，全区重点文物保护单位158处，馆藏文物50余万件（套）。有些文化遗产堪称全国或亚洲之最，如中华第一龙、华夏第一村、草原第一都等。另外，还有原始遗址、长城、召庙、岩画。质朴的民族风格，民族节日，民族建筑，民族服饰，民族史诗，风韵独特的祝词、赞词、呼麦（一种"喉音"艺术），民族歌谣，民族舞蹈，构成了浩繁博大的内蒙古文化资源宝库。内蒙古民族文化资源品种之多、品位之高、特色之鲜明，十分罕见。充分挖掘文化资源的市场潜力，发展文化产业，不仅能够促进内蒙古经济的可持续发展，而且符合保护生态环境、实现可持续发展的现代发展理念。

内蒙古民族文化大区建设成效显著。民族音乐、民族歌舞、民族曲艺、民族影视、文博会展、新闻出版、工艺美术与广告设计、文化休闲、特色文化旅游等领域，已经形成了一定规模和影响。内蒙古国际草原文化节、呼和浩特昭君文化节、包头消夏文化节、呼伦贝尔冰雪节、赤峰红山文化节、额济纳金秋胡杨节以及各地主办的"那达慕"等文化节庆活动日益活跃，通过实施民族文化大区建设"九个一批工程"，创作了400多台剧（节）目，在国内外获奖达100多项，许多作品以浓郁的民族和地方特色独树一帜，得到广泛好评和传播。一批各具特色、实力较强的文化企业崭露头角，以文化旅游、文艺演出、文化娱乐、艺术教育、出版发行、广播影视、文博会展等为主体的文化产业初具规模，文艺人才大批涌现，内蒙古文化产业呈现出了强劲的发展势头，这些都是在新的历史条件下发展文化产业的良好基础。因此，充分利用内蒙古地区丰富的民族文化资源，大力发展独具特色的文化产业，将有利于传承草原文化和培育新的经济增长点，有利于内蒙古地区经济的可持续发展。

伴随内蒙古地区经济社会的发展，近年来，全区各地相继建起了一大批文化基础设施，如自治区建设的内蒙古博物院、乌兰恰特（意为"红色剧场"）、内蒙古体育场、内蒙古会展中心等，这些项目作为自治区成立60周年的献礼项目已经投入使用。包头、鄂尔多斯、通辽、兴安盟等地也建起了各具特色的文化设施；一些企业也建起了独具特色的企业文化场馆，如包钢展览馆、北方重工集团兵器广场等。目前，全区建起群艺馆和文化馆115个，乡镇苏木文化站1133个，70%的嘎查（村）建立了综合文化活动室，基本形成了覆盖全区的四级群众文化网络，为内蒙古大力发展文化产业奠定了良好基础。

三、发展文化产业有利于内蒙古调整经济结构

（一）资源消耗的增长模式仍是经济增长的主要方式

近几年，内蒙古地区经济虽有了极大的发展，但高新技术的发展水平及产业化程度不高，经济效益的获得仍是通过消耗大量物质资源换得的。由于物质消耗片面发展会带来各种负面效应，在大量能源、原材料的消耗过程中，污水、废气、粉尘等的排放造成空气污染、能源短缺、生态环境破坏严重。在增加物质产品的同时，也提高了生产的经济成本和社会成本。草原文化中的生态伦理思想是强调人在利用自然、向自

然索取的同时，不能恶意摧残和使用其他物种，否则在伦理上就没有正当性，或曰不道德。蒙古族在古代就懂得珍爱这块养育他们的土地，在热爱草原、利用自然的同时，特别注重保护自然、保护草原，对赐予他们生命的神奇草原充满了谦卑和感激之情。蒙古民歌中反映热爱草原、歌颂草原的内容占了很大的比例。他们不论是在畜牧业生产中还是在日常生活中，总是从整个生态系统的实际出发，把人、畜、草三者有机统一起来，既满足了生存和发展的需要，又不损害自然，遵循客观规律、合理利用自然，做到了"人与自然的和谐统一"。例如，在畜牧业生产中实行轮牧，不同的季节有不同的牧场，一年中多次迁徙，有效地避免了因乱牧和过度放牧而导致的草场退化和沙化。又如，蒙古族是一个崇拜火的民族，但也充分认识到火对草原的巨大破坏力，在崇拜火、慎用火的同时，从不遗火烧荒，即使空旷地的篝火也要熄灭。此外，蒙古族格外重视保护水源；蒙古族的传统取暖燃料是牛粪、马粪，他们在夏季把大量的牛马粪收集起来做成粪饼晒干，以备冬季取暖和生活之需。一方面满足了生活的需要；另一方面也避免了牲畜粪便覆压草场、影响牧草生长，同时避免了雨水把粪便冲入河流污染水源，可谓一举多得。

正因为草原人民具有悠久的环保观念和丰富的生态伦理思想的传统，才使今天的人们相信内蒙古的牛羊"吃的是中草药"、"喝的是矿泉水"，牛羊肉和奶制品都是真正的纯天然绿色食品。

（二）内蒙古地区产业结构不尽合理

目前，内蒙古的产业结构依然层次较低，技术档次不高，缺乏竞争力。这为实现经济的可持续发展带来了困难。农牧业还是以满足人民生活基本要求和为工业提供原材料的种植业及相关产业为主，尤其是农畜产品价格、科技含量和产品附加值较低，长期制约农牧民收入的增加，应尽快提高农畜产品的文化附加值。内蒙古的一些地区是我国重要的重工业基地，这为内蒙古地区经济的发展起了促进作用。但由于过去过分强调这些国有大中型企业，忽略了整个工业产品的匹配和结构的合理设置，忽略了一些具有生命力的轻工业、高新技术产业及其他朝阳产业的发展。内蒙古第三产业中的餐饮、旅游、娱乐等服务行业发展较快，所占的比重较大，但广告业、会展业、信息产业、现代传媒业、文化产品制造业等现代文化产业发展较慢，所占的比重较小。今后，第三产业仍是内蒙古地区未来的重点发展目标。文化产业具有低投入、无污染、创新性等特征，适应了经济增长方式转型的要求。因此，可以借助发展文化产业来培育内蒙古地区的经济增长点。

（三）发展文化产业有利于扩大内需

随着我国经济发展和物质生活水平的提高，人民群众精神文化需求迅速增加。国际经验表明，人均生产总值达到1000美元时，文化消费快速启动；人均生产总值超过3000美元时，文化消费持续增长；人均生产总值超过5000美元时，出现文化消费倍增态势。2009年内蒙古人均生产总值将突破5000美元，人民群众对精神文化将有更高的需求，人们开始更多地关注文化产业带来的各种文化产品和服务，对文化产品和服务的消费需求将不断增加，为文化产业的发展提供了现实和潜在的市场。

（四）发展文化产业有利于推动科技进步

世界新技术革命兴起，不仅对人类社会的政治、经济发展产生重大影响，也使世界文化发展出现新的格局，推动着文化业态和传播方式的创新。据统计，全世界创意产业每天创造的产值达220亿美元，高新技术文化产品每年的品种增长速度在60%以上。举世瞩目的北京奥运会开幕式，将传统文化与现代科技完美结合，与"鸟巢"、"水立方"一起，向全世界很好地传达了人文奥运、科技奥运、绿色奥运的理念。在内蒙古地区，大力挖掘文化资源，充分利用高科技作为文化传播的媒介作用，在发展文化产业的同时，带动高新技术产业的发展。两者齐头并进，进一步加速第三产业的迅速发展，并为其他产业提供更好的技术支撑，提高产业的技术档次，增强其他产业的竞争力，推动经济进一步发展。

（五）发展文化产业有利于内蒙古旅游业的发展

大部分内蒙古旅游业是文化产业，旅游业必须以文化来支撑，从旅游景点、旅游设施到旅游产品，必须具有丰富的文化内涵。而文化内涵正是内蒙古旅游业最薄弱的环节。文化内涵的问题得不到解决，内蒙古的旅游业就不可能有大的发展，因为内蒙古的很多人文旅游资源有专业性很强的历史学、民族学、宗教学、民俗学、文艺学内涵，没有专家的阐释和发掘，是不会被旅游者认识和了解的。现在，内蒙古自治区和各盟市、地方领导都非常希望大力发展本地的旅游业，但是由于缺乏专家对当地旅游景点文化内涵和艺术品位的阐释说明，就难以定位，很多地区缺乏战略眼光和审美眼光，制定出的旅游规划缺乏文化深度和美学价值，因而也不能吸引游客。内蒙古自治区应发挥历史、文学、艺术专家的力量，对每一个旅游景点给予文化内涵的阐发和定位，制定出有文化战略眼光和审美眼光的旅游文化整体规划。

四、结　语

民族文化产业不仅蕴含着巨大的经济价值，推动着区域经济的可持续发展，而且能满足人们高层次的精神文化需要。大力发展文化产业应该是内蒙古各级政府坚定不移的政策选择。

参考文献

［1］中国社会科学院.2000年文化产业蓝皮书［Z］.2009.

［2］侯丽青,姜明.草原文化与内蒙古特色经济的发展［J］.实践,2006（7）.

［3］张秀清.文化产业：内蒙古地区经济增长的新亮点［J］,内蒙古社会科学（汉文版）,2009,30（3）.

［4］马冀.大力发展内蒙古的文化产业［J］.内蒙古统战理论研究,2003（6）.

第三篇　少数民族特需用品产业创新与发展

第一章　少数民族特需用品产业发展对策研究——以新疆地区为例*

一、引　言

国内关于少数民族特需用品产业发展的研究文献为数不多。王福临（1997）指出，民族的差异决定了民族用品的生产必须是多品种、小批量、服务范围广，但由于市场弹性系数小，不供应不行，多了也不行，所以企业经济效益受到影响。这就是国家给这个行业特殊政策扶持的原因。艾尔肯·海利利、单小红（2003）认为，各种传统的民族用品都有自己独特的传统工艺，是现代大工业所不能替代的。但随着各民族群众生活水平的提高和旅游事业的发展，人们对有些传统民族用品的质量、品种和数量又提出了更高的要求，民族用品生产企业要根据民族用品市场的需求不断调整产业结构、产品结构，提高产品质量。朱玉福（2007）认为，必须建立以市场导向为主、政策扶持和法规保护为辅的民族特需品生产和供应体制。李文、洪纯（2011）以江苏地区为例，分析了民族贸易和民族特需商品生产优惠利率贷款政策实施过程中存在的问题，提出促进民族贸易和民族特需商品生产的金融支持体系的构建思路、原则和具体措施。

本研究是在分析新疆少数民族特需用品产业的发展现状的基础上，以新疆地区为例对少数民族用品产业的发展环境、发展条件做了一些有益的探讨，给出了如何发展少数民族特需用品产业的思路。

二、新疆地区少数民族特需用品产业发展现状

少数民族特需用品产业是以民族地区的特色资源、技术、人才、区位等方面的优势为基础，以市场为导向，制造或提供特色产品或特色服务并能够带动民族地区经济、社会发展的产业或产业集群，包括民族用品制造业（日用杂品类、家具类、文体用品类、工艺美术品类、生产工具类）、民族医药业（药类）、民族纺织和服装业（针纺织

---

* 本文原载《全国商情（经济理论研究）》，2013年第4期，作者：郝戊、崔小雨。

类、服装类、鞋帽类)、民族食品制造业(清真食品类、边销茶)。

(一) 新疆民族特需用品产业基本情况

"十一五"期间,新疆共有53个民族贸易县享受民族贸易优惠政策,塔城市、博乐市、哈密市和焉耆回族自治县的4个乡镇比照享受民族贸易优惠政策,享受民族贸易优惠政策的县与乡镇总数居全国第3位;有259家企业被国家确定为民族特需用品定点生产企业,是我国拥有民族贸易县和民族特需用品定点生产企业最多的省区。其生产经营主要包括针纺织、鞋帽、服装、农具、日用杂品、工艺品、文体用品、民族药、生产工具、边销茶在内的10大类,上百个品种,其中的典型代表诸如英吉沙小刀、维吾尔族花帽等都在国内外享有盛名。据不完全统计,"十一五"期间,全疆民族贸易企业、定点生产企业从业人员约22万人,其中少数民族从业人员约1万人,年平均完成工业总产值约23亿元。另外,目前新疆有清真饮食习惯的少数民族人口已占到全国食用清真食品少数民族人口的1/2以上,占全疆人口总数的近60%,使得新疆成为全国穆斯林聚居的最大省区。"十一五"期间,新疆259家民族特需商品定点生产企业中,清真食品生产企业就有119家。由于许多清真食品以其制作工艺的绿色、环保、纯净、无污染和极具特色的饮食文化内涵,使其在追求原始、绿色、安全、崇尚低碳消费时尚的潮流下,受到越来越多消费者的青睐。

(二) 贯彻执行民族贸易政策现状

"十一五"期间,我国出台了多个政策来支持少数民族地区经济的发展。这些政策有促进经济快速发展的优惠政策,如扶持民族贸易的优惠政策,还有针对少数民族专业技术人才培养的政策等。例如,"十一五"期间,新疆民族贸易和民族特需商品定点生产企业享受的流动资金贷款利率优惠总额达4.768亿元(其中,2010年流动资金贷款利率优惠总额达2.5944亿元);中央财政共计安排民族贸易网点建设和民族特需商品定点生产企业技改贷款项目32个,安排中央财政贴息资金558万元;2007~2010年,中央财政共安排新疆"民族特需商品定点生产企业生产补助资金"项目20个,安排资金700万元。这些资金的投入,有力地促进了区民族贸易、民族特需品生产企业的发展,既繁荣了城乡市场,又改善了各族群众的生产生活条件,吸纳了城乡大量少数民族劳动力就业,提高了他们的收入,成为城乡贫困群众脱贫致富奔小康的一条重要渠道,使国家民族贸易优惠政策真正成为促进少数民族地区加快发展、扩大开放和吸引各种生产要素的重要政策资源。

三、民族用品产业发展的有利条件及存在的问题

（一）少数民族用品产业发展的有利条件

（1）地域条件。地域性这一鲜明的特点使得少数民族地区的少数民族用品产业有了存在的必然性。如新疆维吾尔族、哈萨克族、柯尔克孜族、回族等各民族群众所戴的花帽。

（2）政策条件。少数民族特需用品产业作为少数民族地区的特殊产业，长期以来我国出台了多项政策来支持其发展。

（3）历史文化条件。每个少数民族所具有的悠久历史和深厚的文化底蕴使得少数民族用品产业得以生存和发展。例如，新疆自古以来就是我国一大少数民族聚居区，其作为古代东西方经济文化交流的枢纽，一直以来维持着多种宗教并存的局面，也由此产生了多种优秀的文化。

（二）民族用品产业在发展中遇到的问题

（1）许多民族用品的生产只能以半机械化和手工操作为主，速度慢、产量小、利润低。新疆花帽、新疆丝绸、新疆刀具、喀什土陶、和田玉石、清真食品等少数民族特需用品，其制作工艺无一不是以手工制作为主，这就导致了许多产品不能大批量生产，费工费时，难以满足日益增长的需求，无形中降低了民族用品企业的利润。

（2）民族特需用品生产企业无论是在数量还是在规模上都还处于较低的发展层次。例如，新疆清真食品企业绝大多数规模小、实力弱，特色品牌少，知名品牌更少，清真食品龙头企业屈指可数。

（3）交通不便、信息不灵，民族用品企业难以发展。许多少数民族处于偏远地区，交通不便，信息不灵，对于市场需求不能做出快速反应。所以，这些地区生产的民族用品大多只能自给自足，很难对外销售。这无疑限制了民族用品产业的发展。

（4）对民贸民品企业优惠政策落实不到位。①贷款难是民族贸易企业长期存在的普遍现象。②新的需求。近年来基于少数民族地区的独特自然环境和人文景观兴起的民族风情旅游等产业得到了快速发展，但这类特殊产品（服务）并被《少数民族特需用品目录》涵盖。③民贸民品企业的优惠政策落实难。目前，一部分条件良好的民贸民品生产企业虽然可以从农村信用社获取商业性贷款，但无法获得优惠利率贷款贴息政策带来的好处，这就限制了优惠贷款政策的落实范围。

（5）创新——民族特需品产业（企业）面临的难题。少数民族对于物质与文化生活水准的要求越来越高，民族特需品产业（企业）只有不断开发那些科技含量较高的

民族特需品，才能满足各少数民族日益增长的需求。例如，开发民族文字办公系统、农牧区用的各种太阳能发电装置以及各种家庭牧场（园林）喷灌设备等民族特需品。而研发这些科技含量高又适用的民族特需品，不仅需要雄厚的资金和相应的技术人才，更需要创新。

四、促进少数民族用品产业发展的对策

（一）企业外部环境

（1）以市场为导向，进一步完善民族特需品生产、供应体制。①少数民族地区各级政府应该积极引导并助推企业在满足本地区少数民族需求的基础上进一步开拓国内外市场。②形成民族特需品与民族地区旅游业发展相互结合，以旅游带动购物，以购物促进旅游业，以旅游拉动地区经济发展的良性循环。例如，新疆的绣花帽、西藏的藏刀、云南的织锦、蒙古族的银制艺术品等受到众多国内外游客的青睐。③要不断建立健全并完善扶持和加快民族贸易与民族特需用品生产供应的发展。一是建立联席会议制度。二是建立工作督导机制。三是建立奖励机制促进发展。四是加强学习与交流。

（2）通过政策调整改善企业经营环境。目前，我国许多少数民族用品生产企业面临着微利或亏损的不利局面。为此，各级地方政府和财税部门要进一步调整相关政策。一是通过财税、金融、信贷、价格、利润等经济调节手段对民族特需品的生产与经营各环节给予减免税收、低息贴息贷款、利润返还等政策优惠。二是加大法规保护力度。国家应该制定一部《少数民族特需用品保护法》，以系统规范民族特需品的生产与经营。

（3）加速民族贸易网点和设施的建设。新疆地区地广人稀，交通不便，尤其是居住在边境地区的少数民族，其民族用品的交易面临着许多问题。地区商业和供销系统应着力在商业网点的建设上下功夫，因地制宜地采取多种经济成分的、多种流通渠道的、多种经济方式的少环节的流通体制，积极支持现有的集体和个体商贸经营者，填补经营的空缺地域。

（二）企业内部环境

（1）牢固树立品牌意识。新疆少数民族特需用品产业（企业）要牢固树立特色品牌意识。发展民族特需用品产业（企业）要坚持做特做专，然后做大做强，进而形成民族用品特色企业融入市场—增强市场竞争能力—进一步提升产业（企业）国际竞争力—提高产品（服务）质量和水平—提高产品（服务）档次、科技含量和民化品位—提升品牌价值—提高市场占有率的良性循环。

（2）注重人才培养。目前管理干部、职工的文化技术素质偏低是民族用品企业的普遍情况，建议分期分批地对现有人员进行岗位培训，待成绩考核合格后方可留岗。要通过办职工夜校或岗位训练等形式，对在职职工加强培训，对那些具有开发潜力的业务尖子要送入有关学校深造培养。挑选一批有事业心、能吃苦耐劳、热心于民族事业的大学毕业生充实民族企业，或根据民族企业发展需要定向培养各类高端人才。

（3）加强技术设备的更新改造。民族用品企业要不断更新技术设备、扩大厂房、改善生产条件和基础设施、开发新技术，以提高企业适应市场变化的能力。

（4）积极开发新产品。积极开发新产品是民族用品企业可持续发展的关键。民族用品生产企业要善于发挥自身的比较优势，积极开发新产品特别是那些能够集民族生活用品、旅游纪念品和工艺美术品于一身的新产品，使新产品不仅能够传承传统民族特色，而且能体现现代社会的审美观。既有实用价值也有纪念意义，不仅本地区的少数民族可以享用，汉族及其他民族也可享用，而且还能满足国际市场的需要。进而形成开发新产品—拓宽产品市场—扩大生产规模和产品批量—提高规模经济效益—开发新产品的良性循环。随着我国少数民族地区旅游业的发展及我国与周边国家关系的改善，开发民族特色新产品有很大的发展潜力。

参考文献

[1] 晓琳. 民族贸易和民族用品生产再扬风帆——访全国民族贸易和民族用品生产联席会议秘书长王福临［J］. 中国民族，1997（12）.

[2] 艾尔肯·海利利，单小红. 浅析新疆传统地方民族用品生产企业的现状与发展［J］. 新疆教育学院学报，200319（4）.

[3] 朱玉福. 论市场经济视阈下的民族特需品［J］. 黑龙江民族丛刊（哈尔滨），2007（3）.

[4] 李文，洪纯. 金融支持民族贸易和民族特需商品生产发展研究——以江苏为例［J］. 金融纵横，2001（1）.

[5] 林庆霞. 自治区首届民族贸易优惠政策培训班开班［EB/OL］. 新疆天山网（http：//www.tianshannet.com），2011-05-13.

[6] 杨杰. 新疆清真食品产业亟待"破冰"［N］. 新疆日报，2010-08-18.

[7] 新疆维吾尔自治区民委. 新疆维吾尔自治区加大对民贸优惠政策贯彻落实力度［EB/OL］. 中国民族宗教网（http：//www.mab.com.cn/html/report/189266-1.htm），2011-03-18.

[8] 访昌吉州民宗委主任杨新民——落实民族政策繁荣民族经济为少数民族群众服务［N］. 中国民族报，2010-06-21.

第二章 少数民族医药产业创新与发展的思考[*]

民族医药的概念可以分狭义和广义两种,本文的民族医药取其狭义的概念,即中国少数民族的传统医药,包括藏医药、蒙医药、维吾尔医药、傣医药、壮医药、苗医药、瑶医药、彝医药、侗医药、土家族医药、回族医药、朝鲜族医药等。

改革开放以来,许多地区把发展民族医药产业作为地方经济发展的重要支柱,生产技术获得了显著的提高,传统医药逐渐步入产业化发展道路,迎来了历史上前所未有的发展时期。

一、民族医药产业发展现状

近年来,我国相关部门组织对藏、蒙、维、傣、苗、彝等19个民族的83种医药文献进行了发掘整理,其中,羌、侗、毛南等少数民族的医药文献发掘整理是新中国成立以来的第一次。在55个少数民族中,截至目前,已有35个民族发掘整理了本民族的医学资源。

(一) 民族医药产业质量管理状况

我国的药品标准主要由《中国药典》、部(局)颁标准、注册标准和省级中药材和饮片炮制规范等组成。

2010年版《中国药典》收载民族药药材16种,其中藏药材7种、蒙药材3种、蒙藏合用药材1种、傣族药材1种、维吾尔族药材3种、民族习用药1种;民族药成药29种,其中藏药成药15种、蒙药成药11种、傣药成药1种、景颇族药成药1种、藏蒙合用成药1种。在收载的616种药材中,民族药材仅占2.6%,成方制剂和单味制剂1062种,民族成药方占2.7%。

---

[*] 本文原载《前沿》,2012年第1期,作者:杨丽梅、张璞等。

（二）民族医药生产简况

改革开放以来，我国民族医药产业发展很快。2002 年，全国民族药品生产企业超过 170 家，年销售额约为 25 亿元，其中藏药和苗药发展较快。2010 年，苗药"银丹心脑通软胶囊"年销量已过亿，整个苗药产业年产值已超过 60 亿元。2006 年，西藏自治区 17 家通过 GMP 认证的藏药生产企业完成工业总产值 6.23 亿元，2007 年约为 10 亿元，每年的增长速度约为 50%，利润和税金年平均增长速度达 65%。2010 年，国外生产藏成药主要厂家是欧洲瑞士的白玛公司，其生产工艺和技术水平较高，对藏药的生产和推广颇有成绩，单一产品"莲花二十八味"，年销售额超过 5000 万瑞士法郎（大约 3 亿元人民币）。在国家标准提高后，藏药的安全性和质量将得到大幅度的提高，行业有望保持目前 50%~65% 的高速增长态势。

二、民族医药产业发展优势

随着民族医药的快速发展，国家对于民族医药发展的扶持力度也在不断加大，"十一五"重大科研专项内就有民族医药专项。值此民族医药产业发展的黄金时期，其有着很大的提升空间和发展优势。

（一）"简、便、验、廉"的优势

民族医药产生于民间，来源于实践，有"简、便、验、廉"的优势，即方法简易方便、疗效确切、费用低廉。

民族医药是我国各族人民在几千年生产生活实践和与疾病做斗争中逐步形成并不断丰富发展的医学科学；民族医药临床疗效确切、预防保健作用独特、治疗方式灵活、费用比较低廉，特别是随着健康观念变化和医学模式的转变，民族医药越来越显示出其独特的优势。

（二）顺应世界医药发展的重要趋向

随着药源性疾病的不断出现，滥用抗生素造成的耐药性不断增多，致使人们将防病治病的希望转向天然药物和绿色保健品。许多国家越来越重视天然药物，投入大量人力和资金来研究、开发天然药品。美国及欧洲国家近年兴起的"替代疗法"，促进了国际天然药物市场的迅速扩大。以天然资源为原料生产的民族药物顺应回归自然的世界潮流，将成为世界医药发展的重要趋向。

（三）资源优势

藏医药已有2000多年的历史，以其经典《四部医典》为其理论体系形成的标志，至今已有1300多年。藏医药有据可考的古籍医典就达300多种，仅《四部医典》收载的药物就有900余种，藏医独创的80幅教学挂图中本地区特产药物就有119种，由此不难看出藏医药内容的丰富。云南少数民族使用的传统药物就有1300多种，约占全国民族医药品种的30%，其中已有65种被列入云南省药物标准。

（四）政策优势

新中国成立后，党和国家对民族医药事业十分重视，从20世纪50年代施行的《全国少数民族卫生工作方案》到即将出台的《生物医药"十二五"规划》，都力促民族药发展；各级地方党委、政府制定实施了一系列扶持民族医药发展的法规、规划和政策措施：例如《青海省医药行业"十五"及2015年远景规划》、《新疆2005~2015年科技促进医药产业发展行动纲要》、《广西壮族自治区医药制造工业调整和振兴规划》、《关于加强云南省民族医药事业发展的实施意见》、《吉林省中医药事业发展"十二五"规划》以及《内蒙古自治区蒙医药中医药条例》等，为我国的民族医药事业发展保驾护航，是其在法制化轨道上健康、稳步、持续发展的有力保障。

三、制约民族医药产业发展的主要因素

由于民族医药科技基础差、起步晚，目前民族医药仍处在十分落后的状态，且存在退化或失传的状况，与现代医学和中医药学的发展差距越来越大。主要制约因素有如下几个：

（一）规模小且产业化发展程度低

2008年全国药企6524个，其中民族药企120个，只占1.84%。民族医药生产企业整体上呈现"小、散、低、弱"的特点，发展不平衡，结构不合理，龙头企业不足。以蒙医药为例，制约其发展最重要的因素就是缺少龙头企业的带动。2008年全国蒙药专业生产企业只有5家，行业产值不过2亿元；以苗医药为例，贵州约有180家生产苗药的医药企业，排名靠前的二三十家企业占据了市场份额的80%以上，呈现出多而散的局面。

(二) 药源问题

药源问题是困扰民族医药产业化生产的重要因素之一。民族药广泛采用珍稀动植物入药,例如藏红花、羚羊角、虎骨、麝香等。由于国家对珍稀动植物保护力度的不断增大,民族药的发展恐怕会面临"无材可取"的窘境。

(三) 营销能力薄弱

以维药、蒙药为例,维药、蒙药企业缺乏科学的营销手段,几乎没有专业营销人员,缺乏国内市场销售网络等。因此,民族医药要想在激烈竞争的市场中站稳脚跟,还有很长的路要走。

(四) 需求受限

2000年版《医保目录》收录的各民族药共47个,其中藏药10余种。2004年版《医保目录》扩容以后,中成药品种增加98%,西药品种增加42%,而民族药品种一个也没有增加,仍保持原来的47种。进入《国家基本医疗保险药品目录》(2009年版)的民族药有所减少,只有45个,其中,基本医疗保险、工伤保险和生育保险基金均准予支付费用的西药品种1140个,中成药987个,民族药只占2.07%。

四、发展民族医药产业的对策

民族医药产业仍有很大的发展空间,企业、学校、医院与科研机构应当紧密合作、抓住机遇。为了进一步发展民族医药产业,建议采取如下对策。

(一) 制定民族医药产业发展战略规划

应尽快制定民族医药产业发展战略规划,明确发展思路、发展目标和落实措施,引导民族医药生产企业通过资产重组等现代企业运作模式,做大做强民族品牌,提升民族医药产业整体竞争实力。以中国百强企业复星集团与喀什地区签订的《发展喀什维吾尔药业合作协议》为例,双方协议,充分利用喀什维吾尔药的资源优势和复星集团的资金、技术、人才及市场优势,整合开发特效维吾尔药,将维吾尔医药在国内做大做强,做出品牌,闯出市场。

（二）做好民族医药标准化建设

建立全国民族医药标准化技术委员会，开展民族医药标准研究，制定民族医药名词术语等标准、民族医药常见病诊疗指南、技术操作规范、疗效评价标准，修订藏、蒙、维病历书写基本规范；指导民族地区建立和完善民族药药材标准，建立民族药材规范化种植体系，制定和修订体现民族药特色的炮制规范；分批修订和提升藏药、蒙药、维药标准，加强对民族医药企业研发的新药品牌的保护，实现民族医药产业的可持续发展。

（三）加强民族医药发掘继承和科研工作

在内蒙古、新疆、青海、广西等民族地区建立省级民族医药临床研究基地和重点研究室，设立民族医药科技发展专项基金，加强民族医药常用技法、用药、秘方验方、养生保健等文献的抢救性发掘整理翻译研究等工作，整理出版民族医药文献；针对不同民族的优势病种和特色诊疗技术开展临床评价研究和规范化研究；研究民族医药特有药材或有毒药材的炮制工艺，阐释原理。鼓励民族药生产企业、研究机构开展新工艺、新技术、新设备、新辅料的研发与应用。将转化医学研究应用于民族医药研究中，建设民族医药转化医学研究机构，在有条件的大学、研究型医院或研究机构应把握先机，采用加盟或联合方式进行资源整合，建立以基础、临床和药物研发为主体，结合民族医药古籍传承研究的跨学科转化研究中心，吸引企业共同参与，以平台管理方式进行统一部署和联合攻关，加强团队建设，构建转化链。建立临床—基础—产业—人才一体化模式和运行机制，大力开展转化性研究模式探索，促进民族医药的转化医学研究。

（四）规范民族药材的采集业、种植业、驯养业

由于民族医药直接取自自然，涉及动物、植物与矿物，与生态环境密切相关，为实现可持续性发展，民族医药各产业部门必须实施环保战略，调查研究民族药物资源情况，加强品种保护，支持资源基地建设，推行药材 GAP 实施，鼓励规范化种植，保证民族医药资源可持续利用和发展。对资源紧缺的民族药药材，逐步解决替代品和发展种植、养殖，规范民族药材的采集业、种植业、驯养业。

（五）扩大需求并加大营销力度

加大民族医药产品进入《国家基本医疗保险用药目录》和《新型农村合作医疗用药目录》的比例。民族医药产业的规模化发展，在很大程度上取决于市场的认同。只有走开放的路子，打破封闭，消除神秘感，同时加强企业营销，不断提高营销队伍素

质，建立健全多层次、多样化的营销网点，大力开发非处方药市场，充分应用现代化营销手段，才能提高民族医药的市场占有率，推进民族医药产业的发展。

民族医药产业是一个朝阳产业，它不仅有利于民族地区人民的身心健康，而且对于民族地区经济发展也至关重要，要加大支持力度，坚持民族特色，运用先进科技，合理利用资源，加快民族医药可持续发展的产业化进程。

参考文献

[1] 诸国本. 中国民族医简介 [EB/OL]. http：//www. cmam. org. cn/news/2005425154513. htm，2011-06-30.

[2] 中国的民族政策与各民族共同繁荣发展 [EB/OL]. http：//www. gov. cn/zwgk/2009-09/27/content_ 1427930. htm.

[3] 国家药典委员会. 中国药典（2010版）[M]. 北京：中国医药科技出版社，2011.

[4] 彭蕴亮. 藏药标准提升到国家高度民族医药或开启新一轮投资机会 [N]. 中国证券报，2010-07-23.

[5] 贵州民族医药异军突起，秘诀何在 [EB/OL]. 中国民族报，2010-07-30. http：//www. mzb. com. cn/zgmzb/html/2010-07/30/content_ 69522. htm.

[6] 津仁. 民族医药产业化发展任重道远 [N]. 中国医药报，2007-07-10.

[7] 刘枫. 振兴新疆民族医药产业正当时 [EB/OL]. http：//www. tianshannet. com. cn/news/content/2011-04/14/content_ 5738261. htm，2011-04-14.

[8] 赵婵，韩相军，赵新建，李卫玲. 新疆维吾尔医药产业化发展的思考 [J]. 中医药管理杂志，2010，18（8）.

[9] 陈斐然. 四部委明确近期民族医药重点工作 [N]. 中国中医药报，2010-12-30.

[10] 蒋跃绒，陈可冀. 转化医学与中西医结合的研究和发展 [J]. 中国中西医结合杂志，2010，30（10）.

第三章 "哈里俩"认证模式对我国清真产业的启示

一、引 言

Halal（哈里俩）是词条 Halalan Toyibban 的缩写，中文译为"清真"。广义上，清真产品指伊斯兰教义约束下可以使用的物品。我国回族、维吾尔族、哈萨克族等 10 个少数民族信仰伊斯兰教，遵照伊斯兰教教义的要求消费清真物品。现在，各国都将清真产品纳入政府管理的范围，导致清真产品规范化、标准化，并具有很强的标识壁垒。

与 Halal 认证相类似，Kosher 指符合犹太教规、清洁、可食的产品。在中东、美国、东南亚，Halal 产品和 Kosher 产品的销售必须得到有关机构的许可。伊斯兰教义中对教徒饮食有明确规定，信仰伊斯兰教居民的食品消费存在约束条件。遵守教规、按照教义生活是伊斯兰居民的基本原则。表 1 是这两种饮食习惯的居民在食品消费中遵守教义的统计情况。如表 1 所示，Halal 饮食习惯的伊斯兰居民对教义的遵守程度明显高于 Kosher 饮食习惯的犹太居民。

表1 Halal 及 Kosher 饮食遵守度

	Halal	Kosher
在美国的饮食遵守度		
级别一	40%	18%
级别二	99%	60%
世界范围内的饮食遵守度		
级别一	60%	15%
级别二	99%	50%

Halal"级别一"意味着穆斯林经常寻找正宗的、经过认证的 Halal 产品，Halal"级别二"意味着穆斯林不违反戒律，仅避免禁忌食品。Kosher"级别一"意味着正统的犹太教徒经常寻找正宗的、经过认证的 Kosher 产品，Kosher"级别二"意味着保守

---

* 本文原载《中国回商文化》（第二辑），作者：张璞、王晓轩。

的犹太教徒仅避免猪肉。

二、Halal 产品的市场规模

清真食品、穆斯林用品生产企业属于劳动密集型企业。全球范围内的清真产品需求量很大，2009 年全球 Halal 食品市场估计有 6350 亿美元。表 2 是全世界 Halal 市场估计的情况。穆斯林人口占世界总人口的 25%，这意味着 Halal 产品市场空间广阔。清真产品跨国进出口必须经过 Halal 机构认证，产品原料必须经过 Halal 认证，加工包装等环节必须在较高的清洁卫生标准下进行。然而 Halal 认证并不是一般的质量认证，它是在宗教信仰约束下的一种特殊资格认定。清真产品生产过程严格遵照伊斯兰教义进行，伊斯兰宗教信仰者从事产品生产是 Halal 认证的关键因素之一。

表 2　2005 年 Halal 产品市场规模估计

地区	总人口（百万）	穆斯林消费者（百万）	人均食品消费（美元）	市场规模（百万美元）
亚洲	3921.0	1043.7	350	365299
西亚	213.9	195.3	572	111712
印度尼西亚	221.9	195.3	347	67769
中国	1311.1	39.2	156	6115
马来西亚	26.1	15.4	381	5867
泰国	65.0	5.9	371	2189
巴基斯坦	162.4	157.5	n.a.	n.a.
印度	1103.6	154.5	n.a.	n.a.
孟加拉国	144.2	127.3	n.a.	n.a.
其他国家	672.8	153.3	n.a.	n.a.
非洲	906.0	461.8	200	92360
欧洲	727.4	51.2	1500	76800
北美洲	329.0	6.6	1750	11550
南美洲	559.0	1.6	500	800
大洋洲	33.0	0.4	1500	600
总计	6475.4	1565.3	n.a.	547409

注：n.a. 代表未收集到数据。
资料来源：《The Third Industrial Master Plan, 2006~2020》。

三、Halal 认证模式

经过 Halal 认证的产品符合伊斯兰教教义。在美国，有超过 40 家组织颁发 Halal 证书。美国的部分州制定和颁布了 Halal 食品的专门法案。虽然美国的这些法案都认为 Halal 食品源于宗教教义，但都把 Halal 食品管理纳入社会公共事务管理的范畴，具体规定了政府负责 Halal 食品管理的部门。

有两种类型的 Halal 认证模式，第一类认证是注册场所认证。认证中重点检查生产设施、生产食品的设备、屠宰场及其他处理食品的设备。认证机构还定期进行设备检查和质量监控。获得通过意味着可以使用 Halal 标志。第二类 Halal 认证是对具体产品进行认证。这种认证意味着名单上的产品符合Halal饮食原则。Halal 认证机构设计认证程序，对经过认证的产品负责。这样的认证主要针对经销商和进口商，产品经过认证后，颁发认证标志。针对特定产品的认证又被称为批认证或送货认证。例如，肉类或家禽产品的交付必须经过认证。认证的有效期依赖于产品。只要这批产品还在市场上，证书就是有效的，直到产品被使用或者到期。

穆斯林团体、伊斯兰组织及代理机构能够颁发 Halal 认证，但是，证书的接受程度取决于进口国和使用产品的穆斯林地区。例如，为了出口产品到马来西亚和印度尼西亚，必须得到这些国家的认证机构颁发的认证书。目前，Halal 产品认证更多关注于生产环境、食物安全及动物福利。

中东、东南亚、美洲都有专业的认证机构对本国的 Halal 产品进行认证。政府的干预成为认证机构发展的关键，一些政府通过立法严格限定 Halal 产品的生产过程，保障穆斯林居民的饮食习惯。典型的认证机构有美国伊斯兰食品和营养协会、马来西亚伊斯兰发展署、新加坡伊斯兰宗教理事会、澳大利亚清真认证服务有限公司。

经过认证的产品可以满足进口国的需求和穆斯林地区的需求。食品制造商已经深刻地认识到 Halal 认证的重要性，选择一家权威的机构进行认证，是产品全球扩张的关键。

四、泰国的 Halal 认证程序

泰国是重要的食品制造国，食品是重要的出口产业。泰国的 Halal 认证主要由泰国伊斯兰中心委员会和泰国 Halal 标准协会主持。

泰国 Halal 标准协会是受法律约束的宗教组织，成立于 2003 年 8 月 11 日，泰国政府通过预算支持泰国 Halal 标准协会。泰国 Halal 标准协会主要负责 Halal 产品标准的制定，研究分析 Halal 认证中出现的各种问题，发展可以信赖的食品认证体系，还开展

Halal 产品的检测。对不遵守伊斯兰律法的食品生产商，泰国 Halal 标准协会有权利撤销 Halal 证书。作为唯一的泰国 Halal 产品标准发展机构，泰国 Halal 标准协会接受泰国伊斯兰中心委员会的管理。泰国伊斯兰中心委员会的目标是制定法律和管理泰国伊斯兰宗教事务。

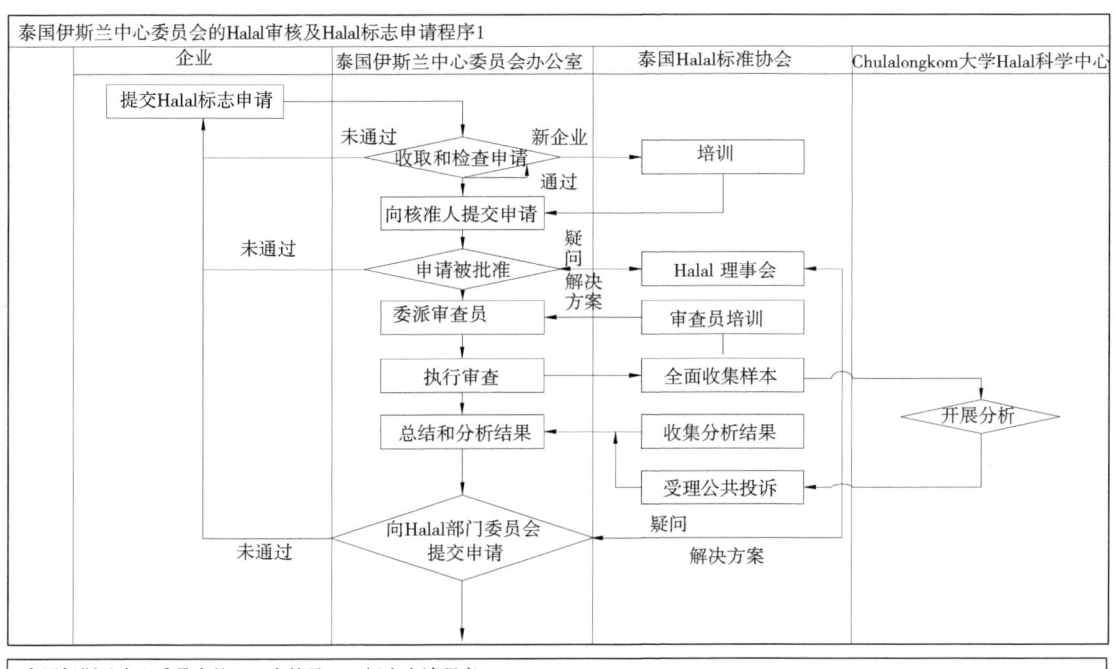

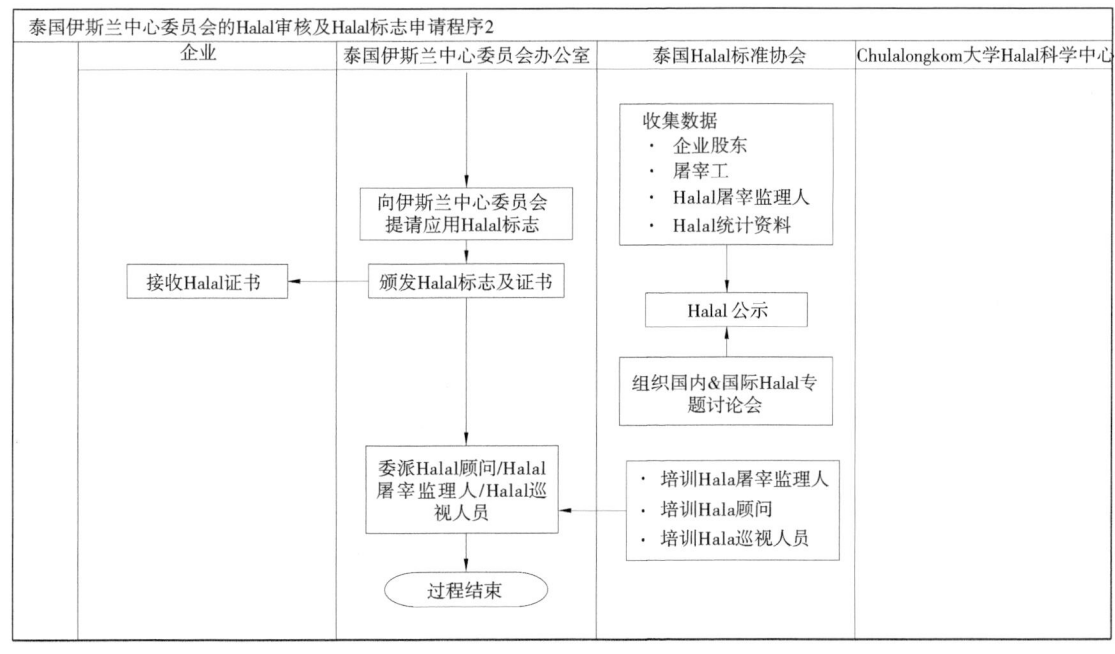

图 1　泰国 Halal 认证程序

图 1 是泰国 Halal 认证程序。企业如果使用 Halal 标志，必须向泰国伊斯兰中心委员会提交申请。泰国伊斯兰中心委员会办公室接受企业的申请，对所提交资料进行筛查。泰国伊斯兰中心委员会组建审查团，它由伊斯兰学者、食品科学家、工业制造专家组成。如果被认证的新产品存在疑问，必须转交到 Halal 理事会，等待解决方案。审查团也对原材料存货清单和所有的仓库开展审查。审查团收集样本和原材料，收集的样本通过泰国 Halal 标准机构被送到设立在 Chulalongkorn 大学的 Halal 科学中心进行分析。分析结果将被送回泰国 Halal 标准协会，协会办公室将收集的审查结果和科学中心的分析数据提交到 Halal 部门委员会。Halal 部门委员会通过后，申请被提交到泰国伊斯兰中心委员会。如果在审核中出现产品的成分或原材料争议，必须转交给 Halal 理事会。如果通过 Halal 认证，企业如果在审核中出现产品的成分或原材料争议，必须转交给 Halal 理事会。如果通过 Halal 认证，企业将获得 Halal 认证证书。

伊斯兰中心委员会设立 Halal 监控办公室，巡视 Halal 产品生产情况和违法情况。泰国伊斯兰中心委员会办公室也任命 Halal 顾问，帮助企业主加强对 Halal 产品的理解和认识。泰国的 Halal 认证、监管、制定标准相互分离，可以有效地促进认证。

五、我国清真产品认证的现状

我国申请清真产品资格认定由民族宗教局负责管理，清真标志都由民族宗教局负责颁发。在申请清真标志时，明确的条件被提出：企业法定代表人或经营管理者中信仰伊斯兰教的少数民族应占有一定的比例。对于采购、制作、仓库管理和屠宰岗位，也明确规定了少数民族人员的比例。使用的肉食原料必须是清真屠宰，自行采购的要有清真屠宰证明。企业办理清真资格需要经过民族宗教事务局核实，并做出同意或者驳回申请的初审决定。

我国清真产品认证是行政许可的模式。宁夏、新疆、辽宁、河南、北京等地的清真食品管理法规均规定：清真食品生产经营者必须到所在地民族事务主管部门办理审批，领取清真食品准营证和清真标志牌后，方可从事清真食品生产经营，未取得清真食品准营证和清真标志牌，不得生产经营清真食品。在管理方面，主要通过备案管理、过程监管和事后处罚等方式进行管理。我国的清真产品资格认定分散在各行政地，并没有形成一个权威、全面的管理机构，也没有全国性的清真产品管理法规，各地方法规规定的清真产品管理制度并不统一。

六、我国发展清真产品认证的建议

(一) 尽快设立一个权威的全国认证管理机构

目前我国对清真的认证分散在各行政地,各级县市民族宗教事务局是清真认证的主要负责机构。各地认证模式单一,不规范。迫切需要建立一个全国统一的组织。为此,设计一套适合我国的清真认证模式是非常必要的。

图 2 是对我国清真认证管理模式的规划设计。我国目前对清真认证的管理主要由各地民族宗教事务部门负责,建议将这种分散的管理模式进行统一。国家民族事务委员会下设伊斯兰事务委员会,伊斯兰事务委员会将是法律约束的宗教行政组织,负责清真认证标准的制定和管理。在伊斯兰事务委员会下设认证部门、清真产品标准局和清真产品检测机构。制定标准、监管和认证分离,保证认证模式的有效性。

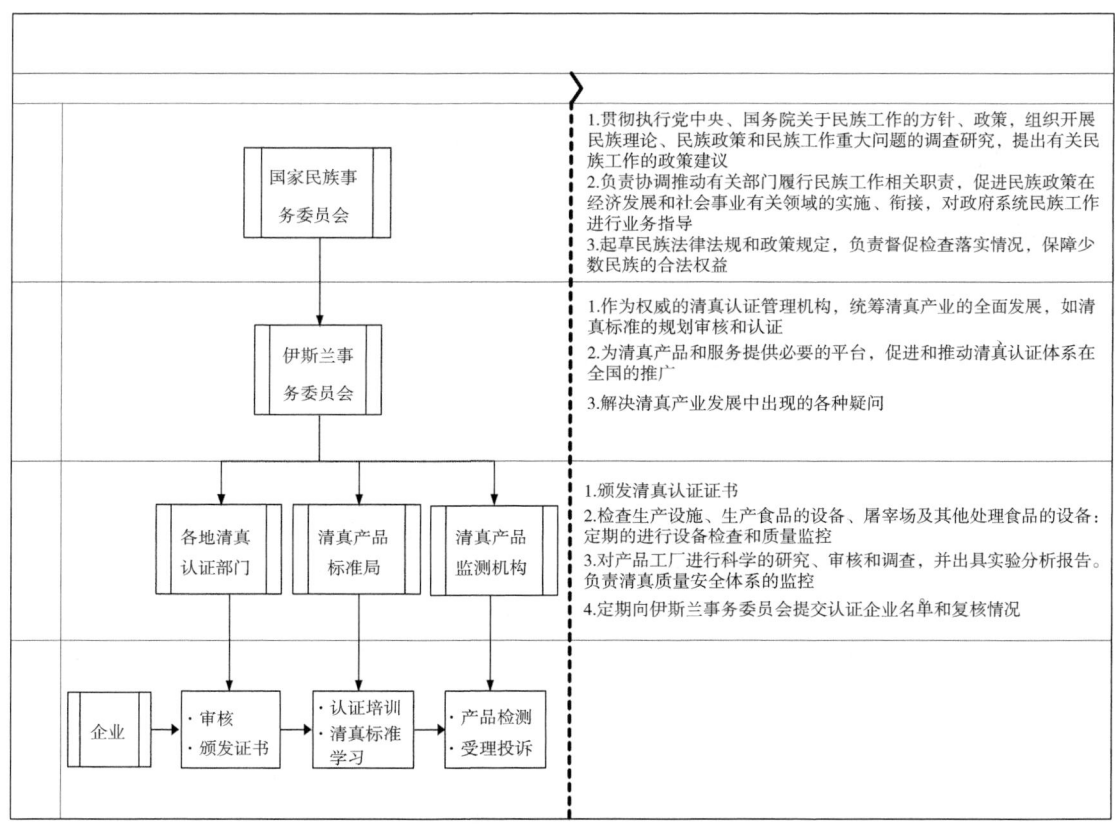

图 2 我国清真认证管理模式的规划设想

(二) 制定符合国际清真规范的产业标准

广阔的清真市场空间会促进进出口，在国内企业加快国际清真认证的同时，我们必须看到，国内还没有权威的清真产业规范，这不利于解决进出口中的问题，无形中会失去清真产品市场。目前我国出口的清真产品比率很低。这说明国外对我国的清真食品并不全面认可。出台符合国际清真规范的产业标准，促进国内清真产业标准和国际清真认证体系相衔接，是目前的主要任务。尽管国内已有19个省、自治区、直辖市、城市制定了清真食品管理的法规，制定全国统一的清真产业管理法规，逐步建立规范的中国清真产品质量和认证体系，已成为广大穆斯林群众消费清真产品的基本要求。

(三) 清真产业发展中的监督和控制

对通过认证的企业进行监督是非常必要的。国内的监管仅仅在事前检查、过程监管和事后惩罚等环节。伊斯兰教以信仰真主安拉为本位，以人与安拉的关系为重点，强调对安拉的崇拜和顺从，强调人对安拉的义务，甚至把宗教信仰和功修视作人之本性。在我国清真产业发展中，仅仅是尊重少数民族的习俗，并不重视清真的宗教本质。国内很多清真企业对伊斯兰文化并没有深入的全面理解，生产中也仅仅是按照清真规范去生产。在清真产业发展中，需要结合宗教信仰对清真产业进行全方位的改变。发展有宗教信仰文化特征的产品是未来清真产业的关键。清真产业的监督应该由宗教部门按照伊斯兰教义进行的督察和监测。

穆斯林认为，自己所信仰的是天地间最纯正、净洁无染的宗教。回族在宰牲方面，完全继承着《古兰经》的戒律，凡宰禽畜，必须诵真主之名，并由教职人员阿訇来执行。这实际上是一种宗教仪式。非阿訇所宰的禽畜，则被视为不洁之物，不可食用。只有通过阿訇屠宰的禽畜肉才是真主赏赐的食物。加强宗教信仰对清真产业的影响，才能使清真产业成为真正的特色产业。

参考文献

[1] Kerry Hughes. Market Growth with Halal [J]. Prepared Foods, 2008 (5).

[2] N. Riaz. Fundamentals of Halal Foods and Certification [J]. Prepared Foods, 2010 (1).

[3] 国家民委政策法规司. 对美国HALAL食品的考察与思考 [J]. 中国民族, 2005 (4).

[4] 侯斌. 清真食品管理制度探索 [J]. 北方民族大学学报, 2009 (1).

[5] 鱼波. 国际视野下的中国清真食品 [J]. 今日民族, 2008 (10).

[6] 宛景森.《清真释疑》思想浅析 [D]. 北京：中央民族大学, 2004.

[7] 毕发认. 回族清真饮食习俗的文化内涵 [J]. 今日民族, 2008 (6).

第四章 产业集群的社会特征研究
——以银川市清真产业为例*

集群是一个复杂的动态网络系统,是大量相关企业、辅助机构在细化分工的基础上进行地理集中的生产协作系统,具有经济属性特征,同时集群又嵌入本地经济行动者构成的关系网络以及区域规范、习惯之中,具有社会属性。产业集群隐含着"体制化关系网络"并占有或获取实际或潜在的资源,而产业集群的内部却存在着明显的社会关系结构,这种社会关系结构的外在表现是一定的特征。产业集群具有复杂的社会和经济特征,但是却与本地要素禀赋优势和历史文化因素进行有机融合。不同区域的产业集群通常会呈现出一定的差异性,这种差异性将会随着产业集群的社会氛围、社会关系结构的不同,而逐渐趋于突出和明显,从而演变为某一产业集群与众不同的社会特征。正是这种社会文化因素差异性所塑造的集群地方根植性,使产业集群在成长中表现出明显的社会特征。产业集群社会特征的差异,打上了地方社会的社会烙印。产业集群作为内部活跃着分工与交易的中间型组织,充斥着信任、信息交流、网络互动、地方根植性和创新。产业集群内部的这些社会特征是集群高效运作的根本。认识产业集群创新需要考察产业集群的社会特征,而充分的社会特征也能够解释产业集群创新的原因。

地方的根植性与社会文化的差异性,促使集群与众不同的发展,形成一个相对的特色产业带,建立大量的合同与契约,共享相关的产业专门知识。我们选取产业集群有代表意义的三个特征:社会信任、知识溢出和网络互动,作为分析产业集群的个案。选取处于特色地方社会文化环境中的产业集群——银川市清真产业作为考察的对象,分析民族产业集群发展中的社会特征。

一、产业集群中的社会信任

产业集群中的成员在地缘上邻近、血缘上联结和亲缘上扩散,这样的社会网络架构外在的表现为信任,透过信任可以发掘出集群潜在的关系资本。孟韬(2006)认为,信任机制会促进组织之间加快交易的速度,会形成产业集群柔性、高效的竞争。信任机制也促进产业集群组织间的知识共享,即使是特殊知识和隐性知识也在信任的气氛

---

* 本文原载《理论月刊》,2011年第7期,作者:王晓轩、张璞。

下得到扩散。信任的存在会对经济理性产生约束,从而减少交易的复杂性和不确定性。如果一个社会有广泛覆盖的信任网络,合作各方就可以花较少的精力彼此监督,从而释放更多的资源用于创新活动。维持长期的信任成为网络参与者的主要潜在规则。在产业集群中,经济交易行为具有很强的"嵌入性",紧密地嵌入在由个体形成的社会关系中。王小丽(2008)认为,产业集群中相互之间的信任不是基于偶然性交易而产生的脆弱性信任,而是基于长期交易而产生的持久性信任。

信任在产业集群创新中具有重要作用。网络型组织的基本运行机制为信任,建立高绩效网络最重要的要求是信任或社会认同,通过信任,组织之间的交易成本才得以降低,信任是维系网络中企业成员间效能与存活的重要影响因素。黎晓燕、井润田(2007)通过检验,认为基于个人的信任与企业创新方式是正相关的。

银川市清真产业属于少数民族特色产业,从产业特征看,规模小,区域生产,具有产业集群的地理特征。我们选取清真产业链条密切的清真屠宰、清真食品、清真餐饮、清真调味品、清真保健品作为测量的区域范围,选取银川市作为主要调查点。对于信任的测量,问卷选择了10个问句。共发放问卷112份,有效回收问卷53份。问卷结果表明:在企业产品创新网络中,信任减少了社会复杂性。清真企业有明显的宗教信仰约束,在交易往来中,企业更加侧重于清真企业集群内部的交易,基于共同信仰的联系和往来更能增加彼此的信任。

机会主义行为是指在信息不对称的情况下人们不完全如实地披露所有的信息及从事其他损人利己的行为。从清真产业集群内部企业的机会主义测试项目的分布情况如图1所示,企业的损人利己现象不多,相互之间欺骗行为不多,68%的企业没有不顾后果地去进行一次交易的想法。清真企业内部交易网络密集,企业之间建立了密切的合作关系,机会主义会破坏企业之间的信任,导致企业在经营中受到惩罚。有52%的企业进行持久的信任,来往中考虑以后的交易。由于集群内企业地理的临近性、资产专用型等因素的制约,使得以信任为基础的交易既考虑过去的长期交易,又面向未来的重复博弈。

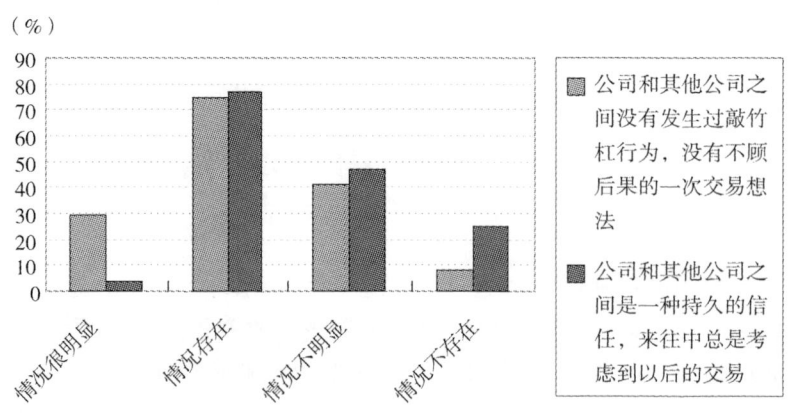

图1 机会主义否定测试分布

对银川市清真产业集群的信任问卷项的调查如图2所示，企业之间存在较高的信任。清真产业链条较短，生产技术水平较低，属于传统行业，企业围绕价格、质量和品牌进行竞争与合作。有71%的企业肯定了信任对公司的重要性。信息的传递是以信任为基础的，相似产业文化背景使得信任倾向于对称分布，使交易的不确定性和风险大大降低。

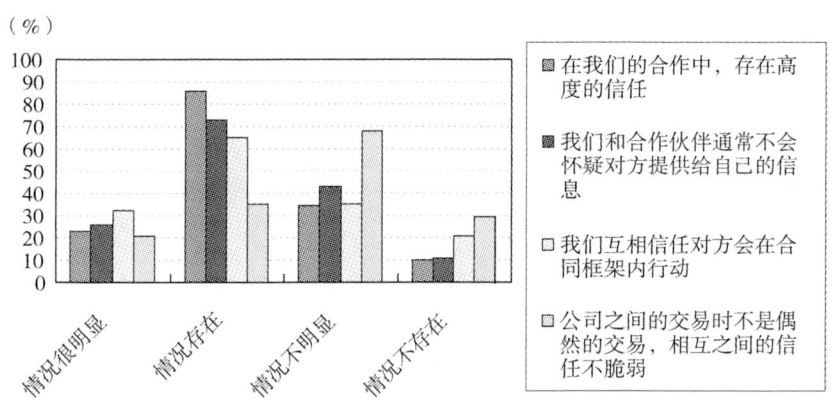

图2　信任深度测试分布

但是从信任的持久度看，清真企业之间的信任较脆弱如图3所示。有63%的企业肯定了信任的脆弱性。随着产业集群的发展，成员间逐渐在互动过程中自发形成了一种秩序，在产业集群内逐步建立起"潜规则"，逐步由基于过程的信任转向基于特征和基于制度的信任。

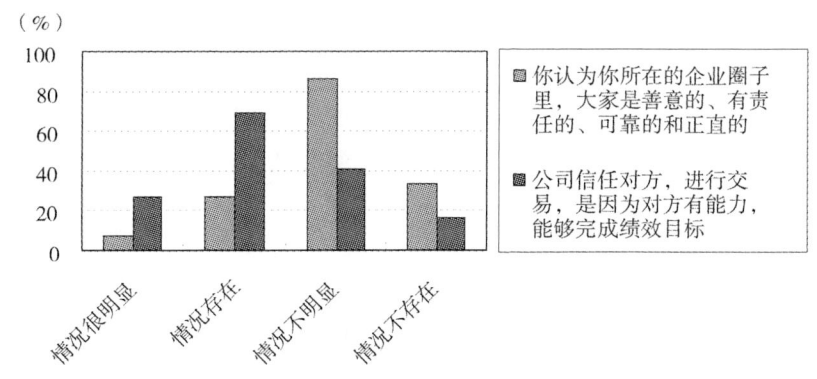

图3　信任广度测试分布

在善意信任和能力信任中，测试公司对能力信任的肯定态度较明显，有63%的清真企业相信往来对方的能力，有78%的清真企业否定往来中的善意和正直，这与有关文献相反，因为集群中的资源交易加速了以信任为基础的关系资本，而企业的专业资产和关系型的信任投资转化成本很高，很容易成为沉没成本。

从清真产业集群的信任问卷调查情况看,银川市清真企业侧重契约、合同对双方的约束,对情感、善意的信任不太重视。在产业集群规模小、集群内同质性程度高,产业集群内的信任关系越倾向于按照基于过程和基于特征方式的信任。当集群逐步发展到成员多、异质性程度增强的情况时,组织间的信任关系越来越依赖于基于制度方式的信任。

二、产业集群的知识溢出特征

克鲁格曼在对产业集群内知识的研究中发现,集群内部存在知识的溢出效应。当获得知识溢出的能力与知识源泉的远近存在密切相关关系时,就存在地理集中的趋势。在企业和产业间的信息流动中,知识尤其是隐含知识的溢出存在着地理上的边界。集群内存在的知识积累机制,使集群能够创造出独特的生产性知识、制度性知识和管理性知识,并通过知识溢出机制转化为集群的共享知识。知识溢出加深产业集群对当地社会文化的改变,使产业集群融入当地社会,增强了产业集群根植性的。社会资本、社会关系网络也是促进知识溢出的主要途径。

但是,以 Breschi and Lissoni 为代表的怀疑论者把产业集群对创新的促进作用归功于专业化经济和劳动力市场经济,质疑知识溢出对创新的促进作用,否定了通过人际交往所发生的隐性知识溢出。

知识溢出是不可观测的潜在变量,在实际中不能通过观测来取值,只能把知识溢出看作是一个潜在变量,对于符合知识溢出特征的变量是可以观测的,借助因子分析,寻找符合知识溢出特征变量的公因子,如果存在公因子,说明知识溢出存在。因此本文选取因子分析法,判断知识溢出是否存在于银川市清真产业中。

清真产业集群中,产业链前端的企业大多是原材料提供商,技术含量低,样本选取技术含量较高的食品行业作为清真企业的代表,共选取了 36 家作为发放问卷的公司,有效回收问卷 29 份。根据问卷,所得到的初始变量的均值、标准差如表 1 所示。表 1 给出了 9 个描述性统计变量。

表 1 知识溢出描述性统计量因子分析旋转成分矩阵

变 量	特征值		成分	
	均值	方差	1	2
非正式交流获得信息	1.0526	6.78621	0.922	0.105
技术人员去大学学习	0.0000	6.23610	0.835	0.476
知识依赖于交流	4.2105	6.72127	0.813	0.148
新技术工带来新知识	-0.2632	6.55610	0.737	0.545
和科研机构进行技术交流	2.1053	5.84898	0.554	0.554

续表

变量	特征值		成分	
	均值	方差	1	2
畅通的员工流动	1.8543	5.76343	0.296	0.884
近距离企业带来更多知识和信息	0.5263	6.85053	0.345	0.789
技术人员很重要	3.4211	5.54092	0.028	0.748
研发费用高给公司带来了发展	4.7368	5.64547	0.480	0.570
提取方法：主成分分析法；旋转法：具有Kaiser标准化的正交旋转法。				
a. 旋转在3次迭代后收敛				

从均值看，"知识依赖于交流"、"高的研发费用给公司带来了发展"、"技术人员很重要"、"公司间的员工流动"、"和科研机构进行技术交流"的均值较高。这说明，产业集群使企业之间存在着丰富的人际关系，一方面，集群内的员工传播那些默会的、企业专用的、非编码化的隐性知识；另一方面，人员的流动也使集群成员之间形成社会关系，扩大员工之间非正式交流的广度和深度。

从旋转后的因子载荷矩阵如表1所示，旋转后载荷分配更加清晰了。第1公因子更能代表"非正式交流获得信息"、"技术人员去大学学习"、"知识依赖于交流"、"和科研机构进行技术交流"这几个变量因素。第2公因子更能代表"畅通的员工流动"、"近距离企业带来更多知识和信息"、"技术人员很重要"、"研发费用高给公司带来了发展"。根据各变量的特点，可以把第1公因子解释为知识溢出因素，把第2公因子解释为技术进步因素。

通过对银川市清真产业集群中技术含量高的食品企业进行问卷调查，我们发现，知识溢出明显存在于该产业中。清真产业集群中的知识溢出嵌入当地的社会文化中，形成一个松散的网络结构，溢出主体、溢出氛围、溢出方式、溢出媒介，每个嵌入关系都在社会关系支配下的网络结构中发挥着各自的作用。清真产业集群在地理上的集中和区域内的文化社会认同感，使企业相互获取新知识变得廉价和容易。集群内的知识溢出通过消化、吸收达到创新，这取决于集群内每个行为主体获取外部知识源的社会网络关系的搭建能力，产业集群成员在相互关系联结上有相对理性，在成员行为控制上具有一定的规则约束，这导致知识溢出更加具有社会属性。产业集群内企业通过共同的语言、符号、共同文化和共有的故事等社会资本的认知嵌入影响着企业的知识整合能力，因而成员加速了知识溢出的程度。产业集群内部社会网络关系所形成的共同理解或称为集群特有的系统知识为集群内成员企业间提供了一种默会理解的游戏规则，成为集群内部共同知识体的组成部分，促进集群区内的知识信息的扩散。

通过以上分析，我们认为，企业应该加强企业之间的交流和沟通，更多地侧重于非正式交流渠道。通过酒吧、小圈子、私下交流更能获取一些隐含经验类知识，而这些知识是知识溢出的典型代表，是促进企业创新的关键。在交流中派遣员工到研究机构、大学学习以及引进有技术的熟练工都能够对企业创新产生重要的推动作用。

三、产业集群中的网络效应

格兰诺维特（M. Granovetter, 1985）发展波兰尼的嵌入性概念时指出，经济行为是嵌入社会结构之中的，而核心的社会结构就是人们生活其中的社会网络。杨锐（2010）认为，企业和客户、外包商、供应商、研究机构等组织之间的网络互动能够为企业培育更多的创新能力；网络联结会提升行业进入壁垒、加速技术创新率、对联结各方有潜在的转型效应；网络互动获得多样化信息、知识、技能和经验，改善网络成员间的联结与协作状态；网络中领导型企业的能力被其他企业作为学习的标杆，有效的网络互动能激励学习产生综效和互补效果，提高互动主体的反应能力。

Saxenian（1991）在对硅谷进行了深入研究后提出，不断扩展的企业间网络是硅谷发展的持续动力。松散连接的组织间网络促进了相互模仿和学习，同时分散了开发新产品的成本与风险。产业集群的创新过程存在与网络中，网络中主体的参与和互动，形成了产业集群的创新效应。从创新机制角度看，产业集群创新是知识协作产业集群内还存在着社会关系网络，产业集群的这一社会关系网络可引致产业集群产生如下创新效应：保证集群内部信息和知识通畅流动，产生知识外溢，促进集群创新成果高速扩散。根据以上文献我们提出以下假设。

假设：产业集群中的网络联结提升了产业创新能力。

变量"网络联结"采用以下问卷项来描述：

（1）公司和客户、供应商之间已经形成了稳定的业务关系网，定期地进行业务往来。

（2）公司和客户、供应商之间经常获取多样化的信息和经验。

（3）公司和客户、供应商之间已经形成了可靠的社会关系和紧密的人际关系。

沙文兵在综合借鉴 Griliches – Jaffe 知识生产函数（视创新产出为研发经费和人力资源投入的函数）和 Romer – Jones 知识生产函数（视创新产出为现有知识存量和研发人员投入的函数）的基础上，建立实证模型。我们对产业创新能力采用以下问卷项来描述：

（1）公司的研发经费投入占公司总资本的比例程度。

（2）公司新产品、新技改、新流程投入占公司总投入的比例程度。

针对清真食品企业共发放问卷 112 份，有效回收问卷 53 份。建立影响银川市清真食品产业集群创新能力的两个关系范式 A 与 B。

利用问卷项的数值进行回归分析。分析表明，银川市清真食品产业集群的创新能力与网络显著正相关，两个关系范式之间的回归说明，三个解释变量对因变量的解释程度较高，所以假设得到验证。

关系范式 A：

$$CXNLA = -1.046 + 0.005GKYGW + 0.342GKDXJ + 0.425GKSR$$
$$R^2 = 0.377 \qquad F = 7.85$$

CXNLA 代表因变量：公司的新产品、新技改、新流程投入占公司总投入的比例程度；GKYGW 代表自变量：公司和客户供应商之间已经形成了稳定的业务关系网；GKDXJ 代表自变量：公司和客户供应商之间经常获取多样化的信息和经验；GKSR 代表自变量：公司和客户供应商之间已经形成可靠的社会关系和紧密的人际关系。

关系范式 B：

$$YFTZ = -0.731 + 0.012GKYG + 0.391GKDXJ + 0.299GKSR$$
$$R^2 = 0.447 \qquad F = 10.175$$

YFTZ 代表因变量：公司的研究与开发经费投入占公司总资本的比例程度。

从关系范式看，稳定的业务关系网对创新能力的影响较小，多样化的信息和经验对创新能力的影响较大，可靠的社会关系和紧密的人际关系对创新能力也有很强的影响。从范式 A 和范式 B 可以发现自变量"业务关系网"对创新能力的解释力度不够，反映银川清真产业集群内部业务关系包含的内容以商业营销关系为主。而自变量"多样化的信息经验"和"可靠地社会关系人际关系"却对创新能力有强的解释度。

两个关系范式说明，银川市清真产业集群中的企业网络结构形成了根植于地方社会关系的信息链接通道。这种集群创新网络与本地的经济社会文化诸要素紧密相关，形成了地理邻近、社会邻近和行业邻近的耦合。

四、结　论

产业集群创新需要考察产业集群的社会特征，而充分的社会特征也能够解释产业集群创新的原因。对于同质性程度高的银川市清真产业，集群中信任关系是基于过程方式的信任，组织间的信任关系并没有完全被制度方式的信任所取代。集群中的资源交易加速了以信任为基础的关系资本。从知识溢出和网络链接角度对银川市清真产业集群的分析表明，知识溢出嵌入当地的特色社会文化中，形成一种松散的网络结构，集群内的成员依赖于共同的文化背景和社会资源进行知识整合，借助社会资本所搭建的网络关系进行信息知识的扩散和创新。这种集群创新，在地理邻近、社会邻近和行业邻近的耦合作用下，越来越强调网络关系的重要性。

参考文献

[1] 王卫东．产业集群的网络组织结构与风险研究综述 [J]．工业技术经济，2010（3）．

[2] 孟韬，史达．论产业集群的信任机制 [J]．社会科学辑刊，2006（2）．

[3] 邓龙安，徐玖平．技术范式竞争下网络型产业集群的生成机理研究 [J]．科学学研究，2009（4）．

[4] 王小丽．信任机制下的产业集群创新网络构建策略 [J]．企业经济，2008

(3).

[5] 徐和平,孙林岩,慕继丰. 产品创新网络中的信任与信任机制探讨 [J]. 管理工程学报,2004 (2).

[6] 黎晓燕,井润田. 社会网络、创新行为、企业信任间的关系研究 [J]. 科学学研究,2007,25 (5).

[7] 占小军. 基于知识溢出的产业集群升级研究 [J]. 科技管理研究,2009 (12).

[8] 黄志启,张光辉. 产业集群中知识溢出研究述评 [J]. 生产力研究,2009 (24).

[9] 郭毅,朱熹. 企业家的社会资本——对企业家研究的深化 [J]. 外国经济与管理,2002 (1).

[10] 杨锐,李伟娜. 网络结构、关系互动对创新活动的影响——苏州IT产业集群实证分析 [J]. 科学学研究,2010 (7).

[11] 黄中伟. 基于网络结构的产业集群创新机制和绩效分析 [J]. 宁波大学学报,2004 (3).

第五章 制度经济学视角下的产业集群及其网络创新

比较优势理论认为,一国的竞争力主要来源于劳动力、自然资源、金融资本等物质要素的投入。然而波特在《国家竞争优势》中认为,在全球化快速发展的今天,这些投入要素的作用日趋减小。一国的竞争力不可能由其国土的大小和自然资源来决定,因为这些因素与生产率大小没有直接关系。国家应该创造一个良好的经营环境和支持性制度,以确保投入要素能够得到高效的使用和升级换代。制度因素对产业集群的影响受到了越来越多的重视,良好的制度和规则是产业集群有效运转的保障。制度环境是集群生存和发展的重要影响因素。制度失灵导致不信任,妨碍了契约实施和经济合作。建立良好的制度已经成为提高产业竞争力的关键。

一、产业集群存在的必要性

从制度经济学角度看,产业集群中充斥着企业与企业之间的规则和秩序。一些学者认为,产业集群在本质上就是一种能够降低交易费用的中间性经济组织。在产业集群内部,企业间相互交易,进行分工创新,从而提高经济效率、节约交易费用。产业集群中既相互竞争又相互协作和依赖,这种特殊的关系是建立在正式、非正式契约关系的基础上。产业集群组织方式是介于企业科层组织和市场组织之间的中间性组织形式,是一种能够有效降低交易费用的"新制度"形式。

传统的产业集群都以工业化为时代背景,强调企业之间建立在一体化基础上的物质联系,集群的主要目的是节约运输成本,取得外部规模经济。工业化后期以及信息社会,企业间与物质联系相伴的信息沟通越发重要,产业集群的目的不再是运费的节省,而是交易费用的节约。

企业产生的交易费用主要有:搜寻信息费用,谈判和决策费用,监督费用和执行费用。交易费用是经济主体之间知识、信息不对称的结果,是利益冲突与调和过程中损耗的资源,经济主体之间不仅在信息上具有不对称性,而且由于分工和时空上的差异,从主观和客观上导致知识和经验的个体差异。在知识和经验个体差异明显的产业集群内部,交易的要求和概率都比较高;在知识和经验个体差异不明显的产业集群内

---

* 本文原载《商业时代》,2011年第12期,作者:王晓轩、张璞。

部，交易的要求和概率都比较低。

降低交易费用是产业集群存在的主要原因。产业集群会有效降低交易费用，产业集群在地理上的集中，可以防范机会主义行为，交易中的每一方考虑到合作的长期性，有效地履行契约成为集群内部高效率的根本原因，也是交易费用降低的内部因素。从不确定角度看，企业的执行中会出现各种不确定意外，契约的不完备是广泛存在的，产业集群中企业的合作关系可以弥补契约的不完备，降低契约的执行成本。从垄断角度看，如果产业集群内部是充分竞争的，交易中的依赖性就会降低，竞争的压力会较少地诱发机会主义行为。如果产业集群内部是垄断的，对于非垄断一方，市场的交易费用将是高昂的。产业集群更趋向于充分竞争，从而降低交易费用。从资产专用性角度看，资产越是专用，其潜在的交易费用就越大，随着资产专用性的增强，缔约后违约的风险就会加大，交易费用会增加。用产业集群的组织形式取代市场形式将避免资产专用性。产业集群是介于企业组织和市场形式之间的中间型制度，可以缓解资产专用性。

二、信息交流对产业集群创新的影响

发展中国家常常会失去其最出色的技术创新和经济创新，因为其制度框架不能为创新者提供必要的商务环境，而发达的市场经济则能做到这一点。制度对创新有很大的影响，不同的制度环境导致不同的创新能力。而信息交流在产业集群创新中有很强的促进作用。

产业集群内部，企业和企业之间的经济网络关系中进行着各种正式、非正式的信息交流，可以使企业更易于了解市场信息，校正自己的生产行动。产业集群内企业之间进行近距离的学习，进行信息的传播，这促进了集群内企业的创新能力。产品的创新依赖于成员之间共享的思想和专有知识。这些知识的交流通过很多渠道进行。

集群网络提供了各种正式和非正式的交流渠道，从而促进信息知识的流动，而这种交流对于新观念的传播和创新是非常重要的。产业集群创新网络中存在着科研合作、知识共享、信息交流。但是在创新中，成员信息隐藏会造成网络合作中的信息不对称；产业集群中成员之间广泛存在的是不完全契约，这会造成高的交易成本，自我实施契约必须依靠包含信任的非正式维护机制。

三、信任在产业集群创新中的作用

网络型组织的基本运行机制为信任，建立高绩效网络最重要的要求是信任或社会认同，通过信任，组织之间的交易成本才得以降低，信任是维系网络中企业成员间效能与存活的重要影响因素。黎晓燕、井润田（2007）通过检验，认为基于个人的信任与企业创新方式是正相关的。

在企业产品创新网络中，信任减少了社会复杂性。Zucker提出两种信任类型：一类是以个体之间的信息、情感、共同信仰等为基础的个人的信任；另一类是以契约、合同、规则、法律等为基础的制度的信任。

如果一个社会有广泛覆盖的信任网络，合作各方就可以花较少的精力彼此监督，从而释放更多的资源用于创新活动。合作主体之间的信任越强，相互提供的信息就越具有真实性和可靠性。信任往往渗透在熟人、亲戚、朋友等关系网络中，帮助和友谊使信息能够快速地以低成本传播。信任所构成的网络可以有效防止欺骗投机等不良行为。网络主体间的沟通管道是建立信任机制的关键，在合作中，信息资源在网络主体之间共享，增加了彼此的信任。网络中创新主体之间往往具有目标兼容性，表现在合作双方认知到他们各自的目标必须经由双方共同作业来达成但不会互相成为竞争者或损害自己的地位。创新中主体之间合作并没有很大的潜在惩罚力，这对于合作是否遵守协议构成了一定的威胁。

在创新网络中，行为主体意识到，追求自我利益的机会主义行为（如欺骗）会使自己受到损失，丧失信任，受到惩罚。维持长期的信任成为网络中参与者的主要潜在规则。因此，信任也成为规范行为主体的一种机制，信任成为契约的代替物，成为网络中主体自我约束的主要力量。在信任广泛存在的创新网络中，成员之间的机会主义将被降低。

四、制度缺陷对产业集群创新的阻碍

制度经济学认为，市场经济体系是不完善的，存在着"搭便车"、道德风险等制度缺陷。这些制度缺陷会对经济产生不良的影响。从产业集群创新角度看，制度缺陷会阻碍企业创新。以下制度缺陷会阻碍产业集群的创新。

（一）搭便车

当创新存在于一个集群中，会遇到严重的"搭便车"问题。每个企业都只想让其他成员去承担成本进行创新，而自己却坐享其成，集群内严重的"搭便车"会损害创新的供给能力。集群内的网络关系会促进联盟和非正式合作形成，然而个体企业和集体利益相互冲突的可能性是广泛存在的。除非集群中存在强制或特殊手段，促进个体企业按照共同的目标行动，否则有理性的、寻求自我利益的企业会低成本参与集群创新。

（二）道德风险

在产业集群网络中，合作是广泛存在的，但是有价值、有成果的合作对维持产业集群创新具有重要作用，在合作中必须防范合作者的道德风险，必须清楚谁是潜在的合作者。尽管难以全面了解合作方的信息，一些企业通过合作吸引技术和专利，会在竞争中损害出售技术的合作者。

（三）协调成本

产业集群内部的关系是复杂的，集群创新是众多企业协调自身生产经营活动，激励集体去进行集群创新，这耗费的协调成本很高。通信、交易流程和制度可以协调技术所有者、资产所有者、熟练工人所有者，将他们的成本降低。但是在制度不完善不健全的环境下，协调成本依旧高昂。经济不断增长，服务部门与生产部门的交易网络趋于复杂化，导致协调成本上升。

（四）要挟成本

集群内的知识、信息等并非是免费的公共物品，也并非是任何人都可以接触到甚至可以吸收的。如果某资产或知识是不可或缺的，则拥有这种资产或知识的控制权进行网络中的"要挟"获取超额边际收益将成为必然。

五、案例考察：宁夏清真产业集群的制度创新

宁夏回族自治区是回族聚集地区，在宗教信仰的约束下，回族居民消费经过清真认证的商品。宁夏的清真产业作为特色产业发展快速。2008年，银川市清真产业和穆斯林用品产业（包括清真食品、保健品和穆斯林用品加工工业、批发零售业、清真餐饮业）实现营业收入35.2亿元。分行业看，以清真食品和穆斯林用品为主的加工工业实现主营业务收入23.08亿元；清真餐饮企业实现营业收入11.31亿元；清真批发零售企业实现零售额0.81亿元。

我们选取生产规模大、经营时间长的企业作为样本，共发放问卷234份，回收有效问卷146份。问卷选项设置四个选项，从充分肯定到完全否定，赋予四个等级分值。146份有效问卷的统计结果如表1所示。

表1 银川市清真产业集群制度创新问卷的调查结果表

问卷项	问卷项均值	标准差	问卷项	问卷项均值	标准差
交易频率	4.239	2.741	高度信任的网络	5.935	2.482
交易价格	3.065	4.341	文化氛围	5.217	2.604
交易便利	3.195	1.327	协会组织的作用	3.196	1.166
提高生产率	5.609	3.498	信任程度	5.283	3.294
签订契约	8.152	2.366	仿效创新成果	5.804	2.167
合作	6.065	2.340	社会关系网络	7.891	2.595
契约执行成本	2.739	2.237	共享专利	2.413	1.499
知识创新的传播	2.804	3.327			

表1中,"签订契约"、"社会关系网络"、"合作"等问卷项分值较高,说明被调查企业肯定这些项存在于银川市清真产业集群中。问卷项"共享专利"分值较低,说明集群中专利并没有得到共享;"知识创新传播"均值低,说明集群中知识创新传播不广泛;"契约执行成本"均值低,说明集群中契约很容易执行。从分值分布情况看,促进银川市清真企业进行创新的制度因素中,签订契约、高度信任的网络、文化氛围及合作有重要的作用。

问卷是基础,其质量的高低直接影响着结论的可靠度和准确度。为了检测问卷的质量高低,采用同质性信度指标,衡量问卷内部测试项目间的一致性程度选取克龙巴赫 α 系数。问卷有15个项目,总的克龙巴赫 α 系数较低($\alpha = 0.141$),同质性信度不高,将问卷分为三个目标再进行分测验,测验的克龙巴赫 α 系数较高,如表2所示。说明实测结果就是分测验的三个目标的反映。分目标的问卷项目之间具有较高的正相关系数,说明三个分目标各自具有同质性。

表2 分目标问卷的克龙巴赫 α 系数

分目标	交易费用目标	网络关系目标	网络创新目标
问卷项目	交换价格 交易便利 交易频率	签订契约 契约执行成本 合作 社会关系网络	仿效创新成果 高度信任的网络 协会组织的作用 文化氛围
克龙巴赫 α 系数	0.614	0.544	0.481

交易费用调查问卷中,有56.5%的企业认为与其他清真企业进行产品交易的频率不高;65%的企业认为集群中的交易价格高昂,有66.1%的企业认为集群内的交易不便利,清真产业不仅接受工商管理部门的监督,还受到民族宗教部门的管理,企业之间的契约以及遵守制度的成本相对较高。

从银川市清真产业集群内部传播的信息分类角度看,有43%的企业认为主要和其他企业进行需求供给方面的信息交流,而有31.5%的企业认为主要进行管理方法的信息交流，只有18.7%的企业进行技术信息交流。在调查中，有57.6%的企业进行知识共享信息交流，有46.5%的企业进行过模仿，有13.7%的企业进行企业内部的研发。清真产业属于传统产业，技术含量要求不高，企业之间的竞争主要集中在品牌、质量、价格，创新未受到集群内部的重视。

从调查结果看，清真产业集群内企业之间并不是全面的信任，对相互信任持反对、不明显态度的企业占35.7%，反映出集群内部竞争趋势明显。银川市清真产业集群内部合作的文化氛围并不高，企业之间的合作仅限于契约合同，非正式合作并不多。集群内部存在着较丰富的信息交流，有65.3%的企业肯定了这一点。集群内部的创新更多地借助于模仿其他公司的技术、专利、商标、包装和管理等。

产业集群中，企业之间进行创新思想的交流，会出现"搭便车"、道德风险、产权、寻租、要挟等制度缺陷。根据问卷的选择项，赋予选择项目充分肯定项1分，一般肯定项0.5分，不明确项0分，否定项-0.5分。银川市清真产业集群的各项制度缺陷的问卷分值统计情况如图1所示。

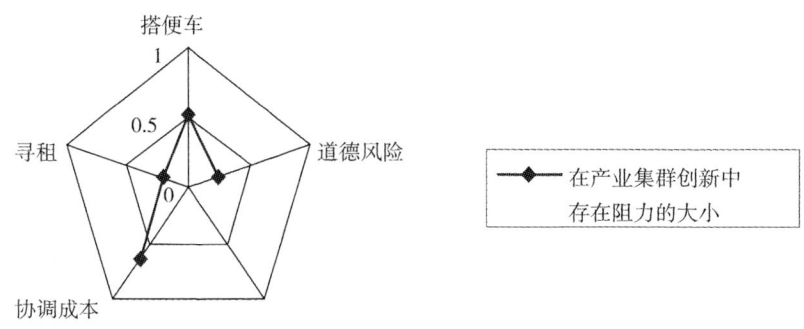

图1 银川市清真产业集群创新中的制度阻力问卷分析

从分值看，银川市清真产业集群中，"搭便车"和协调成本的制度缺陷明显存在。而寻租和道德风险不明显。问卷反映出模仿、仿效等情况在产业集群内广泛存在，一些企业不想承担创新的成本，通过"搭便车"的方式企业可以快速实现管理技术的革新。清真产业从原材料到产品，都要求清真标识认证，企业之间交易网络复杂，服务型清真产业和生产型的清真产业有密切的联系，这导致较高的协调成本。

六、结 论

从制度经济学角度看，产业集群在本质上就是一种能够降低交易费用的中间性经济组织。在产业集群内部，企业间相互交易，进行分工创新，从而提高经济效率、节约交易费用。交易费用的降低是产业集群产生的必要条件。产业集群是一个复杂的动态网络系统，具有经济属性和社会属性。产业集群内企业之间进行近距离的学习，进行信息的传播,这促进了集群内企业的创新能力。

本文对银川市清真产业集群进行了调查,银川市清真产业不仅受到工商管理部门的监督,还受到民族宗教部门的管理,企业之间的契约以及遵守制度的成本相对较高,集群内的交易并不便利,交易价格高昂。在制度缺陷的调查中,"搭便车"、协调成本明显存在。在对银川市清真产业集群创新问卷调查中发现,集群内普遍存在着专利没有得到共享、知识创新传播不广泛等现象。清真产业集群内部竞争激烈,企业之间并不是全面的信任,集群内非正式合作不多、合作仅局限在契约合同,创新更趋向于模仿。清真产业属于传统产业,技术含量要求不高,企业之间的竞争主要集中在品牌、质量、价格,创新未受到集群内部的重视。

对银川市清真产业集群发展的建议:

(1) 构建高密度的产业集群网络,加强清真企业之间的非业务联系,促进信息的传播和知识的共享。

(2) 加强清真协会等组织机构对清真企业的指导作用,推动清真企业相互之间的合作,促进清真文化氛围。

(3) 银川市清真产业集群内部竞争程度高,但是交易费用却较高,在清真产业链条中,从上游原材料产业到下游消费产业,遵守契约规则的成本过高。建议引进国外先进的清真标识认证管理体系,严格对清真标识进行认证和管理,增强企业之间的相互信任。

(4) 加强产权的保护,减少仿效、模仿等"搭便车"行为,促进清真集群内的创新行为。

参考文献

［1］迈克尔·波特.国家竞争优势［M］.北京:中信出版社,2007.

［2］陈文华,刘善庆.国外产业集群研究的新成果及启示［J］.企业经济,2005(7).

［3］陈柳钦,黄坡.产业集群发展的制度经济学分析［J］.武汉科技大学学报,2007(9).

［4］郑宏星.国外产业集群文献评论:制度的视角［J］.沈阳师范大学学报,2008(3).

［5］Williamson O. E. The Economic Institution of Capitalism［C］. New York: The Free Press,1991.

［6］赵涛,艾宏图.产业集群环境下的知识创新体系研究［J］.科学管理研究,2004(2).

［7］徐和平,孙林岩,慕继丰.产品创新网络中的信任与信任机制探讨［J］.管理工程学报,2004(2).

［8］黎晓燕,井润田.社会网络、创新行为、企业信任间的关系研究［J］.科学学研究,2007,25(5).

［9］王春晓.信任、契约与规制:集群内企业间信任机制动态变迁研究［J］.中

国农业大学学报，2003（2）.

　　［10］邓龙安，徐玖平．技术范式竞争下网络型产业集群的生成机理研究［J］．科学学研究，2009（4）.

　　［11］杨锐．产业集群创新的 NRC 分析框架——三个案例的比较分析［J］．科学学研究，2010（4）.

　　［12］银川市统计局．2008 年银川市清真食品和穆斯林用品产业发展状况及措施建议［EB/OL］．银川统计信息网．

第四篇　民族贸易发展

第一章 内蒙古自治区出口贸易及其影响因素的实证研究

一、引　言

改革开放30多年来，内蒙古自治区进出口贸易总额由1978年的526万美元增长到了2007年的77.45亿美元，增长了大约1471倍。虽然内蒙古直到2007年，外贸依存度和出口贸易依存度分别只有9.8%和3.7%，但比起1978年的0.46%和0.30%，对外贸易已经成为内蒙古经济中非常重要的一部分，进出口贸易对全区经济的影响也越来越大。出口是对外贸易的一个重要组成部分，也是内蒙古地区对外贸易的一个薄弱环节，2001～2007年，内蒙古一直处于贸易逆差的地位，并且逆差额有逐年扩大的趋势。对影响内蒙古出口贸易的因素进行分析，找到对其出口贸易影响较大的因素，并提出改善这些因素的建议，具有非常重要的现实意义。

二、内蒙古进出口贸易现状

（一）内蒙古对外贸易现状

伴随着经济的高速增长，内蒙古的出口贸易额除了1994年出现了近12%的负增长之外，其他年份均以接近或高于10%的速度快速增长，年均增长率达到了16%，进出口贸易总额从1988年的3.80亿美元上升到了2007年的77.45亿美元。其中，进口额的增速快于出口额，2001～2007年，内蒙古一直处于贸易逆差的状态，并且逆差额有逐年扩大的趋势，如图1所示。

---

* 本文原载《数理统计与管理》，2010年第7期，作者：张璞。

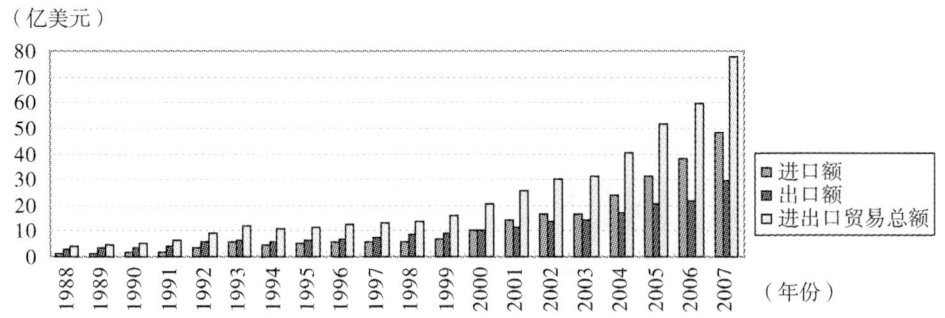

图 1　1988～2007 年内蒙古对外贸易状况

资料来源：历年《内蒙古统计年鉴》。

（二）内蒙古贸易依存度现状

1988～2007 年，内蒙古的外贸依存度整体呈上升趋势，但期间有所波动。1988 年内蒙古的外贸依存度为 5.2%，2002 年上升到了历史最高的 14.3%，随后又有所回落，2007 年为 9.8%。进口贸易依存度与外贸依存度的趋势基本一致，从 1988 年的 1.2% 逐步上升到了 2007 年的 6.1%。与前两者不同，出口贸易依存度期间虽然有所增长，但最终回落到了 2007 年的 3.7%，低于 1988 年 4% 的水平，如图 2 所示。

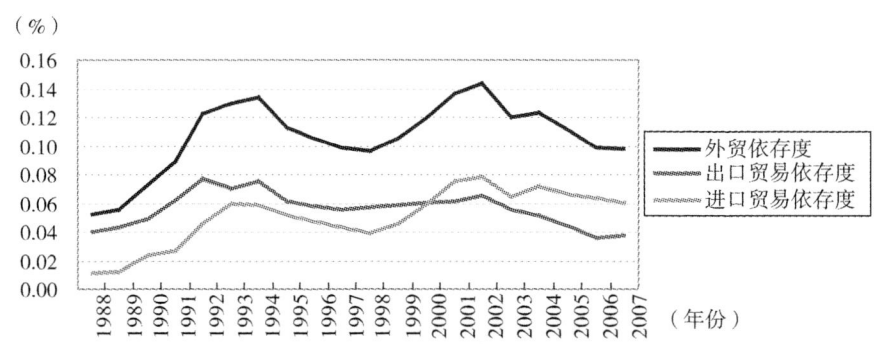

图 2　1988～2007 年内蒙古贸易依存度趋势

数据来源：由图 1 的数据和 1988～2007 年内蒙古的 GDP 计算所得。

三、模型的设定

影响外贸出口的因素很多。国内学者在做实证分析时在方法选用和自变量选取上基本一致，只是在具体细节的处理上存在差异。许和连和赖明勇（2002）认为，影响一国出口贸易的因素变量之间往往存在不同程度的多重共线性或近似多重共线性关系，对存在多重共线性关系的变量运用简单的线性回归分析方法，将使模型极其不稳定，且模型往往出现与现实相反的结论，而不能解释所要说明的问题。除此之外，他们还总结了主成分分析方法和亨德利（Hendry）提出的一般到特殊方法的不足。由于以上原因，他们在研究时没有采用普通最小二乘法，而是采用了偏最小二乘法（PLS，Partial Least Squares）来规避以上问题。

赵欣欣和鞠成晓（2003）综合运用了主成分分析法、复相关与复回归等分析方法，并在必要的环节设置了显著性检验，选取了国内生产总值、汇率、关税率、利用外资等11个解释变量，分别建立了进、出口额关于这11个自变量的回归方程，通过实证分析验证了：除了国内生产总值、汇率、外商直接投资等对进出口影响较明显之外，外汇储备和货币发行也对对外贸易起着不可忽视的作用。

王婧钒（2007）对影响新疆的外贸出口因素进行了实证分析，她选取了新疆GDP、进口额、外商直接投资、汇率、主要贸易国哈萨克斯坦的GDP五个自变量，最后发现新疆地区的GDP是其中影响最显著的。

Shaoming Zou 和 Simona Stan（1998）用综合或超常规分析方法（Meta-analysis）回顾总结了1987~1997年（不包括1987年）世界各国学者对外贸出口决定因素的实证分析，目标是希望能找到将来研究的方向，以便今后学者能在这方面提出更好的理论。

Xiaohui Liu 和 Chang Su（2003）选取了外商直接投资（FDI）、公司规模（FS）、劳动力成本（LC）、研发（R&D）四个自变量对中国出口的影响因素做了实证分析，建立 EX = f（FDI，FS，LC，R&D）的回归方程，分别对中国高科技行业和科技含量低的行业对外贸出口的影响因素进行了实证分析。他们研究发现，劳动力成本对出口起着首要的作用，中国在劳动力成本上具有比较优势，利用这一优势在世界市场上与其他国家竞争是合理的；而科技竞争力（指研发）对出口的影响却没有劳动力那样显著。

本文根据已有的经济理论和上文提及学者的研究成果并结合内蒙古的实际情况，选取内蒙古的国内生产总值（GDP）、全社会固定资产投资（IN）、外商直接投资（FDI）、进口额（IM）、汇率（EXC）、世界人均国民总收入（GNI Per Capita，下文用GNI来表示）六个影响因素来建立一个关于内蒙古出口额（EXP）的多元回归模型，即 EXP = f（GDP，IN，FDI，IM，EXC，GNI）。其中，前五个解释变量为内在因素，最后一个解释变量为外在因素。得到模型之后，观察复判定系数 R^2、F 值、p 值和 D-W 值，初步对模型的可用性进行判断，然后查看变量的相关系数矩阵，检测模型多重共线性的严重性，用怀特（White）异方差检验方法检验模型是否存在异方差问题，再在观察 D-W 值的前提下，用 LM 检验法检验模型是否存在自相关问题。最后，根据以上检验得到的结果对模型进行修正，消除或减弱初次建模中存在的问题，得到最终的模型。

四、实证分析

（一）初步分析

用表 1 中 20 年的样本数据借助 Eviews 软件，使用最小二乘法（OLS）估计得到（具体结果略）：

$EXP = 0.018 \times GDP + 0.039 \times IN - 1.184 \times FDI + 0.387 \times IM + 0.572 \times EXC - 0.001 \times GNI + 2.329$

$t = \quad (2.197) \qquad (2.712) \qquad (-5.257) \qquad (4.972) \qquad (3.096)$
$\qquad (-1.289) \qquad (1.057)$

$R^2 = 0.996, F = 506.193, D-W 值 = 2.277,$
校正 $R^2 = 0.994, df = 7$。

通过怀特（White）检验发现不存在异方差的问题，通过观察 DW 值以及 LM 检验发现不存在自相关的问题。但从各个变量的相关系数矩阵来看，GDP 与 IN、GDP 与 IM、GDP 与 GNI、GDP 与 FDI 等均存在较为严重的多重共线性。

表 1　1988～2007 年统计数据

项目 年份	GDP （亿美元）	IN （亿美元）	FDI （亿美元）	IM （亿美元）	EXC	GNI （美元）	EXP （亿美元）
1988	72.76	19.36	0.0337	0.8575	3.7221	3730	2.94
1989	77.74	18.77	0.0042	0.9682	3.7651	3890	3.36
1990	66.76	14.80	0.1064	1.5974	4.7832	4010	3.25
1991	67.56	18.91	0.0110	1.8099	5.3233	4120	4.19
1992	76.47	27.06	0.0610	3.4668	5.5146	4360	5.89
1993	92.45	37.73	0.8093	5.5405	5.7620	4420	6.49
1994	79.10	29.11	1.1602	4.6563	8.6212	4470	5.96
1995	99.76	32.71	1.0605	5.1470	8.3490	4930	6.08
1996	118.44	33.14	0.5424	5.6391	8.3143	5170	6.86
1997	132.67	38.30	0.8433	5.7508	8.2897	5180	7.35
1998	144.01	42.29	0.9082	5.6238	8.2791	4890	8.23
1999	153.20	46.31	0.9450	7.0181	8.2783	5020	9.06
2000	169.24	51.99	1.1236	10.1411	8.2784	5220	10.22
2001	186.76	59.98	1.0876	14.0763	8.2770	5180	11.41

续表

项目 年份	GDP （亿美元）	IN （亿美元）	FDI （亿美元）	IM （亿美元）	EXC	GNI （美元）	EXP （亿美元）
2002	209.53	86.39	2.2801	16.3399	8.2770	5130	13.71
2003	259.81	146.12	3.6805	16.7264	8.2770	5510	14.41
2004	327.67	218.59	6.2700	23.67	8.2768	6338	16.82
2005	466.66	328.12	11.8600	30.97	8.1917	6987	20.65
2006	600.75	427.21	17.4100	38.06	7.9734	7448	21.41
2007	791.21	579.03	21.4900	47.97	7.6071	7939	29.48

数据来源：根据《内蒙古统计年鉴》、《中国统计年鉴》、中国统计局网站、内蒙古统计局网站和内蒙古统计公报计算整理。

（二）模型修正

进行逐步回归后得到新的回归方程（具体结果略）：

EXP = 0.450 × IM + 0.049 × IN + 0.446 × EXC − 1.144 × FDI + 0.205
t =　　　(5.859)　　　(3.602)　　　(3.590)　　　(−4.537)　　　(2.598)
R^2 = 0.994　　　F = 598.615　　　D − W 值 = 1.983
校正 R^2 = 0.994　　　df = 5

用怀特（White）异方差检验法对新的回归方程进行检验，发现方程不存在异方差的问题，通过观察 D − W 值以及 LM 检验都发现不存在自相关的问题，而且从各个变量的相关矩阵来看，各自变量之间的多重共线性明显减弱，已不存在原来模型存在的严重多重共线性，逐步回归起到了比较好的效果。

在逐步回归过程中，去除了原模型中的国内生产总值（GDP）和世界人均国民总收入（GNI）这两个自变量，理由是在将它们逐个加入回归模型时，R^2 没有显著上升，并且 t 都落在接受区域内。

从现实意义来说，国内生产总值反映的是宏观经济的状况，1988～2007 年内蒙古经济以年均 18% 的速度飞速发展，GDP 的快速增长能够带动该地区国际贸易的高速增长。但是，内蒙古地区经济的快速发展很大程度上取决于社会固定资产总投资的飞快增长。内蒙古地区 1990 年全社会固定资产投资总额对经济增长的贡献率只有 3.38%，而 2006 年和 2007 年的贡献率已经达到了 71.28% 和 81.26%，1988～2007 年的 20 年，固定资产投资对内蒙古经济增长的平均贡献率高达 53.65%。因此，内蒙古地区 GDP 对出口额的影响主要体现在全社会固定资产投资对出口的贡献上。

模型中去除的另外一个自变量是世界人均国民总收入（GNI），应结合内蒙古自治区的实际来解释。内蒙古与蒙古和俄罗斯的边境贸易是内蒙古对外贸易的一个重要部分（占内蒙古对外贸易总额的 47.3%）。2007 年，内蒙古对俄罗斯、蒙古国的进出口贸易额继续延续了快速增长的势头，全年贸易额分别增至 29.9 亿美元和 6.77 亿美元，增幅分别高达 30.2% 和 17.3%。世界人均国民总收入反映的是世界各国人民的平均购买力,其增加或减少对内蒙古出口额的影响是非常有限的。因此,决定将世界人均国民总收入这个自变量从模型中移除。

(三) 结果分析

在对结果进行说明之前,先把各自变量偏回归系数一一列出,以便下文进行分析和比较,如表 2 所示。

表 2 偏回归系数一览表

因变量 (EXP)			
自变量	偏回归系数	自变量	偏回归系数
IM	0.450	EXC	0.446
IN	0.049	FDI	-1.144

1. 进口额 (IM) 对出口的影响

进口在所有影响内蒙古出口的因素中排在第 1 位。IM 的偏回归系数为 0.45,也就是说,进口额每增加 1 亿美元,出口额平均就会提高 4500 万美元。

内蒙古地区进口对出口的作用如此显著,主要有以下两个原因:

第一,进口一方面能够促使区内企业改善自己的经营管理、提高技术水平以增加企业自身的竞争力;另一方面通过直接引进国外先进技术以提升区内企业的技术水平,从而能够增加企业产品的国际竞争力。1988~2007 年的 20 年,内蒙古的进口额从 1988 年的 0.8575 亿美元增加到了 2007 年的 47.97 亿美元,增加了近 50 倍,年均增长 26%。进口产品的大量涌入使区内企业感受到了竞争的压力,这就使很多有远见的企业开始思考如何来整合企业资源,改善企业管理水平,提高产品质量,从而增强企业竞争力。在内蒙古的进口产品和服务中,技术设备和国外先进技术的引进占着较大的比重,2000~2007 年的 8 年平均增速达 19.4%。进口对这两方面的影响都会从不同程度上对区内企业自身经营管理水平和技术水平的提高有所帮助,这使得出口产品的质量得到提升,出口产品的竞争力提高,有利于全区出口额的增长。

第二,内蒙古加工贸易的发展。改革开放以来,内蒙古的加工贸易经历了从无到有,规模从小到大的过程,到现在已成为内蒙古对外贸易的一个重要部分。2001~2007 年,内蒙古的加工贸易额在 2005 年达到了最高的 7.22 亿美元,占当年全区进出口总额的 14.82%,随后虽有所回落,但还是保持在很高的水平上。由于加工贸易的存在,在短期内,进口的目的很大程度上就是为了出口,而内蒙古的加工贸易已是其对外贸易的重要组成部分,部分解释了为何进口的增长能带动出口。

2. 全社会固定资产投资 (IN) 对出口的影响

IN 是模型中影响内蒙古出口的因素里最不显著的一个。在模型中 IN 的偏回归系数为 0.049,也就是说,内蒙古全社会固定资产投资每增加 1 亿美元,全区的出口额就能平均提升 490 万美元。

1988～2007年，内蒙古自治区全社会固定资产投资从72.05亿元增加到了4404.75亿元，增加了60多倍，除了1989年因为一些特殊原因出现负增长之外，其余各年均以很快的速度在发展，年均增长速度高达25.8%。在这20年，全社会固定资产总值占整个内蒙古地区国内生产总值的比例一直很大，并且从近几年的趋势看仍处于上升阶段。2007年，全社会固定资产投资总值更是占到整个内蒙古GDP的73%。正如前文所述，由于内蒙古地区的全社会固定资产投资占GDP的比例比较大，国内生产总值对出口额的影响很大程度上体现在全社会固定资产投资对出口额的刺激作用。全社会固定资产投资超高速增长，促进了内蒙古地区生产的迅速发展。而且，一部分投资直接用来进口先进技术设备和改善国际贸易所需的基础设施。2007年，在全区固定资产投资中，与国际贸易息息相关的交通运输、仓储及邮政业投资526.62亿元，增长32.5%。同时，外贸生产企业和经营企业用以扩大生产规模，降低成本，提高出口产品质量，使出口产品更具国际竞争力。当然，内蒙古地区的固定资产投资长年以来集中于电力、煤炭、矿产资源开发等大型中央和地方项目，把GDP的增长作为唯一的宏观经济目标，对能直接改善国际贸易环境的项目投资还不够，虽然近几年有所改善，但大格局没有改变。因此，内蒙古全社会固定资产投资对出口额的影响虽然有，但没有预期的那么大。

3. 汇率（EXC）对出口的影响

从表2中可以看到，自变量汇率（EXC）的偏回归系数为0.446，在各影响因素中仅次于进口额排在第2位。也就是说，汇率每上升1个单位，即1美元能兑换的人民币每增加1元，出口额平均会增加4460万美元。

1988年以来，内蒙古地区出口量的不断增大与汇率的持续贬值密切相关，这也跟本文在建立指标体系时所提及的经济学理论相吻合。而且，由于内蒙古地区出口的商品大多为低附加值商品，价格弹性大，所以汇率的变化对内蒙古出口额的影响非常明显。

4. 外商直接投资（FDI）对出口的影响

FDI的偏回归系数为 -1.144，即外商直接投资每增加1亿美元，内蒙古的出口额就会平均减少1.1440亿美元。这是模型选取的自变量中唯一一个对出口有消极影响的因素。对于FDI对出口额的影响，各学者有不同的看法。本文实证分析的结果认为，内蒙古的外商直接投资与出口额存在负相关的关系。根据内蒙古的实际情况，笔者认为有以下三个原因：

第一，外商直接投资的排挤效应。跨国公司通过竞争效应代替本地企业，降低了最终产品的价格指数，迫使本地企业退出以达到新的均衡。多数跨国公司有比较完善和先进的管理体系，区内企业特别是区内的中小企业抵御外来竞争的能力较弱，当同行业中具有很强竞争力的跨国公司进入区内市场时，一些区内的企业相继倒闭或面临倒闭。这些因为外商直接投资的进入而倒闭的企业，很多是区内外贸出口企业的供应商。因此，外商直接投资会对内蒙古的出口有消极的影响。

第二，1988年以来，内蒙古引进外资的额度一直非常小，而且，其间由于各种原因波动比较大。1988年，内蒙古的外商直接投资额只有337万美元，仅占当年GDP总额的 0.046%。1994 年，第一次超过 1 亿美元，1996~1999 年又一次连续 4 年回落到 1 亿美元以下，2000~2007 年，外商直接投资额才得到了比较快的发展。但总体来说，这 20 年内蒙古引进外商直接投资的状况不是很理想，占 GDP 的比重非常小，对出口的贡献微乎其微。

第三，跨国公司的本土化经营策略也能部分解释为何内蒙古外商直接投资对出口额有消极影响。本土化经营主要包括产品品牌本土化、人力资源本土化、营销方式本土化和产品制造的本土化。由于跨国公司的本土化经营策略，大多数跨国企业生产的商品都在东道国直接销售，这样，即使一地区的外商直接投资额增加，却并不意味着该地区的出口额会增加。内蒙古地区外商直接投资的领域主要集中在制造业和采矿业，并且大多数产品都是在国内或区内销售的。因此，内蒙古的外商直接投资并没有对其出口产生积极的作用。

五、结论及建议

综上所述，本文从叙述内蒙古外贸的现状入手，根据现有的理论和内蒙古的实际情况，对影响内蒙古出口贸易的因素进行了实证分析。对于原始模型中自变量存在的严重的多重共线性问题，本文采用了逐步回归法来减弱自变量间的多重共线性，取得了一定的效果，得到了比较满意的分析结果。但在模型分析时由于数据不足，没有将俄罗斯和蒙古的人均国民总收入加进模型中去，对结果造成了一定影响，这是本文的缺憾。

实证分析的结果表明，内蒙古进口额（IM）、内蒙古全社会固定资产总值（IN）、汇率（EXC）对内蒙古地区的外贸出口均有积极促进的作用，其中进口对出口的促进作用最大，而外商直接投资（FDI）却被证明是一个阻止外贸出口额增长的因素。

根据实证分析的结果，有针对性地给出提高内蒙古出口额的建议：

第一，继续鼓励引进国外先进技术和设备，提高出口产品的附加值。"十五"期间，内蒙古经济得到了飞速的发展，逐步形成了能源、冶金建材、化工、机械制造、农畜产品加工和高新技术六大优势产业，占全区规模以上工业增加值的比重达到 90% 以上，成为名副其实的支柱产业。1988~2007 年这 20 年，内蒙古出口的主要是低附加值的商品和原材料，稀土的出口就是一个比较典型的例子。内蒙古白云鄂博稀土矿占全世界可开采资源的 90%，世界 70% 的稀土消耗量靠内蒙古出口，但是由于中国稀土提炼技术还不够成熟，长期以来以出口稀土原料为主。如果能与国外进行技术合作，引进国外先进设备，将大大提升内蒙古出口的质量，提高其出口额。

第二，适当控制固定资产投资的扩张速度，调整投资结构。2007 年，内蒙古的全社会固定资产投资总值已经占到了整个内蒙古 GDP 的 73%，固定资产投资虽然帮助内蒙古实现了经济的快速发展，但同时投资的盲目扩大造成了资源浪费、环境恶化等后果。长期以来，内蒙古的固定资产投资集中于电力、煤炭、矿产资源开发等一些大型的中央和地方项目，而在一些基础设施急需改善的行业却没有大力投入。为了改善当前的宏观经济环境，抑制通货膨胀，以利于加快改革，建立社会主义市场经济体制，保证国民经济持续、快速、健康地发展。在国家对地区固定资产投资盲目扩张进行宏观调控的大背景下，直到2006年，内蒙古地区固定资产投资增长速度才有所放缓。这是好的迹象，但应进一步控制固定资产的扩张速度，并调整固定资产投资结构，加强对与国际贸易相关的基础设施的投入。与东部地区相比，内蒙古在邮政、交通、物流、计算机网络等与贸易息息相关的行业还非常落后，这严重制约了内蒙古国际贸易的进一步发展。自治区政府只有在与贸易相关的基础设施上加强投入，才能大大改善内蒙古的对外贸易环境。

第三，积极应对人民币升值。目前，内蒙古有相当一部分出口商品都属于劳动密集型商品，出口商品的利润率、附加值、技术含量都很低。人民币的升值，将使本来就很低的利润率降得更低，甚至无利润或亏本，这也使得区内产品失去了唯一的竞争优势：价格。区内企业只有积极转变经营策略，加大研发设计力度，努力提高出口商品档次、附加值和科技含量，才能在人民币升值的浪潮中存活下来。虽然，在短期内，这对企业来说意味着大量的资金投入，但这是企业长期发展的必经之路。

外贸企业必须要考虑汇率变动给企业带来的不确定因素，尽可能规避汇率风险。企业可以利用远期结售汇业务、掉期业务、福费廷业务等金融避险工具来规避汇率风险。当然，利用金融工具来规避风险对于中小企业来说是非常困难的，因为这需要企业有专门人员来负责操作，这无疑增加了企业的负担，在中小企业不太现实。然而，中小企业可以提高汇率风险意识，在磋商、签订合同、生产、交货的全过程都应考虑汇率风险，并把其作为决策的一个重要因素。

参考文献

[1] 许和连，赖明勇. 影响中国出口贸易相关因素的实证分析 [J]. 软科学，2002, 16 (3): 30-38.

[2] 赵欣欣，鞠成晓. 影响中国外贸进出口因素的实证分析 [J]. 统计与信息论坛，2003, 18 (4): 63-67.

[3] 王婧钒. 新疆外贸出口影响因素的实证分析 [J]. 黑龙江对外经贸，2007 (5): 48-49.

[4] Shaoming Zou, Simona Stan. The Determinants of Exportperformance: a Review of Theempirical Literature between1987 and 1997 [J]. International Marketing Review, 1998, 15 (5): 333-356.

[5] Xiaohui Liu, Chang Shu. Determinants of Export Performance: Evidence from Chinese Industries [J]. Economics of Planning, 2003 (36): 45-67.

[6] 王健. FDI与中国对外贸易的向量误差修正模型 [J]. 数理统计与管理，2005 (3): 6-9.

[7] 王苍峰. FDI、行业间联系与溢出效应——基于我国制造业行业面板数据的实证分析 [J]. 世界经济研究，2008 (3): 73-89.

第二章　基于国际贸易视角发展内蒙古民族贸易*

所谓民族贸易是少数民族地区贸易活动的简称。具体是指我国少数民族地区各民族内部、各民族之间以及少数民族地区各民族同其他地区各民族之间所发生的商品交换活动的总和,是商品流通在少数民族地区的特殊表现形式。为了进一步发展内蒙古地区的民族贸易,必须着眼于本地区与区外的商品贸易活动,即内蒙古地区对其他省区的商品贸易、内蒙古地区直接参与的国际贸易和本地区的边境贸易。本文着眼于如何发展内蒙古地区直接参与国际贸易和本地区的边境贸易以发展民族贸易。

一、内蒙古对外贸易发展现状及存在的问题

进入21世纪以来,内蒙古在历史发展的关键时期把握了机遇,国民经济实现了跨越式发展,连续9年增速居全国各省份第一位。2010年,全区生产总值达11655亿元,"十一五"期间,全区生产总值年均增长17.6%,全区外贸进出口总额累计达到381.08亿美元,年均增长12.3%,低于同期GDP增速。尽管内蒙古经济总量由全国后列进入中列,但是,从总体上讲,内蒙古自治区的对外贸易还存在诸如出口商品量少、质低、贸易方式单一等问题。

(一) 对外贸易起点低,发展空间较大

改革开放以来,由于注意充分利用地缘和资源优势,自治区对外贸易获得了较大的发展,进出口总额由1978年的0.16亿美元,达到2010年的87.19亿美元,增长545倍。其中2010年外贸出口为33.35亿美元,与1978年的外贸出口0.10亿美元相比,增长334倍。在"十二五"开局之年,内蒙古加大发展外向型经济力度,外贸进出口总值呈现持续增长的态势。一季度,内蒙古外贸进出口总额实现26.85亿美元,同比增长52.88%。内蒙古已经成为我国向北开放的重阵。虽然取得了骄人的成绩,但从全国来看,自治区对外贸易规模仍然偏小,2010年,自治区进出口总额占GDP的比重是

---

* 本文原载《中国商贸》,2011年第26期,作者:杨丽梅、张璞。

4.9%，占全国进出口总额的 0.29%，自治区 GDP 占全国的 2.93%，可见，对外贸易仍有较大发展空间。

（二）对外贸易商品附加值低，产品的国际竞争力不强

随着区内经济的发展、工业化进程不断加快，不仅产业结构得到了战略性调整和优化，也促进了对外贸易结构的调整与优化。但是，在整体外贸出口增长中，粗放、数量扩张型产品出口仍占相当的比重，而质量、效益集约型增长还有待进一步提高。同时附加值和技术含量不高，拥有自主知识产权和自主品牌产品少，而一些资源消耗高、环境污染重的产品仍占一定比重。产品质量整体水平不高，缺乏国际竞争力。这不利于内蒙古经济的可持续发展。例如，在出口的主要商品中，铁合金和普通钢铁板材出口增幅较高，2011 年一季度，增长分别达到 72.97% 和 54.77%，贵金属的其他制品出口总值达 1.64 亿美元。

（三）多元化市场格局有待进一步发展

自治区进出口市场过去主要集中在俄罗斯、蒙古、中国香港、韩国、日本等周边国家和地区，如今已逐步扩展至美国、澳大利亚、新西兰等国，并且同 100 多个国家和地区建立了贸易往来关系，贸易伙伴不断增加。2011 年一季度，全区对俄罗斯、蒙古的进出口达 11.68 亿美元，占全区进出口总额的 43.50%，对中国香港、澳大利亚和日本的进出口总值分别为 3.81 亿美元、1.55 亿美元和 1.13 亿美元，上述五个地区占全区进出口总额的 67.67%。市场风险仍然相对集中，多元化市场格局有待进一步发展。

（四）对外贸易仍以一般贸易方式为主

随着自治区经济快速发展，自治区对外贸易方式呈现出多样化发展势头，但一般贸易方式仍占据主导地位，加工贸易规模较小。2011 年以来，自治区边境小额贸易发展速度加快，其进出口总值在全区进出口总值中的比重不断提升。一季度，全区边境小额贸易累计实现 10.29 亿美元，较 2010 年同期增长 21.06%，占全区全部进出口的 38.31%。另外，虽然加工贸易在自治区的进出口中所占比重不高，但今年一季度，进料加工贸易的进出口实现了 3.86 亿美元，增长高达 9.2 倍，加工贸易占进出口总额的比重猛增为 31.4%，接近同期全国的水平 36.5%。

二、内蒙古发展对外贸易的有利条件

(一) 法律和政策优势

民族区域自治法第 31 条明确规定:"与外国接壤的民族自治地方经国务院批准,开展边境贸易。""民族自治地方在对外经济贸易活动中,享受国家的优惠政策。"第 61 条进一步规定:"国家制定优惠政策,扶持民族自治地方发展对外经济贸易,扩大民族自治地方生产企业对外贸易经营自主权,鼓励发展地方优势产品出口,实施优惠的边境贸易政策。"上述规定为内蒙古自治区发展国际贸易提供了有力的法律保障。为了促进边疆地区的稳定、发展和繁荣,国家相继出台了多个方针政策,鼓励发展边境贸易。1992 年 1 月我国沿边开放战略正式被确定实施,13 个沿边开放城镇中,内蒙古有 2 个;1998 年国家民族事务委员会倡议发起"兴边富民行动",其中一个重要任务就是发展以边境贸易为核心的外向型经济;2000 年我国提出西部大开发战略,并出台了一系列的优惠政策措施,包括外商税收优惠、信贷倾斜政策等;另外,国家近年来还出台了一系列鼓励内蒙古边境贸易和边境地区合作的措施,例如,《边境贸易外汇管理办法》(汇发〔2003〕113 号)进一步完善了与边境贸易相关的资金结算行为和账户管理,解决了边贸政策中存在的资金结算和核销管理问题。又如,2008 年颁布的《国务院关于促进边境地区经济贸易发展问题的批复》(国函〔2008〕92 号)以及《边境地区专项转移支付资金管理办法》(财预〔2009〕31 号)等。

(二) 资源优势

内蒙古自治区拥有占全国陆地面积 1/8 的土地,资源丰富,"东林西铁,南粮北牧,遍地矿藏",被誉为中国的"聚宝盆"。内蒙古光照充足,热能资源丰富,耕地资源更是得天独厚。2008 年年末实有耕地面积 714.9 万公顷,人均耕地面积居全国之首。内蒙古还是我国最大的天然牧场,草原面积达 8666.7 万公顷,居全国五大草原之首,其畜牧业产品在东北边境贸易出口商品中占有重要地位。内蒙古森林资源十分丰富,全区森林面积达 2050.7 万公顷,林木蓄积量为 12.9 亿立方米。内蒙古矿产资源极为丰富,煤炭保有储量为 3275.88 亿吨,居全国首位;铁矿石保有储量 33.40 亿吨,白云鄂博为全国重要铁矿之一,还有多种稀土金属矿;稀土氧化物保有储量 7647.71 万吨。此外,内蒙古还具有独特的自然和人文旅游资源,草原、森林、珍稀生物、民俗、古迹等构成了独特的旅游胜景。

(三) 区位优势和市场优势

内蒙古北与蒙古国为邻，东北部与俄罗斯交界，边境线长达 4250 公里，其中与蒙古边境线长 3193 公里，与俄罗斯边境线长 1067 公里。内蒙古现有的 18 个边贸口岸中，对蒙古国开放的口岸有 11 个，对俄罗斯开放的口岸有 7 个。两条连接欧亚的铁路分别经由二连浩特和满洲里这两个重要的欧亚"桥头堡"通往蒙古和俄罗斯，是我国通往欧洲最便捷的运输通道。内蒙古已经成为中国与蒙古和俄罗斯通商往来以及向北开放的重要门户之一。对于蒙古来说，其经内蒙古取道大连、天津通往太平洋的通道是其唯一的出海通道。内蒙古凭借其独有的地缘优势，其进出口贸易的范围在原有的基础上扩大到其他独联体国家及中东欧国家。自治区口岸经济在全区社会经济发展中已占有重要的地位，全区已初步形成了一个具有铁路、公路、航空、水运等多种运输方式的全方位口岸开放格局，跨入了我国多口岸省区的行列。

(四) 后发优势

随着科学技术的发展和进步，以信息技术为主导的新技术在全球范围内得到了更为广泛的应用；信息、生物技术、新能源和新材料等领域孕育着新的重大突破；科学发明和科学发现应用到实际的时间越来越短。所有这些为内蒙古充分发挥后发优势、调整产业结构、优化出口商品结构创造了有利条件。只要自治区抓住科技进步迅猛发展带来的机遇，就有可能实现某些领域的跨越式发展，提升对外经济发展水平。

(五) 人文优势

内蒙古的少数民族以蒙古族为主体，全球蒙古族主要分布在中国、蒙古国、俄罗斯三个国家。不同国度的蒙古族他们语言相通，姻亲相连，交往甚密。而内蒙古境内的俄罗斯族是一个由俄罗斯人与中国人通婚形成的特殊群体，与俄罗斯人在语言、宗教、风俗习惯上有共同之处。特别是二连浩特和满洲里这两个边境口岸城市与蒙古国、俄罗斯有着源远流长的交往历史，是双方相互信任、友好往来的优势所在。早在 20 世纪初，满洲里就已成为与俄交往的重要商埠，俄罗斯人的生活习俗和文化对满洲里人产生了深刻影响。

自治区对外开放以来，蒙古人、俄罗斯人非常喜欢中国的边境口岸城市，经常前来旅游、休闲、度假、购物或开展文化、体育交流活动，已经形成睦邻友好、和睦相处、共同发展的良好氛围。内蒙古也有数万侨胞居住在俄罗斯和蒙古国，大家长期相处形成了亲密的合作往来关系。民族、宗教与历史关系构成了内蒙古向北开放、积极开展经贸活动的独特人文优势。

三、发展内蒙古对外贸易的建议措施

民族地区的直接对外贸易,是民族贸易的重要组成部分。为了实现内蒙古自治区"十二五"时期经济社会的可持续发展,必须不断完善贸易模式即贸易增长方式,解决对外贸易中存在的问题。在此从以下几个方面给出建议:

(一)在对外贸易中积极实施市场和经营主体多元化战略,进一步加快对外贸易的发展速度

狭义上,贸易模式指进出口三大结构:商品结构、地区结构和贸易主体结构。根据自治区的区域特点,充分发挥自治区的地缘与口岸优势,积极实施贸易方式多样化、市场和经营主体多元化战略,在巩固俄罗斯、蒙古国、中国香港、日本、美国、欧洲等传统市场的同时,努力开拓东欧、中东、非洲、中亚、南美等新兴市场,并根据不同市场的特点选择和确立不同的贸易方式和商品结构,促进对外贸易的快速发展。

(二)扩大对外开放促进产业结构升级,优化出口商品结构

产业结构和产品结构也是影响贸易模式的重要因素,一个地区的产业结构和产品结构决定了它的优势劣势,同时也决定了它在对外贸易中的角色和在国际贸易中的位置。在当前的后金融危机时期,企业重组大戏不断上演,国际间的产业转移趋势明显,国内沿海发达地区产业也在向内地、向中西部转移。内蒙古应抓住此次国际国内产业转移的契机,主动承接转移,进行产业对接,调整产业结构,为自治区的可持续发展打下坚实的基础。为此,根据自治区在国际分工中的区域优势和比较优势,制定切实可行的对外经贸发展战略,有重点地支持具备一定基础和承接条件的地区,以自治区重点发展的优势支柱产业为基础,实行产业链招商,加强与国际上行业龙头公司的合作,建立制造业基地,延伸上下游产业链,形成产业聚集,实现自治区重点产业集群的发展和产业结构的升级。具体而言,"十二五"期间,自治区在大力发展现代农牧业的同时,需进一步提高工业化水平,努力构建多元发展、多极支撑的现代产业体系,把内蒙古建设成为国家重要的新能源、新型煤化工、冶金和绿色农畜产品加工基地;继续优化出口商品结构,支持具有民族特色、自主知识产权、自主品牌产品和高附加值产品出口,扩大高新技术产品、服务产品和农产品出口,进一步限制高耗能、高污染和资源性产品出口。一是应当抓住富有民族特色的商品的出口,提高质量和档次,提高国外市场份额。二是以高新技术产品为导向,不断提高出口产品的科技含量和附加值,尤其对在我区具有资源比较优势的稀土、羊绒、生物制药等产品,要特别予以重视,创建出更多的知名品牌和拳头产品,提高产品在国际市场上的竞争力和市场占

有率。鼓励企业像意大利做服装、瑞士做钟表一样，着力提高出口产品的研发设计能力、精深加工能力、创造品牌的能力和开拓国际市场渠道的能力，推动对外贸易持续、健康发展。

（三）积极发展边境贸易和加工贸易，促进边境地区民族经济的蓬勃发展

边境贸易是民族贸易的形式之一。发展边境贸易对于边境地区少数民族的经济繁荣有着极为重要的作用。充分利用自治区地缘与人文优势、口岸优势，科学合理地规划口岸经济的发展结构，利用国际国内两个市场、两种资源和资金，进一步加大口岸建设，改善口岸基础设施条件和环境，将口岸建设成为原料进口及加工基地，充分发挥口岸货物通关、加工制造、商贸物流三大中心作用，提高口岸过货能力和口岸加工增值水平，形成具有自治区特色和优势的口岸经济，并以此带动区域内加工贸易、商务流通、旅游业等相关产业均衡发展。

同时，要充分利用国家的政策引导和支持，将加工贸易的发展纳入自治区发展的规划之中，扩大自治区加工贸易的发展。一是充分发挥自治区的区位优势和比较优势，有效承接加工贸易的转移，有序承接加工贸易的梯度转移，推动地区产业集群的形成。二是以优势城市、口岸城市和保税物流中心为依托，努力扶持和培育加工贸易企业，扩大加工制造、物流服务规模，降低物流成本，有效促进加工贸易和物流业的快速发展，扩大对外贸易。

（四）积极实施"走出去"战略，实现境外投资的新突破

在加快实施"走出去"战略政策的引导下，自治区企业境外投资取得新的突破。2010年1~10月，经商务部门批准在境外新设立企业21家，股权变更增资项目5个，中方协议投资额3.87亿美元。投资国包括俄罗斯、蒙古、柬埔寨、阿联酋、马来西亚、韩国等国家。投资领域主要涉及矿产勘探开发、木材加工、信息传播服务、纺织品加工贸易、餐饮业及进出口贸易等。"十二五"期间，要更加积极地为企业创造"走出去"的体制和政策环境，完善风险控制体系建设，实现境外投资更大的突破。

（五）加快发展服务贸易提高服务贸易的发展水平

文化产业作为新的经济增长点和支柱产业，已成为地方经济结构调整的趋势所向，而服务贸易作为服务业发展的标志，已经成为国际贸易和投资中越来越重要的组成部分。要根据自治区服务贸易的发展特点和优势，主动承接国际服务贸易的产业转移，积极推进重点领域服务贸易的发展。一是利用自治区特有的人文优势，从战略高度系统性地建设文化产业，扩大文化产品出口，提高草原文化的国际影响力。二是尽快培

育内蒙古服务外包基地和服务外包企业，积极引导企业承接国际服务外包业务，可将呼、包、鄂以及包头稀土高新技术开发区等作为服务外包重点建设区域。三是以物流为切入点，充分利用区内欧亚大陆桥等运输资源和边境口岸资源，发展与外贸运输相关的服务贸易，进而带动金融服务、信息服务、旅游服务等高端服务贸易的规模发展。自治区的旅游资源可谓得天独厚，通过发展文化旅游，与国际上的大旅游公司加强合作，吸引更多的国外游客，使内蒙古旅游业实现更好更快的发展，进而促进对外经贸发展。

总之，少数民族地区只有跨越地方市场的狭小局限，在同外部不断进行物质、能量、信息交换过程中，才能源源不断地汲取生存的营养，并实现推动经济社会的可持续发展。这就决定了对外贸易在内蒙古地区经济发展中的重要地位。

参考文献

［1］苏利德，乌兰托娅，茶茹，张欣．对内蒙古对外贸易发展的调查思考［J］．内蒙古统计，2009（1）．

［2］许海清．以草原文化核心理念推动内蒙古对外贸易发展［J］．经济论坛，2010（11）．

［3］王之光，王一诺．中国内蒙古自治区进一步扩大向俄蒙开放的对策研究［J］．俄罗斯中亚东欧市场，2008（10）．

［4］张丽珉．内蒙古对外贸易发展现状及对策［J］．内蒙古统计，2010（5）．

［5］胡敏谦．对"内蒙古发展模式"的特征、形成动力及成因分析［J］．北方经济，2009（1）．

第三章　扩大内蒙古地区特色产品和民族用品贸易以发展民族贸易[*]

所谓民族贸易是少数民族地区贸易活动的简称，具体是指我国少数民族地区各民族内部、各民族之间，以及少数民族地区各民族同其他地区各民族之间，所发生的商品交换活动的总和，是商品流通在少数民地区的特殊表现形式。为了进一步发展内蒙古地区的民族贸易，必须着眼于本地区与区外的商品贸易活动，即内蒙古地区与其他省区的商品贸易、内蒙古地区直接参与的国际贸易和本地区的边境贸易。本文着眼于如何通过发展内蒙古地区特色产品和民族用品来发展民族贸易。

一、内蒙古地区特色产品和民族用品

进入21世纪以来，内蒙古在历史发展的关键时期，把握住了机遇，国民经济实现了跨越式发展，连续9年增速居全国各省区市第一位。2010年，全区生产总值达11655亿元，"十一五"期间，全区生产总值年均增长17.6%。同期，消费市场规模快速增长，对社会发展的贡献进一步提高，2010年社会消费品零售总额达3337.3亿元，比2006年的1595.3亿元增长了109.2%，为内蒙古地区民族贸易的进一步发展奠定了基础。

（一）具有优势的特色农牧产品

内蒙古自治区拥有闻名于世的广袤草原和丰富的家畜品种资源，是我国重要的畜产品生产和商品基地。经过60多年的建设和发展，内蒙古畜牧业取得了举世瞩目的成就，实现了历史性的跨越。自治区已经具备了年稳定饲养1亿头只牲畜、年生产240万吨肉、10万吨绒毛、900万吨牛奶和50万吨禽蛋的综合生产能力。牛奶、羊肉、山羊绒、细羊毛产量均居全国第一，畜牧业产值已占农业的45.93%。畜牧业综合生产水平居全国五大牧区之首，为国民经济的发展和人民生活水平的提高做出了巨大贡献。内蒙古已经成为全国最大的乳品生产地区和世界最大的羊绒加工基地。

内蒙古粮食生产以玉米、小麦、水稻、大豆、马铃薯五大作物和谷子、高粱、莜

---

[*] 本文原载《前沿》，2011年第15期，作者：杨丽梅、张斯琴、张璞。

麦、糜黍、绿豆等杂粮杂豆为主。目前已初步形成了体现不同地域特点和优势的粮食生产基地，如河套、土默川平原、大兴安岭岭北地区的优质小麦生产基地；西辽河平原及中西部广大地区的优质玉米生产基地；大兴安岭东南的优质大豆、水稻生产基地；中西部丘陵旱作区的优质马铃薯、杂粮杂豆生产基地。2010年，玉米播种面积、产量均居全国第6位；大豆面积和产量均居全国第3位；马铃薯播种面积居全国首位，产量居全国第3位；杂粮杂豆中高粱的面积和产量均居全国第1位；荞麦面积居全国第2位，产量居全国第1位；谷子面积居全国第2位，产量居全国第4位；燕麦、红小豆面积、产量均居全国第2位，绿豆面积、产量均居全国首位；向日葵面积、产量均居全国首位；甜菜种植面积、产量均列全国第3位。内蒙古作为国家的少数民族边疆地区，不但是国家主要的粮食生产基地，而且是中国北方重要的生态屏障。

表1　2010年主要农畜产品产量和牲畜存栏数

产品名称	计量单位	数量	比上年增长%	产品名称	数量	2010年	比上年增长%
粮食	万吨	2158.25	8.9	禽蛋	万吨	50.00	2.3
其中：小麦	万吨	165.24	-3.5	牛奶	万吨	905.15	0.2
玉米	万吨	1465.70	9.3	绵羊毛	万吨	10.76	5.4
稻谷	万吨	74.79	15.4	山羊绒	吨	8104.00	9.9
大豆	万吨	133.39	16.6	牧业年度牲畜存栏	万头（只）	10798.50	-0.6

资料来源：《内蒙古畜牧业概况》(2010)，http://www.nmagri.gov.cn/html/2011-04-01/2-1994-2011-04-01-488918.html。

（二）具有发展潜力的民族特色旅游产品

内蒙古依托自然资源、历史文化、草原文化的优势，已经初步形成了以精品旅游景区为龙头的独具特色的旅游产品，旅游业取得了快速发展。2010年全区旅游业总收入732亿元，比"十五"末翻了近两番，实现了旅游接待人数和旅游收入的双增长，旅游业已成为内蒙古新的经济增长点、国民经济的重要产业和服务业名副其实的龙头，成为促进自治区经济增长的新引擎。2010年，自治区旅游企业已接近2000家，自治区直接从事旅游业的人数约为17.9万人，间接就业人数约为89.7万人，旅游从业人数达107.6万人，占自治区服务业就业总人数的20%；自治区共开发建设A级旅游景区146个，其中创建了成吉思汗旅游区和响沙湾旅游区2个5A级旅游景区、23个4A级旅游景区和59个3A级旅游景区；旅游实现了多元化发展，形成了较为完善的旅游产品体系，全区目前共有工农业旅游示范点21个，伊利、蒙牛的工业旅游已经成为国内旅游的知名品牌，全区年万人次接待能力的乡村、牧区、林区旅游接待点共52个，固定资产已达3亿元，增加农牧林区就业人数2万多人。

(三) 中国重要的稀土资源产品

根据美国地质调查局的最新统计,全球稀土分布较为分散,除中国稀土占全球稀土 50% 的份额外,其他 50% 则分布于世界各国,独联体占 17.27%,美国占 11.82%,印度占 2.82%,巴西占 0.04%,马来西亚占 0.03%。

世界稀土在中国,中国稀土在内蒙古包头,包头有最大的稀土矿——白云鄂博稀土矿。白云鄂博稀土矿的总工业储量为 3600 万吨,占全世界的 33%,占全国的 66% 以上。该矿山含矿物 172 种,是世界上含矿物种类最多的矿山。中国作为目前世界上稀土资源最丰富的国家,占全球稀土工业储量的 50%,全球稀土产量的 96.99%。其中占全国总产 50% 以上的稀土,正是产自于包头白云鄂博稀土矿的内蒙古包钢稀土(集团)高科技股份有限公司,2010 年共生产稀土氧化物 6.24 万吨、功能材料 7749 吨。

表 2 美国地质调查局公布的稀土产量和储量

国别	1990 年产量(吨)	2009 年产量(吨)	产量占比(%)	2010 年估计产量(吨)	储量(吨)	储量占比(%)
美国	22700				13000000	11.43
澳大利亚	6050				1600000	1.41
巴西	911	550	0.41	550	48000	0.04
中国	16500	129000	96.99	130000	55000000	48.33
独联体	8500	—		—	19000000	16.71
印度	2500	2700	2.03	2700	3100000	2.72
马来西亚	1830	350	0.26	350	30000	0.03
其他国家		—		—	22000000	19.33
世界总计		13300	100.00	133600	113778000	100.00

资料来源:U. S. Geological Survey, Mineral Commodity Summaries, January 2011, MineralsYearbook1994, http://minerals.usgs.gov/minerals/pubs/commodity/rare_ earths/index. htmlJHJmyb。

内蒙古的稀土产业是中国稀土产业的代表,中国的稀土工业起步于 20 世纪 50 年代,现在已经成为世界最大的稀土资源国、生产国、消费国和出口国,具备了较强的国际竞争力,稀土产业成为我国为数不多的优势产业之一。中国稀土学会副秘书长张安文如此评价中国稀土产业:目前中国对稀土的选矿、采矿,尤其是稀土冶炼分离技术,处于世界领先地位,并拥有自主知识产权。而在功能材料方面,中国已能够生产包括高端产品在内的大部分相关产品,其中几种主要稀土功能材料产量也居全球首位,材料生产的工艺装备、加工设备、监测分析等方面也取得了显著的进展,但在高端功能材料的一致性、均匀性方面有待提高。此外,把将功能材料转化为器件、高端产品和整机方面,我国与发达国家仍有较大差距。

(四) 多姿多彩的民族用品

内蒙古自古以来就是我国北方少数民族生息和活动的中心地域，民族团结的历史源远流长，自治区境内共有49个民族，其中人口较多又相对聚居的民族有蒙古、汉、满、回、达斡尔、朝鲜、鄂温克、鄂伦春8个民族。少数民族人口约占自治区总人口的20.83%，占全国少数民族人口的4.65%。由于历史、文化、宗教、传统习俗、生活环境等各方面的不同，每个民族都有自己喜爱的用品、工艺品和食品，这些民族用品代表着各个民族独特的生活习惯和历史文化内涵，可以成为内蒙古民族贸易中的新亮点。例如，各种蒙古族特色的工艺品，如动物皮毛、蒙古刀、皮雕画、民族服饰、牛角制品、毡画、皮笔筒、皮酒壶、动物标本及手工制作民间工艺品；内蒙古民族特色纯银、镀银图海和一些蒙古族铜器；景泰蓝系列产品；锦盆、套盆等。鄂温克族的传统造型艺术也非常有特色。他们用桦树皮制作的盒、桶、碗、盆、箱、挎包等生产生活用品有几十种，不但制作技艺堪称一绝，而且在桦树皮上面刻、镂、绘各种几何纹、花草纹、动物纹图案，表现出高超的艺术水平。

二、进一步发展内蒙古地区特色产品和民族用品的建议

(一) 针对优势农牧产品建立专业市场

专业市场是以一个类别或几个近似类别的商品为集中交易对象，以现货批发经营为主，兼顾零售的市场形式。根据内蒙古农牧产品的生产情况，加强规划，合理布局，引导国内外资金建设一批规模适当的商品集散市场，可以考虑建立以谷子、高粱、莜麦、糜黍、绿豆、燕麦、红小豆等为主的杂粮杂豆专业市场。随着物产的日渐丰富，小杂粮已转变为稀缺食品。小杂粮出现了价格倒置，价格远远高于普通粮食，因此杂粮杂豆有着广阔的发展前景。内蒙古应该依托杂粮种植优势，大力发展收储、加工、运销等环节，形成杂粮的生产、加工和销售产业链、流通链，走"产、供、销"相结合的路子，向杂粮产业化发展。以传统出产杂粮的文安为例，近20年不断在杂粮产业化的购销、加工方面发展，已经成为全国最大的杂粮集散地和精加工出口基地，其中不乏像淘乐雅、占祥等国内外知名杂粮大企业。现在仅每年经文安的刘么杂粮市场，由天津集港出口到日本的红小豆就达5万吨，占其销售市场的70%，一度控制了日本国内红小豆市场。内蒙古的羊肉、山羊绒、细羊毛产量均居全国第一，也可以考虑建立相应的专业市场或对已有的市场进行改造，建立网上交易平台。通过专业市场带动型联合体，即由"专业市场+农场（牧场）+农户（牧民）"组成，通过培育农牧产

品市场,特别是专业批发市场,带动区域专业化生产和供产销一体化经营。因为专业市场可以通过生产分工网络、交易网络和物流网络与地方经济、产业集群形成互动结构,扩大地区商品交易,推动民族贸易的发展。

(二) 加大沙产品开发力度

随着世界环境保护和可持续发展运动的深入进行,绿色浪潮席卷全球,绿色、环保、自然,有利于人类生命健康,成为时尚。内蒙古地区独特的资源和地理环境决定其具有发展绿色贸易的天然优势。加大发展沙产业力度,符合生态环境保护与建设趋势,应加大沙棘、沙柳、山杏等沙产品的基地建设力度和深加工,培育产业龙头,开发新产品。大力发展麻黄、甘草、苁蓉等药材的精深加工,开发功能性、保健型产品,不断提高市场占有率,使其尽快成长为内蒙古的新兴产业。

(三) 积极发展有地方特色的旅游业

国务院 2009 年出台了《关于加快发展旅游业的意见》,2011 年 4 月 10 日,国务院正式批复,同意自 2011 年起,每年的 5 月 19 日(《徐霞客游记》开篇日)为"中国旅游日",以及全国旅游"十二五"规划的正式发布在即,表明国家对旅游业发展更加重视,为旅游业提供了强有力的政策支持。作为我国的战略性支柱产业,旅游业将在未来 5 年保持高速增长。

在有利于旅游业发展的宏观背景下,内蒙古要大力实施旅游品牌战略,依托草原、森林、沙漠、民族民俗文化等特色旅游资源,开发和培育高品质、具有民族特色的旅游产品。尽管内蒙古的旅游资源丰富,但由于地域广阔,旅游资源的空间分布比较分散,致使依托旅游资源开发的景区(点)之间的空间距离较大,集聚程度较低。站在旅游消费的立场考虑,旅游者花费在旅游路途上的时间较长,时间成本、交通成本均相对较高,不利于旅游线路组合。针对这一特点,变劣势为优势,加大宣传力度,在冗长的旅游路途中欣赏由草原、古迹、沙漠、湖泊、森林、民俗"六大奇观"构成的独特旅游胜景,吸引自驾游,鼓励自行车游,特别是自行车旅行,只流汗,不用油。在德国、荷兰、法国、芬兰等国,自行车旅行非常深入人心。这些国家不仅设有专门的自行车道路,还有许多自行车租赁站。例如,芬兰还制作了特别的《自行车旅游指南》,推荐各种入门级游客自行车线路。同时,推进旅游合作,积极与周边省区开发跨区域精品旅游线路。另外,受自然环境、气候条件的制约,内蒙古大部分地区适宜旅游的时间较短,与之对应,大部分依托自然旅游资源开发的旅游产品适宜夏季购买和消费,而其他季节的适宜性旅游产品严重不足。这也造成旺季旅游者大量涌入,旅游交通、旅游饭店、旅游景区(点)等接待设施紧张,影响了服务质量;淡季大量旅游设施闲置,影响旅游企业的经营和发展。因此,在旺季时,可以通过搭建便于拆建的蒙古包形的帐篷等形式来缓解旅游设施的不足,既简单易行,别具蒙古族风采、塞外情韵,又达到低碳、低成本旅行、为环保旅游"添砖加瓦"的目的。最后,利用落实

《中蒙经贸合作中期发展纲要》和《中国东北地区与俄罗斯远东及东西伯利亚地区合作规划纲要》的有利时机深化在旅游领域与俄、蒙的交流与合作,大力发展中俄、中蒙边境旅游、跨境旅游,共建无障碍旅游区。

(四) 促进民族特色商品生产与流通

民族特色商品是民族文化的重要载体。充分利用发展民族贸易的优惠政策,多渠道利用各种资金支持民族贸易企业,鼓励他们加强产品和技术研发与创新,进行设备改造与更新,提高产品质量和技术含量。促进民族特色商品经营走品牌化、规模化、市场化、国际化发展道路,不断拓展民族商品市场,搞好民族特色商品流通。加强规划,合理布局,引导国内外资金,建设一批规模适当的民族特色商品集散市场,因地制宜地加强现有集贸市场的改造提高,搭建民族贸易促进平台,鼓励民族特色商品经营企业进行技术研发与创新。加强网点建设,建设和改造民族地区商品市场和物流中心,增强民族特色商品展示、交易能力,方便民族地区特色商品收购与外销。把民族特色商品与发展民族地区旅游业结合起来,以旅游带动购物,以购物促进旅游业。因此少数民族特色商品的交易也日趋活跃,许多民族特色商品已经成为民族地区重要的旅游商品。近年来,许多民族特需用品作为重要的民族旅游商品,还带动了当地旅游购物、民族工艺品等特色产业。例如,新疆的地毯、绣花帽、西藏的藏刀、云南的民族服饰、蒙古族工艺品等成为众多海内外游客的首选民族工艺品。以边境口岸为依托,建设和改造一批以民族特色商品加工、包装、集散、仓储、运输为主的多功能物流中心。

(五) 打造"稀土之都"

稀土是 21 世纪战略性新兴产业起飞的助推器,但稀土资源只是原材料,它不代表科技本身。开发高端稀土功能材料,特别是由稀土功能材料制造成器件、整机等,将是中国稀土产业未来发展的重点。

1990 年,全世界稀土产量为 60100 吨,2009 年,全球稀土年产量达到 13.3 万吨。其中产量最多的中国为 12.9 万吨,占全球稀土产量的 96.99%;其次是印度,为 2700 吨;巴西 550 吨。美国和独联体国家稀土储量占全球稀土储量的 29.09%,但迄今稀土产量几乎为零;日本、美国等发达国家继续大量进口稀土资源。我国已成为资源量、生产量、出口量、消费量四个第 1 的"稀土大国",要加快向"稀土强国"迈进的步伐。为此内蒙古自治区正在着力把稀土产业作为高科技产业发展的重点,推动稀土的产业升级和产业延伸,向高纯化、高品质、多规格、深加工、高效益的方向努力。着力把包头打造成为中国最大的稀土产业基地,打造"稀土之都"。

2010 年 2 月,中国最大的稀土企业包钢稀土曾发布公告称,内蒙古自治区人民政府批准由公司下属的内蒙古包钢稀土国际贸易有限公司实施包头稀土原料产品战略储备方案。这也是稀土企业首次进行稀土的战略储备,储备资金主要由企业自行承担。随后，国土资源部圈定包头为稀土矿产地储备基地，稀土储备的试点正式开始。2010年9月15日，国家发改委宣布，内蒙古自治区内稀土将在年底前全部交由包钢集团专营。稀土产业的快速发展引起了国务院的高度重视，国务院于2011年5月19日第一次发布《关于促进稀土行业持续健康发展的若干意见》，这也是2000年以来国务院首次单独针对稀土产业出台指导意见，也是首次将稀土上升到国家战略储备高度。

借助政策利好，内蒙古应该推动稀土金属生产性服务业的发展，大力发展稀土金属现货交易和打造稀土金属现货电子交易平台，形成服务北方和全国的稀土材料市场一站式服务平台，初步建成稀土金属定价中心，推动稀土金属生产性服务业发展。

总而言之，应该把内蒙古地区的特色产品和民族用品按照建设大市场、发展大贸易、搞活大流通的要求，建设内外贸、贸工农的商贸流通体系。培育现代商贸中心，发展各具特色的市场群和商业圈，加快建设或改造一批大型专业市场，选择具备条件的城市建设全国性杂粮、稀土和畜产品交易中心，进一步发展内蒙古民族贸易。

参考文献

［1］中华人民共和国国家民族事务委员会．基本概念［EB/OL］．（2004 - 07 - 11）［2011 - 01 - 22］．http：//seac. gov. cn/gjmw/mzjj/2004 - 07 - 11/1194334510402038. htm.

［2］内蒙古统计局．年度统计数据［EB/OL］．［2011 - 03 - 22］．http：//www. nmgtj. gov. cn/NianDu. asp.

［3］内蒙古自治区农牧业厅畜牧处．2010内蒙古畜牧业概况［EB/OL］．（2011 - 04 - 01）［2011 - 04 - 02］．http：//www. nmagri. gov. cn/html/2011_ 04_ 01/2_ 1994_ 2011_ 04_ 01_ 488918. html.

［4］内蒙古自治区农牧业厅种植业处．2010年种植业资源概况［EB/OL］．（2011 - 03 - 22）［2011 - 04 - 02］．http：//www. nmagri. gov. cn/html/2011_ 03_ 22/2_ 1993_ 2011_ 03_ 22_ 487969. html.

［5］中华人民共和国海关总署．实现历史性跨越内蒙古2010年旅游业收入732亿［EB/OL］．（2011 - 02 - 18）［2011 - 04 - 02］．http：//www. customs. gov. cn/tabid/509/ctl/InfoDetail/InfoID/290146/mid/75581/Default. aspx？ContainerSrc = ［G］Containers%2f_ default%2fNo + Container.

［6］内蒙古包钢稀土（集团）高科技股份有限公司2010年年报［C］.

［7］中国民族统计年鉴2008［M］．北京：民族出版社，2009.

［8］内蒙古自治区民委．鄂温克族［EB/OL］．［2011 - 03 - 22］．http：//www. nmgmzw. gov. cn/Channel. aspx？Id = 1233.

［9］陈志平，余国扬．专业市场经济学［M］．北京：中国经济出版社，2006.

［10］中国特产交易网．探寻杂粮市场"迷局"．［EB/OL］．（2010 - 07 - 09）［2011 - 03 - 22］．http：//www. china - tcjy. com/article1/detail. aspx？html =

06014608bc694d9e8490898bb8edb963&id=3275&dj=6.

［11］王金祥，姚中民．西部大开发重大问题与重点项目研究——内蒙古卷［M］．北京：中国计划出版社，2006．

［12］中华人民共和国商务部．商务部关于加快民族贸易发展的指导意见（商改发［2008］118号）［R］．中国对外经济贸易文告，2008．

第五篇　地区特色产业创新与发展

第一章 浅析内蒙古地区的产业创新*

一、引　言

随着知识经济的悄然到来，网络经济尤其是电子商务如火如荼地"行进"，引致了传统商务模式的根本性变革。生产定制化、营销网络化和竞争全球化使传统的产业定义受到了严重的挑战，产业界线越来越模糊。现在许多基于电子商务生存的公司基本上没有固定的产业范畴，也不单单选择一种竞争战略。例如，微软公司不仅是软件行业中的猛虎，也是银行、零售业、新闻报业、广告业和旅游业等众多行业的克星。就连一向以制造业为根基的蓝色巨人——IBM 公司也是通过突破传统制造业边界向服务业战略转移才得以复苏的。目前，许多企业的发展模式发生了根本性改变从而改变了传统的产业定义和产业演化途径，这将大大改变传统产业的竞争规则和产业界限，由此将引发传统产业的分化、解体和重组。

战略专家加里哈梅尔和 C. H. 普拉哈德认为："一个公司要创造未来，必须同时能够'改造'整个产业；以创造未来产业或改变现有产业结构，以对自己有利为出发点来制定企业战略，是企业战略的最高层次。"大公司兴旺发达靠的是改变游戏规则，它们或改变了本行业的竞争基础，或创造了全新行业，或完全改造了现有行业。由此，以创新未来产业或改变现有产业结构，以对自己有利为出发点来制定企业战略的产业创新战略，对当今任何一个企业而言都具有重要意义。

二、内蒙古产业创新的定位

内蒙古是我国实施西部大开发的重要支点，要加快内蒙古地区的发展必须重视内蒙古地区的产业结构问题。对此，有些专家指出"'结构性矛盾'是制约内蒙古经济发展的主要'病根'。没有内蒙古经济的结构性革命就没有内蒙古经济的可持续发展，更谈不上内蒙古经济的腾飞"。在这里，内蒙古经济"结构性革命"的一个重要内容就是

---

* 本文原载《科学管理研究》，2003 年第 21 卷，第 5 期，作者：郝戊、张璞。

产业创新：实现内蒙古地区产业结构的优化升级。

从内蒙古自身的情况看，进行产业创新、加快结构优化调整、升级是促进和加快内蒙古经济发展的核心。内蒙古产业结构的整体特征是低级化。第一产业基础脆弱，农产品率不高，科技含量低，供给缺口大。第二产业"低位结构"、"弱势经济"是对内蒙古工业经济整体素质的基本判断。"弱势经济"是从全区经济竞争力角度得出的判断，其主要特征是：以能源材料工业为主体，产业链短、附加值小、信息化程度低、核心竞争力弱。以全区企业竞争力为例：总资产周转率为7.96%，全国平均水平为59.7%，总资产利润率为0.3%，全国水平为1.9%，权益收益率为0.64%，全国水平为5.13%，出口收入比例为1.08%，全国水平为2.79%，企业技术开发投入比例仅为0.15%，全国平均水平为1%（国际社会公认企业研发资金占销售收入1%难以生存，占2%可维持，占5%才有竞争力）。"低位结构"则是从全区工业结构角度得出的判断，其主要特征是"四个80%以上"，即一般技术装备占80%以上，中低档产品占80%以上，国有经济比重占80%以上，传统产业的产值占80%以上。另外，最具核心竞争力，拥有自主知识产权的大公司还很少，高新技术产值没有明显提高，仅为5%左右。应该看到全区工业经济运行质量增加值不成比例，经济效益指标大部分低于全国平均水平。粗放型、数量型结构特征倾向还很突出。第三产业发展滞后且质量不高，新兴产业所占比重小，不适应市场经济发展要求。虽然服务业的发展速度高于其他产业，但也存在不可忽视的问题，例如思想观念尚需要进一步更新。内蒙古产业结构粗放、初级化，即粗加工产品多、精加工产品少；小批量产品多、大批量产品少；老产品多、新产品少；微利产品多、高利产品少；低质一般产品多、名牌优质产品少。这种状况使得内蒙古经济在现代市场经济中难以取胜，也是经济发展与增长的主要指标在全国位次持续后移的主要原因，因而要推动内蒙古经济的发展必须进行产业创新，推动产业结构调整升级。

从国际范围角度看，唯有加快产业创新的步伐，才是内蒙古经济迎接国际市场竞争的根本途径。我国加入世界贸易组织后，发达国家跨国大公司必将在更广阔的领域以更深刻的程度进军国内市场进行投资，这也必将给内蒙古低级化脆弱的产业带来冲击，特别是给内蒙古的传统产业如钢铁、冶金、化工、机械等带来巨大冲击。在即将到来的严酷的市场竞争面前，巨大的产业技术差距使内蒙古经济很难适应这场竞争。因而，内蒙古只有加快产业创新步伐才能迎接国际竞争与挑战。

从国内形势看，面对全国产业结构升级进一步加快的局面，要实现内蒙古传统产业的升级换代和经济增长方式由粗放型向集约型转变，充分挖掘内蒙古地区的丰富自然资源达到资源的优化配置和高效利用，从而形成高新技术产业和新的经济增长格局，这都需要产业创新和产业技术进步来支持。

三、内蒙古产业创新的思路和关键问题

(一) 内蒙古产业创新的思路

要促进内蒙古地区的经济发展，必须调整优化区域经济结构，最关键的是按市场信号导向实现资源的优化配置，使生产要素不断向边际生产率较高的产业部门聚集。不能把调整结构仅看作是调整产业的比例关系，而要把产业升级作为重点来加以突出。简言之，就是要把区域产业创新作为促进地区经济腾飞的一个重要突破口，实现区域内资源比较优势向竞争优势转化，尽快形成具有区域特色的主导产业，以拉动区域经济的快速增长。为此，经深入调查研究，我们认为，现阶段在经济结构的调整上抓好产业存量的优势扩张是根本，抓好资源开发的重新定位是出路。只有这样才能促进经济结构的调整，才能加快产业升级，也才能实现区域产业创新。其创新的基本思路是：立足体现特色，提升农业产业；立足发挥优势，扩张工业规模；立足优化环境，加强基础设施建设。

(二) 内蒙古进行产业创新的几个关键问题

1. 技术创新

内蒙古技术创新要以产业结构"调高、调优"为目标。加快技术创新是内蒙古自治区结构调整的核心和动力，也是改变"低位结构"和"弱势经济"再造工业经济新优势的根本途径。目前，技术创新要坚持发展高新技术产业，与改造传统企业相结合，高度重视采用高技术和先进适用技术改造并提升传统产业。具体内容包括：实施大规模的技术改造，高起点引进国外先进技术，重点引进专利技术和关键设备，优先发展传统技术产业技术改造和升级换代服务的新技术；研究开发对传统产业整体技术进步有重大带动作用的共性技术、关键技术和成套技术；推广应用投资少见效快的先进适用技术，不断提高传统产业和产品的技术档次和科技含量。

单纯依靠知识技术无法实现产业创新，必须同时依靠组织管理创新和制度创新来实现，只有把产业创新中的知识与技术要素引入生产体系实现知识与技术要素和其他生产要素的重新组合，才能使得知识和技术得到充分利用。产业创新离不开制度和管理创新的交互作用。

2. 内蒙古必须以人力资源高度活跃为目标，强化管理创新

21世纪是知识创新的时代，是以智力资源为主体资源的新经济时代。它赋予企业管理以全新的内容，即企业管理要以人力资源的高度活跃为管理目标。此前，企业管理主要停留在经验管理和政府管理阶段。管理创新的内容主要是完成由经验管理向科

学管理的过渡。邯钢经验、亚星经验主要是资金成本管理，还有决策管理和质量控制，市场营销管理也属科学管理的范畴。对于处在经验管理向科学管理过渡的内蒙古企业，任何能使我们摆脱经验管理和政府管理的改革措施都可以称之为企业管理创新，应该积极主动去实施，绝不能放松。同时，还应重视知识管理，这是与技术创新密切联系的管理创新，也是信息化带动工业化的重要内容。管理创新已成为技术创新的立足点，高新技术产业发展的支撑点。当然，以知识管理为内容的管理创新对于我们还是个陌生的领域，但是必须尽快进入。

3. 以建立现代企业制度为目标，推进体制创新

体制创新的主要任务是：对传统的国企产权制度、法人治理结构进行创新性改造，建立现代企业制度。在推进企业体制创新方面，通辽市为我们提供了五条成功经验。一是国有经济从中小企业全面退出；二是国有资产向"龙头企业"迅速集中；三是职工身份与国有体制彻底脱钩；四是企业股权向企业经营者迅速转移；五是产权结构向混合多元化方向发展。其中突出的经验是"两个置换"，它与包头的"两个解除"经验（解除企业的国有身份，解除职工的全民身份）是一个概念，值得全区借鉴和研究。当前体制创新要先解决"两个置换"问题，就是通过企业产权转让置换企业国有性质；通过一次性补偿置换职工全民身份。两个置换能够使企业产权结构向混合多元方向发展。企业多元结构主体的形成，股份的减持、参股、上市不仅可以促进混合经济的发展而且能够推动国有资产的战略性重组。一方面，混合经济的发展和以资产为纽带的强强联合，对培育有国际竞争力的大公司和企业集团能够起到直接推动作用。像鄂尔多斯、鹿王、伊利、仕奇四个国内驰名商标企业都已经具备了较强的国内竞争力，有望成为具有国际竞争力的大公司。另一方面，混合经济的发展能够密切中小企业与大企业的产业协作和技术依托关系。

四、内蒙古产业创新的模式、途径

（一）产业创新的模式

1. 首创创新模式

即某个企业第一个实现创新，将知识或技术成果转化为生产力，取得高人一筹的经济效益，这要求企业具有敢于创新的大胆精神和高度的敏感性、灵活性和应变能力，也需科研院所和大专院校的大力支持。

2. 仿创创新模式和改创创新模式

仿创创新模式是在学习首创创新的经验成果基础之上，通过模仿、引进、消化、吸收或者进行二次开发。这样可以减少研究开发费用，避免和减少走弯路，风险低、成本低、投入少、见效快。因而针对内蒙古地区的区情而言，应较多地使用此种创新

模式。

改创创新同仿创创新相类似，它是在首创创新或仿创创新的基础之上进行改进性创新，使得创新成果更具特色和效益，这种创新模式对内蒙古地区而言也是比较适用的一种创新模式，因为内蒙古地区较贫穷落后，高等院校不多，进行首创创新和孵化器创新都有较多困难。

3. 产业提升模式

就是用高新技术，主要是信息技术改造传统产业。用高新技术改造传统产业实质上是高新技术被导入原有的产业技术系统，促使以主导技术为核心的产业技术系统发生平台式跃进的过程，从而使结构升级，实现产业创新。"结构性矛盾"是内蒙古发展滞后的"病根"，要促进内蒙古的可持续发展，采用产业提升模式促进内蒙古产业结构调整、优化、升级是一个有效途径。

4. 产业集群化模式

即在一定领域内相互联系的，在地理位置上相对集中的企业和机构的集合，包括一批共处于一个竞争环境中相互关联的产业和其他实体。一定区域内的产业集群化，对于提高企业的持续创新能力有重要作用。例如，对大型装备制造企业而言，集群内不仅包括同类同质的厂商，还包括零部件、机器、服务等专业化投入的供应商和专业化设施的提供者。如驻包的国有特大企业内蒙古北方工业集团公司和内蒙古一机集团公司在产业模式的选择上就可考虑产业集群化模式。

（二）内蒙古产业创新的途径

1. 基本途径

（1）建立产业创新基金：内蒙古地区科技落后，技术进步缓慢，除了观念的原因外，缺乏科研经费也是重要原因之一。内蒙古地区本身缺乏自我积累、自我发展能力，而且大多数企业缺乏风险承担能力，建立产业创新专项基金，就能较好地解决上述矛盾。

（2）构建自治区及各地产业创新发展战略。结合地区的特殊资源和优势资源制定相应的产业创新战略，使创新资源更新组合。

2. 具体途径

内蒙古自治区政府要制订面向产业创新的科技计划，真正解决战略产业的选择、重点产业的扶植问题，从而以点带面地提高整个企业的创新能力。具体途径是：

（1）农业必须面向市场体现特色。①可利用内蒙古自治区土地资源多、天然药材多的特点，大力发展中药材人工种植的技术攻关，同时开展制药业的创新体制。②对已具备一定规模和基础的农、林、牧项目，要依靠科技、优化品种、提高农产品质量、创农字号名牌、加快发展白色农业和实施绿色农业。广泛开展畜牧业饲养方式的革命，按照数量、质量并重的原则，提高农区畜牧业的整体效益和水平。③发展绿色食品，保护农业生态环境。内蒙古自治区土地沙化面积大，水土流失严重，草物退化严重，因此加强农业生态环境保护是较迫切的问题，开发绿色食品是保护与发展相结合的主动环保的典范。

（2）工业要从体制创新入手，坚持以市场为导向，以技术进步为支撑，突出重点，有进有退。通过兼并、重组等形式，努力培育主业突出、核心能力强的大公司和企业集团。在全区形成强有力的工业经济支点。内蒙古自治区鄂尔多斯依靠体制创新和技术创新"两轮运转"，保持连续8年的快速高速增长。由此证明坚决实施创新战略，加快结构调整，内蒙古工业经济的"弱势经济"和"低位结构"问题是可以得到解决。具体途径如下：①以产权制度改革为重点全面深化中小企业改革。对中小企业坚持在"放"字上做文章，在"扶"字上下功夫，在"活"字上求突破。通过多种途径放开搞活。②加大产业结构调整力度，要使劣势企业退出市场通道。控制总量、淘汰滞后、加大关闭"五小"工作力度；通过兼并、破产，淘汰落后企业。③依靠科技进步，实施名牌战略，是推动产业创新的主要手段。④着力培养具有核心竞争力的大企业和企业集团。通过兼并、联合，实现专业化、规模化、集约化经营，培养一批拥有自主知识产权、核心竞争力强的大公司和企业集团，提高产业集中度和产品开发能力。内蒙古自治区要推动羊绒制品、乳制品加工、马铃薯加工、草原绿色肉食品加工等产业，力争将鄂尔多斯、伊利集团培育成具有国际竞争的企业集团。⑤在内蒙古地区形成强有力的两个工业经济支点。第一个支点是矿产资源的开发和深度加工。充分发挥包头稀土、白云鄂博铁矿等资源储量大、品质好的独特优势；第二个支点是乳制品加工，加快伊利、蒙牛的发展，使其成为具有国际竞争力的大企业集团，发挥行业带动作用和区域经济的支撑作用。

（3）服务业要以农业人口向非农业人口转移为目标，以加强公路建设和小城镇建设为重点，不断提高城镇文化水平，促进农业人口向非农产业转移。要坚持科学规划、多元投资，尽快完善城镇功能，提高档次，增强对非农产业的吸纳力，逐步使小城镇建设向布局合理、功能完备、管理科学的方面迈进，为加快第三产业的发展创造良好的市场环境。

参考文献

［1］陆国庆．产业创新是衰退企业的制胜战略［J］．现代管理科学，2002（2）．

［2］杨学泉．新经济与信息产业创新［J］．情报科学，2002（11）．

［3］姜焰生，成艳平，梁吉业．山西产业技术创新五题［J］．前进，2000（4）．

［4］刘茂盛．产业创新：发展湖南经济的政策性思考［J］．财经理论与实践，2000（3）．

［5］菲利浦·柯特勒等．新竞［M］．北京：中国商业出版社，1999．

［6］马歇尔．经济学原理［M］．北京：商务印书馆，1983．

［7］曾忠禄．产业群集与区域经济发展［J］．南开经济研究，1997（1）．

［8］Robert E. High Technology：Lesson from MIT and Beyond［M］．Oxford：Oxford University Press，1991．

［9］郝戊．加快内蒙古小城镇建设的对策探讨［J］．理论研究，1999（5）．

第二章 "鄂尔多斯模式"对资源富集民族地区产业创新的启示[*]

改革开放前，鄂尔多斯是典型的老、少、边、贫地区。1978年全市生产总值只有3.46亿元，人均344元；财政收入只有1900万元，人均不到20元；全市8个旗、区中，有5个国家级贫困旗和3个自治区贫困旗。改革开放30多年来，鄂尔多斯市发生了天翻地覆的变化，尤其是中共"十六大"以来，一跃成为内蒙古经济社会发展的排头兵。鄂尔多斯的经济、社会发展主要指标进入全国前列，被确定为全国改革开放18个典型地区之一。

内蒙古大学的沈斌华教授首次提出"鄂尔多斯模式"的概念，用以概括鄂尔多斯作为西部欠发达地区在原有发展模式的基础上创新并最终实现跨越式发展的科学发展之路，得到各界的普遍认可。胡锦涛曾评价鄂尔多斯模式是一个值得推广的典型。经中央政研室、中宣部、国家财政部领导小组调研后得出结论：鄂尔多斯总结出一条适合自己实际发展的路子，在西部地区具有推广的意义和价值。

一、鄂尔多斯模式的内涵

资源富集是多数西部少数民族地区的优势现状，长期以来广大西部少数民族地区选择拥有完全比较优势的资源型产业为主导产业，生产并出口初级产品和劳动密集型产品，产业有严重的"资源依赖型"特点。这种模式虽然能使民族地区获得一些短期利益，但在与资本技术密集型产品出口为主的发达国家和地区的贸易中，总是处于不利地位，落入"比较优势陷阱"——短期受益、长期受损，以资源耗竭、生态破坏为代价，在产品输出中获利有限，自身产业升级优化进程缓慢。尤其堪忧的是，一旦资源枯竭，资源型产业就会因失去生长点而终止生命，将发展建构于资源产业基础上的区域也会陷入困局。发展经济学称之为"资源诅咒"，告诫人们仅仅依赖资源开发和简单初级产品输出的发展模式难以使区域获得真正的可持续发展。

鄂尔多斯堪称资源宝库，已经发现的具有工业开采价值的重要矿产资源有12类35种。其中仅煤炭储量就有1496亿多吨，约占全国总储量的1/6，天然气探明储量8000多亿立方米，占全国的1/3。鄂尔多斯面对"增长的诱惑"，颇富远见地选择了走循环

---

[*] 本文主要内容发表于《经济导刊》，2011年第7期，作者：张斯琴、张璞等。

经济的可持续发展之路。鄂尔多斯模式简言之就是在政府宏观调控主导之下，基于丰富的资源禀赋优势但不依赖资源，以产业创新为依托，带动经济、社会、文化、生态全面可持续发展的发展方式。

内蒙古呼包鄂"金三角"在产业分工上存在一定的梯度。呼和浩特以乳品、食品加工、生物制药、电子电力信息等轻工业及第三产业为主，产业结构呈现明显的"三、二、一"特征。包头和鄂尔多斯尽管同是"二、三、一"结构，但包头市以装备制造、重化工为主；几年前的鄂尔多斯则基本处于资源初级开采、加工阶段，以输出资源、能源型初级产品为主。近年鄂尔多斯加大结构调整和产业创新的力度，主要经济增长点已经转向了煤化工、装备制造和物流等高附加值产业及非资源型产业，经济增长模式日益多元化，一度成为"金三角"中增长速度最快的地区。

二、传统能源型产业

鄂尔多斯素有"中国煤海"之称，境内含煤面积约占土地总面积的80%。以煤炭为主要依托的能源产业一直是鄂尔多斯产业发展的重点，2010年煤炭产量达到2.6亿吨，成为全国产煤最多的地级市。2003年鄂尔多斯顶着诸多压力，坚定地推进煤矿整治，关停整合小煤矿，淘汰落后产能，并绿化矿区，从资源滥采、环境污染、发展粗放的恶性循环中突出重围，成为中国集约化采煤、规模化采煤的代表。同时鄂尔多斯意识到煤炭的开采输出附加值很低；把煤炭转化为电力，产值可以增加8倍；而煤炭深加工产品可以增加20倍产值。鄂尔多斯将延伸产业链、资源就地转换作为产业发展的重点，在"大"字上做文章，扩大规模增产能，建成全国首个产量亿吨以上的煤加工基地；不断打造煤电竞争优势，建成了亚洲最大的火电厂；重点发展煤制油等煤化工产业，通过资源的精深加工不断延伸产业链条，提高资源利用率。

三、沙产业、新能源

鄂尔多斯是内蒙古自治区荒漠化较严重的地区之一，仅毛乌素沙漠和库布齐沙漠就占全市总面积的49%。鄂尔多斯改变过去被动治沙的局面，围绕"让沙地为人所用"的思路，一方面，大力种植沙柳、甘草、麻黄、沙棘等沙生经济作物以防风固沙；另一方面，着力发展沙生植物加工相关产业链的建设，形成人造板、制浆造纸、饲草料、饮品保健品和生态旅游等相关产业。而很多沙生植物必须每年平茬去死枝，沙漠中大量生长的沙地植物为生物质发电创造了条件，目前鄂尔多斯已建成国内首家以平茬沙生灌木为原料，集防沙治沙、生态建设和热电联产能源化利用于一体的林木生物质发电示范企业，年消耗灌木生物质18万吨，预计年发电量1.35亿千瓦时，可减排二氧化碳 25 万吨。鄂尔多斯在变荒漠为具有重要经济效益的循环产业基地方面取得了重大成功，实现了"沙地增绿、牧民增收、企业增效"。目前沙产业年产值达到 6.8 亿元，创利税 1.38 亿元，农牧民年纯收入达到 3908 元，具有鄂尔多斯特色的沙产业体系正在形成。

此外，鄂尔多斯还利用丰富的风能、太阳能资源，大力发展新能源发电。据统计，如果能充分利用全市荒漠土地建设太阳能并网光伏电站，鄂尔多斯市光伏电装机容量可达 6000 万千瓦以上。同时鄂尔多斯首次集成了城市有机垃圾的系统处理，发展沼气发电。

四、特色文化旅游业

鄂尔多斯地区作为蒙汉文化的交汇地带，在草原文化和农耕文化的长期融合中孕育了绚丽多彩、独具特色的河套文化。现代社会文明的开放自由融汇了博大精深的河套文化，形成了极具地方特色的文化特质。草原游牧文化积淀了鄂尔多斯蒙古人勇猛上进、团结友爱、忍耐劳、自强不息的民族气质；蒙汉文化的长期交融造就了鄂尔多斯人民包容宽广的胸怀、积极进取的精神。近年鄂尔多斯围绕蒙古族传统文化保留最完整的地区、秦晋文化与草原文化南北交融的"歌海舞乡"美誉，精心打造"天骄圣地、大漠风光、民族风情、休闲名城"，依托民族特色文化及特有人文景观的特色旅游品牌。恐龙踪迹化石区、"河套人"发祥地等远古文明景观；成吉思汗陵园、草原敦煌阿尔寨石窟、"秦直道"等历史人文景观；响沙湾、毛乌素、恩格贝等各具特色的沙漠景观；"风吹草低见牛羊"的鄂尔多斯大草原；充分体现蒙古族服饰文化、歌舞文化、民风民俗特色的鄂尔多斯婚礼等，均以其独特的魅力吸引着中外游客心怀神往，络绎而来。

五、目前鄂尔多斯面临的困境

如今的鄂尔多斯遇到了发展的困境，表面看起来这是一场由银根紧缩带来的资金危机。鄂尔多斯资金流向大致如下——从能源上赚到的大量财富投入资金市场与房地产市场，房地产价格的一路走高保障了投资者的收益，收益可以顺利回流到矿业与资金链；同时由于缺乏更多可供投资的产业，资金没有别的去处，钱只能流到这两个领域。"煤炭—房地产—民间借贷"这个互为始终的无限循环链条，既是鄂尔多斯财富分配的链条，也是自我封闭的体内循环圈。这个链条上，重要的是两点，煤炭价格保持上升，房地产保持升值预期，资金链的紧平衡就可以维系，因为总是可以从各个渠道借到更多的钱。

由于经济危机的影响，经济下行，坚挺的煤炭价格下行，加之煤炭企业治理整顿，许多小煤企雪上加霜，资金链条断裂。而高利贷崩盘反过来沉重打击了矿业与房地产。这场由银根抽紧、楼市低迷、民间借贷活跃引发的民间借贷市场的资金危机，背后的问题却是：富了之后，钱往哪里去？长期以来以土地财政为工具、以投资拉动为手段、单一依靠资源过度消耗的经济增长方式，产业结构不合理，如鄂尔多斯市市长在2011年政府工作报告中提到的"科研基础薄弱、高层次人才紧缺、自主创新能力不足等问题仍很突出，远没有形成科技、人才、管理等高端要素支撑发展的格局"。

然而，这些问题并非鄂尔多斯所特有。国务院2011年的政府工作报告中提到"近年来固定资产投资增长过快，货币信贷投放过多，国际收支不平衡。长期形成的结构性矛盾和增长方式粗放问题仍然突出。投资与消费关系不协调，投资率持续偏高；一、二、三产业发展不协调，工业特别是重工业比重偏大，服务业比重偏低；自主创新能力不强，经济增长的资源环境代价过大。城乡、区域发展差距扩大的趋势尚未扭转。特别是影响经济发展的体制机制障碍还相当突出，改革攻坚任务繁重"。

六、资源富集民族地区产业创新的启示

微笑曲线揭示了加工制造只是附加值最低的环节，这也恰恰是鄂尔多斯产业目前所处的位置，要想提高产品附加值，就应该努力推动生产向微笑曲线的两端，即技术研发和品牌推广环节延伸，以提高产品附加值。

第一，要加大研发投入和力度，不断推动产业结构提升。例如，煤炭的开采以及煤化工领域、新能源利用领域有大量提高资源利用效率的技术空白有待填补；又如，煤化工和沙产业发展中都至关重要的节水技术，其研发对于内蒙古这样的干旱缺水地区意义更为重大。

第二，重视产业集群建设。产业集群有一个"网络"的意义，将大量联系密切的企业以及相关支撑机构在空间上集聚，并形成强劲持续的竞争优势。其突出优势是外部的垄断性与内部的有效竞争并存，有助于产业链条的进一步延伸优化；同时壮大研发力量，有利于形成强大的创新动力；还会因充分利用共用基础设施达到节约资源的目的，于是"使集群产生了$1+1>2$的竞争优势"。

第三，注重区域品牌的构建。通过打造本区域共同的名片提高区域内企业的联合对外竞争优势，降低单个企业的宣传与市场推广成本，还能有效避免区域内企业间的恶性竞争，实现共赢。

少数民族地区在经济发展的初级阶段往往依据自身资源禀赋优势，选择资源密集型产业优先发展，输出初级产品以积累财富；但进入经济"起飞"阶段后，就要适时调整和提升产业结构，规避"比较优势陷阱"，实现区域的集约可持续发展。在产业创新方向上，宜采取"差异化竞争"策略，发展特色产业。特色产业具有市场独占性和竞争性，是以区域特有的资源、独特的生产技术和组织管理方式为基础和条件，其制

造或提供的产品与服务和同类产品与服务相比具有显著的品质差异或不可替代性,从而形成"自然垄断"。一产业的特色越突出,其市场独占性和竞争性就越强,产业的竞争优势也越大,从而成为市场上不可替代的供应商。

参考文献

[1] 洪银兴. 从比较优势到竞争优势 [J]. 经济研究, 1997 (6).

[2] 王树恩, 张晓霞. 经济全球化条件下我国民族工业的发展战略 [J]. 科学管理研究, 2004 (4).

[3] 石油和化学工业规划院. 鄂尔多斯市能源与重化工产业基地布局规划 [R]. 2010 - 01 - 07.

[4] 张玺. 煤制天然气成新宠, 内蒙古一半煤炭将就地转化 [N]. 工人日报, 2010 - 02 - 10.

[5] 郝树坤. 鄂尔多斯市沙产业发展现状及其对策思考 [J]. 内蒙古农业大学学报, 2008 (3).

[6] 谢宝康. 中国的"鄂尔多斯式"困境 [N]. 中国经济时报, 2011 - 12 - 06.

[7] 刘永轶. 试论鄂尔多斯产业集群的发展 [J]. 内蒙古石油化工, 2006 (12).

[8] 郭京福, 毛海军. 民族地区特色产业论 [M]. 北京: 民族出版社, 2006.

第三章 发展内蒙古自治区节约型能源产业的思考[*]

一、内蒙古自治区能源产业发展的优势分析

（一）内蒙古能源产业进一步发展的历史机遇

目前我国已经进入重化工业阶段，这一阶段的经济发展将伴随着能源消耗的大幅度增加，对以石油、铁矿石为主的能源初级产品的依赖程度愈加提高。因此，必然以能源、原材料富集地区的大力开发为基础，从而促使这些能源富集地区崛起，成为国家新的经济重心区或经济密集区。

与此同时，内蒙古自治区也已进入了工业化阶段。按照胡佛—费希尔的区域经济增长阶段论，这一阶段的特点就是，以矿业和制造业为先导的区域工业兴起并逐渐成为推动区域经济增长的主导力量。内蒙古自治区应该抓住机遇，做大做强能源产业，实现经济新的增长。

（二）内蒙古能源资源禀赋丰富，为能源产业的发展提供了资源基础

全区现已探明煤炭储量2186亿吨，远景储量为万亿吨以上，仅次于山西省，居全国第2位。其中50亿~100亿吨以上的大煤田有15处，大都具有煤田构造简单、煤层稳定、厚度大、埋藏浅、易于露天开采等特点。全区石油资源总量为20亿~30亿吨，天然气总资源量为10.7万亿立方米。此外，太阳能、风能等环保新能源也很丰富。内蒙古海拔较高，晴天多，太阳辐射强，日照时数在2600~3400小时，全区年总辐射量为115~167千卡/平方厘米，丰富的太阳能资源仅次于青藏高原。全区风能总量约54亿千瓦，占全国总量的30%以上，是国内风能较丰富的地区。总体来说，内蒙古自治

---

[*] 本文原载《内蒙古农业大学学报（社会科学版）》，2006年第4期，作者：张斯琴。

区是一个能源资源富集的大省,具有能源产业发展的基础。此外,内蒙古丰富廉价的劳动力资源也给能源产业的大规模发展提供了支持。

(三) 内蒙古独特的区位优势

内蒙古总面积118.3万平方公里,占全国土地面积的12.3%,居全国第3位。东、南、西依次与黑龙江、吉林、辽宁、河北、山西、陕西、宁夏和甘肃八个省区毗邻,跨越三北(东北、华北、西北),靠近京津;北部同蒙古国和俄罗斯接壤,国境线长4221公里。这种毗邻八省、边连俄蒙的地理位置,使得无论是向区外输出资源产品,还是从资源富集的俄、蒙输入能源都极为便捷。

二、内蒙古自治区能源产业发展的问题

(一) 古典经济学家的资源禀赋稀缺性理论

古典经济学家李嘉图、穆勒都提出了自然资源的稀缺性原理,这些原理在今天看来仍具有现实意义。古典经济学家认为资源的稀缺性包括两个方面:

一是绝对稀缺,即资源绝对数量的短缺是由于资源总需求超过总供给以及资源的不可再生性造成的。其中资源巨大的供需缺口主要源于庞大的人口总量和过快的人口增长,同时由于每个人对资源消耗具有分母加权效应,也使得个体对资源的消耗具有递加倾向。

二是相对稀缺,即资源结构上的短缺,包括:

(1) 总体资源结构性短缺,指在全部自然资源中,某些生产生活中需要量大的重要资源不足。

(2) 同类资源结构性短缺,指在具有较强替代性同类自然资源中,优质和劣质能源分布结构不均衡,能效高、污染少的优质能源储量较少。

(3) 开发利用结构性短缺,指由于很多能源矿产开发利用的困难程度和开发成本较高,往往限制了其开采利用。

(二) 内蒙古能源产业中普遍存在的问题

(1) 内蒙古能源资源的相对稀缺性:以上几种类型的资源稀缺性情况在内蒙古自治区能源资源结构中都不同程度地存在,表现在:很多经济建设需求量较大甚至关乎人民群众生产生活的重要资源储量严重不足,而且化石燃料中,石油、天然气等优质能源比例偏低,煤等污染较大、效率低的劣质能源比例较高。内蒙古自治区资源矿藏总

体说来富矿少、贫矿多；共生矿多、单一矿少。大多数资源矿藏品位低，能直接供冶炼、化工利用的较少，加之开采中采富弃贫，使矿产品位下降，富矿越来越少。

（2）能耗过高，经济增长方式粗放：目前区内能源产业发展呈现出较为明显的初级化特征：技术含量低、附加值低、浪费严重、经济效益差。

如果说，20世纪造成资源快速消耗的主要因素是以发达国家为主体的工业化过程和全球人口迅速膨胀，那么未来发展中国家的能耗将以高于发达国家的速度增长。这一方面源于发展中国家的工业化和经济增长步伐加快，对于能源和消费品的需求上升特别明显；另一方面是由于目前发展中国家能耗强度高的加权效应。

据统计，中国2004年调整后的GDP占世界的份额只有4.4%，而当年中国消费的原油、原煤、铁矿石、钢材、氧化铝、水泥却分别占全世界消费总量的7.4%、31%、30%、27%、25%、40%，GDP调整后平均万元GDP能耗1.23吨标准煤。

而较低的资源利用效率和粗放的经济增长方式，使得内蒙古的能源消费量更高于全国水平。以煤炭生产为例，当前全区煤炭平均回采率仅为45%左右，其中众多小煤矿的回采率更低，仅为25%左右，资源浪费十分严重。从能耗看，2004年全区生产总值占全国的比重为1.99%，但全年消耗的煤炭占全国的4.8%、电力为2.3%、水为3.4%，万元GDP能耗达近3吨标准煤，高于全国平均水平90%，增长方式十分粗放。

（3）科学技术较为落后、财力的短缺加剧了能源资源的稀缺性：贫矿开采利用中对采、选、冶技术要求尤其高，而开采成本也更高，需要从技术与资金上解决选矿问题。同时由于内蒙古能源矿藏中复杂矿多，含有伴生和共生的元素达10多种或几十种，有的伴生组分的价值常常超过主要成分价值，科技水平落后和资金的短缺增加了能源开采利用中的困难，也使得很多伴生资源难以有效利用，造成了资源的严重浪费。

（4）内蒙古能源产业具有极大的产业风险，产业结构高度化进程明显滞后：能源、资源等基础产业普遍具有需求弹性比较低、附加值低、与当地其他产业特别是农业缺乏关联度等缺陷，产业化程度较低。同时由于能源产业先天的脆弱性，对下游产业的依赖性极大，更容易受产业结构调整、宏观经济环境变化等的影响而产生剧烈波动。

（5）开采利用带来的严重生态、环境问题：如果能源开发过程中不注重采取有效的保护措施，容易造成地表、生态、地下水的破坏，甚至引发地震、泥石流等自然灾害，对能源资源的过度开发也会造成能源枯竭。

三、加快产业结构调整，实现内蒙古自治区能源产业的可持续发展

2006年是"十一五"计划的开局之年，同时也是国家西部大开发计划进入第二个发展阶段的年头，即以产业发展带动的经济增长。整体上看，目前内蒙古的经济仍属于高耗能、高耗原材料型经济。加快能源产业的结构调整，发展内蒙古产业化程度高、抗风险能力强、资源节约型的能源产业已是当务之急。

（一）完善社会经济环境，加强经济制度建设，提高资源配置能力

良好的社会环境有利于提高劳动生产率、吸纳区外资金技术等资源、鼓励创新和科技决策，对区域经济的增长将产生有力的推动作用。而内蒙古包括社会传统、价值观念、资本技术、社会文明程度等在内的社会经济环境资源禀赋条件并不突出。

同时，高度的区域资源配置效率取决于包括经济体制、政府的经济管理能力、企业组织水平和产业结构在内的区域资源配置能力。内蒙古在这些方面还远不完备，今后应强化能源生产、运输和消费的制度建设，制定和完善节能标准，加强重点行业原材料消耗管理，严格制定设计、施工、生产等技术标准和材料消耗核算制度，实现管理性节能。

（二）转变经济增长方式，建设能源产业的循环经济

要依托重点地区、重点企业和重点工业园区，努力做好能源资源配套生产和消费，提高资源综合利用效率，发展循环经济，延伸产业链条，促进产业升级。充分发挥资源优势和地缘优势，依托交通干线、中心城镇和资源富集区，强化区域内的合作，优化资源配置，发展大产业，培育大集团，建设大基地，形成大集群，促进资金、技术、人才等生产要素向工业基地集聚。

（三）建立能源技术支持体系，开发推广节能技术，实现技术性节能

组织开发高效节能技术、资源节约与再利用技术，尽力减少资源浪费以及开采利用中对环境的污染和破坏，发展绿色环保的能源产业。发展新的生产工艺和技术，最大限度地挖掘节能，有效延伸产业链条，提高资源产品中的附加值，努力变输出资源初级产品为制成品输出。同时，要集中力量研究开发影响未来能源、资源发展方向的重大技术，利用我区丰富的新能源资源，提高新能源的开发利用水平。

（四）立足全局，以发展的眼光促进产业结构调整升级，实现结构性节能

要对原有产业加大结构调整力度，提高产业集中度，增强资源深加工能力，延伸产业链条，提高产品附加值。同时要淘汰生产方式落后、产能低下的企业，实现能源产业的规模经济。对于新上的项目，应该按照比较优势及资源禀赋原则选择重点产品

和重点行业统一规划、合理布局，集中各种要素进行重点建设，不人云亦云地一哄而上。

按照胡佛—费希尔的经济增长阶段论观点，经济增长的最终阶段是以发达的服务业为区域经济增长主要推动力的阶段。应该注意在发展传统优势产业的同时，积极培育发展第三产业作为内蒙古经济持续快速发展的动力。进入21世纪，中国进入了重化工业的发展阶段，经济发展速度将进一步加快。能源产业作为内蒙古的主导产业，担负着带动全区经济增长和全国能源战略接替的任务。我们应在科学合理地调整产业结构的基础上，把比较优势同市场优势、科技优势等其他优势整合起来，以节能、降耗、减污、增效为目标，努力探索能源产业循环经济的实现模式，建设内蒙古资源节约型和环境友好型社会，实现能源资源的可持续利用，实现内蒙古自治区经济的快速高效发展。

参考文献

[1] 陈秀山，孙久文. 中国区域经济问题研究 [M]. 北京：商务印书馆，2005.

[2] 内蒙古统计局. 内蒙古统计年鉴 [M]. 北京：中国统计出版社，2004.

[3] 内蒙古社科院2000年重点项目课题组. 内蒙古发展战略的回顾与反思 [R]. 2000.

[4] 2005年内蒙古政府工作报告 [N]. 内蒙古日报，2005 - 01 - 16.

[5] 内蒙古国民经济和社会发展第十一个五年规划纲要 [R/OL]. 内蒙古政府网，2005 - 12 - 08.

[6] 呼尔查. 关于"十一五"规划思路的若干问题 [J]. 北方经济，2005（5）.

第四章　循环经济视角下我国稀土产业可持续发展的对策思考[*]

国家在"十五"规划、"十一五"规划中先后提出了节约保护资源,加强生态建设;发展循环经济,建设资源节约型、环境友好型社会等命题。稀土工业是我国比较特殊的一种战略产业,在当前背景下如何保护和发展稀土工业使之符合循环经济的发展已成为比较重要的理论课题,具有现实意义。

一、循环经济理论

循环经济是一种新的发展模式,是对"大量生产、大量消费、大量废弃"的传统经济模式的根本变革。循环经济与传统经济的区别在于:传统经济是一种由"资源—产品—污染排放"所构成的物质单向流动的经济,是通过将资源持续不断地变成废物来实现经济的数量型增长,导致了许多自然资源的短缺和枯竭,并酿成了灾难性的环境污染后果。与此不同,循环经济倡导的是一种建立在物质不断循环利用基础上的经济发展模式,即组成一个"资源—产品—再生资源"的物质反复循环流动的过程,其特征是自然资源的低投入、高利用和废弃物的低排放,从根本上消解长期以来环境与发展之间的尖锐冲突。

循环经济的思想萌芽于20世纪60年代的美国,在发达资本主义国家工业化进程中出现的"先发展、再治污"的背景下,产生了以提高生产效率和废物的减量化、再利用及再循环为核心的循环经济理念与实践。国外循环经济做得比较好的国家有美国、德国、日本等。从立法角度看,1976年,美国就制定和颁布了《固体废弃物处置法》;德国早在1972年就制定和颁布了《废弃物处理法》,1996年又颁布了《循环经济和废物管理法》;日本在1998年制订的"新千年计划"中,提出"环境立国"战略,即创建循环型社会的国家目标。从实施效果看,以2003年上述国家的资源循环利用率为例,美国城镇废弃物回收利用率达到40%;德国家庭废弃物利用率从1996年的35%上升到2003年的60%,废弃物处理已成为德国经济支柱产业。日本家电产品的资源循环利用率,空调为78%,电视为73%,冰箱为59%,洗衣机为56%,而且日本力争资源回收率达100%。我国从20世纪90年代引入了循环经济的思想,此后对于循环经济的

---

[*] 本文原载《生产力研究》,2011年第5期,作者:郝戊、梁孟。

理论研究和实践不断深入。1999年相关学者从可持续生产的角度对循环经济发展模式进行整合；2002年又从新兴工业化的角度认识循环经济的发展意义；2003年国家将循环经济纳入科学发展观，确立物质减量化的发展战略；2004年国家又提出从不同的空间规模（即城市、区域、国家层面）大力发展循环经济；2005年《中共中央关于制定国民经济和社会发展第十一个五年规划的建议》明确提出，要把节约资源作为基本国策，发展循环经济，保护生态环境，加快建设资源节约型、环境友好型社会。目前，与发达国家相比，我国资源综合利用水平差距较大。我国矿产资源总回收率和共伴生矿产资源综合利用率分别为30%和35%左右，比国外先进水平低20个百分点。我国木材综合利用率约60%，发达国家一般在80%以上。此外，我国大量的废旧家电及电子产品、废有色金属、废纸、废塑料、废玻璃、废旧木质材料等，还没有得到有效利用，既浪费了资源，又污染了环境。这也从侧面说明，我国资源综合利用的潜力很大。

循环经济一词较早出现在1996年德国颁布的《循环经济和废弃物管理法》中，据不完全统计，关于循环经济的概念有40种之多，目前国内比较完整阐释循环经济的定义是：循环经济（Cyclic Economy）即物质闭环流动型经济，是指在人、自然资源和科学技术的大系统内，在资源投入、企业生产、产品消费及其废弃的全过程中，把传统的依赖资源消耗的线形增长的经济，转变为依靠生态型资源循环来发展的经济。

循环经济理论以生态经济学理论为基石，由可持续发展理论、清洁生产理论、自然资本理论和工业生态理论共同支撑。可持续发展的核心是摆脱资源环境的制约，可持续发展理论认为，经济发展与环境保护相互联系不可分割，而循环经济是可持续战略的主要载体和具体实现形态。

循环经济的实际运作原则是"减量化（Reduce）、再利用（Reuse）、再循环（Recycle）"，简称"3R"原则。减量化旨在从输入端进行控制，从源头节约资源，减少进入生产和消费过程的物质量。再利用则属于过程性方法，而再循环则属于输出端方法，要求物品完成使用功能后重新变成再生资源。目前国际上比较成熟的循环经济模式有：企业内部的循环经济模式，区域生态工业园区模式，社会层面上的废物回收再利用体系和社会循环经济体系。

二、目前我国稀土产业发展存在的主要问题

稀土有"工业维生素"、"新材料之母"之称，广泛应用于尖端科技领域和军工领域。经过近60年的科技攻关和发展建设，中国的稀土产业发展成就显著，已成为全球最大的稀土资源、生产、应用和出口国。我国稀土产业在取得显著成绩的同时，也面临很多不容忽视的问题。

(一) 稀土出口贸易方面

由于产品附加值低,出口创汇值不高,特别是由于无序竞争、低价竞销,造成出口量越来越多,而我国没有掌握稀土产品的定价权,从而价格却越来越低,造成我国稀土资源大量外流。

(二) 国内稀土产业发展方面

(1) 开采方式粗放,资源浪费严重。我国稀土资源的储量在地理分布上呈现出"北轻南重"的特点,即轻稀土主要分布在北方,重稀土主要分布在南方。北方内蒙古包头的白云鄂博矿是我国轻稀土的主要生产基地,然而在其铁矿开采中,由于种种原因,其回收利用的稀土不足矿山开采量的10%,90%以上的资源进入尾矿坝,虽未流失,但利用率低,仅为6%左右。南方离子型稀土矿主要来自广东、福建、湖南、四川、江西等6个省区,由于管理不善,都不同程度地存在滥采滥挖,采富弃贫、丢矿压矿现象较严重,资源利用率低下,仅为20%~30%,且造成植被破坏、水土流失等环境问题。

(2) 多数企业未形成规模,企业盲目生产,产销存在结构性失衡。在我国百余家稀土企业中,年处理能力在2000~5000吨的只有10家。小企业过多,缺乏规模效应,行业整体缺乏竞争力。尤其是处理南方离子型稀土精矿的分离厂规模更小,产量低,成本高,销售差,效益不高。有些稀土产品是联产品,在生产某种产品时成比例地生产出其他种产品,而各种产品的市场需求与消费与生产不成比例。北方矿中的铈、钕、镧的销路较好,但同时联产品铈产量大而需求少而销不出去。加上厂家为追求个别产品的利润,盲目扩大分离能力,加剧了钇、铈等产品的库存积压。目前自治区稀土工业产品结构中,上游产品占60%,中下游产品及高附加值产品占40%,产品结构亟待优化。

(3) 应用研究滞后,自主知识产权缺乏。在稀土应用方面,低档产品供过于求,高档产品难以满足市场的需求。产品技术含量明显偏低,跟踪仿制多,自主创新少,缺乏具有自主知识产权的成果。尤其是在高技术、新材料的研究应用领域,几乎没有自主知识产权的产品和生产技术,致使一些掌握了生产技术的产品进不了国际市场。稀土永磁材料的出口销售就是最典型的例子,出口必须购买他国的专利许可证,至今仍然受到拥有知识产权的日、美企业的高额盘剥。

(4) 环境污染问题严重。稀土开采过程中放射性元素的浸出和富集造成了放射性污染,也造成了流域污染。例如,包头市稀土工业废水排放去向主要是包钢尾矿坝和四道沙河,废水绝大部分不经处理直接排放,排放的废水总 α 放射性超污水综合排放标准(1贝克勒尔/升)4~63倍,钍含量在 10^{-3}~10^{-4} 克/升水平,较一般工业废水高。有11个稀土企业年排废水约1.2百万吨,80%以上不经治理直接排入四道沙河、流入黄河,造成流域污染。稀土企业环境污染严重,已经成为制约稀土产业持续发展的重要因素之一。

综上所述,我国稀土工业发展模式仍然是"高投入、高消耗、高污染、低产出、低收益"的传统模式。虽然我们是稀土生产和出口大国并且资源储量丰富,但是我们的资源优势随着稀土工业掠夺式的发展已经不复存在,如果继续这样的模式,我们将面临资源短缺的困境。稀土工业必须转变现有的经济增长方式,走循环经济的道路。

三、中国稀土产业循环经济发展的主要思路和区域重点

(一) 资源流动的组织层面

资源流动的组织层面主要包括企业小循环、区域中循环和社会大循环三个方面的循环,同时,还有南、北两个区域重点,北方以包钢稀土国际贸易有限公司为中心,南方以江西五矿、四川中铝为主。

在企业层面,要求企业节约降耗,提高资源利用效率,实现减量化;对生产过程中产生的废弃物进行综合利用,根据资源条件和产业布局进行整合;结合当前《2009~2015年稀土行业发展专项规划》继续推进稀土行业整合。未来稀土行业发展将从上游和下游两个方面同时着手。上游将规范稀土矿的开采和稀土冶炼分离企业的数量;下游将扶持稀土产品的开发,提高产品附加值。

在国家层面,按照循环经济减量化和再利用的原则,结合地区稀土资源的差异制定差异化战略。对于稀土精矿的开采,轻稀土方面,主要开发内蒙古和四川,有条件地开发山东;重稀土方面,主要开发江西、广东和福建,有条件地开发湖南和广西。对于稀土分离企业,按照严格的生产过程中产品的再利用原则严把质量关,并要求企业精简计划,到2015年将目前的100多家稀土分离企业缩减至20家。

(二) 资源利用的技术层面

资源利用的技术层面主要是从资源的高效利用、循环利用和废弃物的无害化处理三条技术路径去实现。针对稀土工业产品的应用特点,关键是掌握核心技术。通过核心企业发展循环经济,带动相关上下游产业加入产业链,形成从能源到中间产品再到最终产品的闭路循环,建立以大企业为核心,相关企业消化、利用其废弃物的生态工业园。北方可以包钢稀土生产的稀土精矿为纽带,在包头地区建立稀土高新产业园区,吸引稀土运用企业集中到包头。并通过政策引导,鼓励企业生产深加工产品,提高稀土产品附加值,减少稀土尤其是上游初级产品的出口,从而减少对国外市场的依赖。

南方六省可以联合监管、形成合力、共同规划稀土整合。规范开发秩序,促进稀土资源的规模化开发和集约化利用,要求相关地市开展政府部门间紧密协作,推进建

立区域联控联查联动的共同责任机制。开展专项整治合作，在稀土资源产、运、销等关键环节设置监控系统，逐步联合建立稀土矿产品流通登记票证电子网络管理系统，坚决封堵违法矿产品进入流通领域，开展区域间交叉互查，明确主体责任，强化责任落实。

通过产业结构的调整发展循环经济的稀土产业集群。根据国家颁发的新的产业结构目录和暂行规定，调整改造中小矿厂，坚决淘汰不具备安全生产条件和资源破坏严重的个体、私营企业，通过合并、重组等方式形成一批具有规模优势的企业。

四、推动中国稀土循环经济发展的政策建议

具体到我国的稀土产业，由于稀土资源是我国比较重要的几种战略资源之一，国家应制定并严格执行相关保护稀土的法律、法规，加强对稀土产业发展的宏观调控和引导。继续实施稀土矿山、冶炼分离生产总量控制，科学规划、适度控制稀土精矿生产总量。对我国稀土要继续采取保护措施，严格限制稀土出口。

按照循环经济减量化的原则，要从源头节约资源，减少进入生产和消费的稀土量；可以考虑建立稀土资源储备机制，稀土是高科技领域新材料不可缺少的元素，美国、日本等国已经把稀有金属和稀土作为国家、民间两级储备资源，当前建立我国自己的稀土资源储备已迫在眉睫。合理调整稀土矿的生产结构：主要是采取开发中保护、保护中开发的原则，尽量减少稀土含量高的原矿生产，采取严格的分穿、分爆、分别运输、分别堆放的办法，把有限的稀土资源保存下来。

发展高新技术是关键，与日本将90%以上的稀土用于高新技术形成鲜明对比的是，中国稀土主要应用在传统领域，应用于高新技术领域的还不到50%，特别是在稀土新材料领域，中国几乎没有自主知识产权。因此，要加大对稀土科研的投入，加快培养具有创新能力的稀土人才。

我国发展循环经济要借鉴发达国家的成功经验，制定并推进循环经济的法律法规体系。积极推进循环经济的企业化进程。各级政府作为建立循环经济社会机制的主体，应抓紧制定相关的法规政策，逐步建立健全适应循环经济发展要求的管理体制和机制。

推动我国稀土循环经济的发展，要以科学发展观为指导，以优化资源利用方式为核心，以技术创新和制度创新为动力，加强法制建设，完善政策措施，逐步形成中国特色的循环经济发展模式，推进资源节约型社会和环境友好型社会建设，实现稀土工业的可持续发展。

参考文献

[1] 苏文清. 中国稀土产业经济分析与政策研究 [M]. 北京：中国财政经济出版社，2009.

[2] 苏晓云. 当前中国稀土产业的现状及思考 [J]. 稀土信息，2008，14（12）.

［3］赵海东. 资源型产业集群与中国西部经济发展研究［M］. 北京：经济科学出版社，2007.

［4］吴莅芳. 内蒙古稀土产业发展现状分析［J］. 北方经济，2008（5）.

［5］任福. 发挥资源优势全力构筑"稀土之都"［J］. 中国高新区，2009（8）.

［6］殷建华. 超量供给稀土跌价［J］. 金属通报，2009（19）.

［7］邓家姝，邓家恂. 坚持科学发展观实现我国稀土产业可持续发展［J］. 世界有色金属，2005（2）.

［8］干勇. 利用资源优势聚集稀土特色产业［J］. 中国高新区，2009（8）.

［9］华宫. 国家将推出稀土产业政策企业战略重组势在必行［J］. 中国经贸，2009（17）.

第五章 稀土产业发展现状与资源整合重组对策[*]

一、引 言

  稀土被誉为"工业维生素"和新材料的"金库",在传统产业的技术进步和发展中发挥着越来越重要的作用。稀土金属广泛应用于冶金机械、石油化工、电子信息、能源环境、国防军工等10多个领域的40多个行业,是当今各国重要的战略资源。中国稀土资源储量、产量和销售量都占据世界第1位。但作为世界上稀土储量最丰富、产量最大的国家,长期以来,在国际稀土市场,中国却没有定价权,甚至将这一具有重要战略意义的资源卖出了猪肉价,没有专利总是受制于人。造成这一现实的重要原因在于中国稀土技术尤其高端产品应用技术方面的落后。中国生产的稀土产品多为低端产品,这些产品应用技术含量低,跟踪仿制多,独立创新少,开发应用滞后。
  我国依靠得天独厚的稀土资源优势,赢得了稀土生产量、稀土应用量和稀土贸易量三个世界第一,成为名副其实的世界第一稀土生产国,但我们也为此付出了巨大的资源、能源和环境代价。目前,我国稀土工业中资源浪费、环境污染的落后生产能力还占相当比重;一些新上马的稀土企业,其发展在一定程度上仍然是以高能耗、资源的过量消耗和生态环境的破坏为代价的。作为世界上稀土储量最丰富的国家,我国还不是稀土强国,没有充分发挥稀土资源和产业的经济效益,资源浪费和环境破坏严重,稀土科学基础研究投入不足,稀土科技和产业发展战略研究缺乏。随着产业转型压力的不断增大以及人们环境保护意识的提高,如何更加合理有效地利用现有资源,成为摆在人们面前的首要问题。

二、我国稀土产业的发展现状

  中国是世界上稀土资源最丰富的国家,全国已有22个省(区)先后发现一批稀土

---

[*] 本文原载《稀土》,2013年第1期,作者:张璞、李毅。

矿床，分为北方稀土和南方稀土。20世纪50年代以来，经过50年左右的发展，我国稀土产业的发展令人瞩目，已形成了一个比较完善的科研开发体系和开采、选冶、加工与应用的工业体系，在全球稀土行业中占据支配地位并起主导作用。

（一）我国稀土储量及其特点

我国稀土储量及其特点：一是储量大。目前世界上已探明的稀土工业储量为1亿吨（REO）左右，我国为5200万吨，占全世界的50%以上，是稀土资源最丰富的国家。二是分布广。我国已有22个省区发现具有工业价值的稀土矿床，主要分布在内蒙古、四川、山东以及江西、福建、湖南、广东、广西等省区。主要为氟碳铈矿、独居石和离子型稀土矿，形成了"北轻南重"的分布特点，具体数据如表1所示。三是矿物全。世界主要稀土矿物在我国都有发现。特别是离子型稀土矿为世界所罕见。四是大部分资源比较集中，开采比较容易。同时便于开发和管理，易于生态保护。我国不仅稀土资源丰富，而且还具有资源质量方面的许多优势，不同的稀土矿床具有不同的优势。我国已发现的重要稀土矿床常与多种金属或非金属矿床共生，有益组分含量高，综合利用价值大。

表1 中国稀土储量（REO）

地区	探明储量（万吨）	工业储量（万吨）	远景储量（万吨）	工业储量占全国比例（%）
内蒙古包头白云	10600	4350	>13500	83.6
山东微山	1270	400	>1300	7.7
四川凉山	240	150	>500	2.9
南方七省区	840	150	>5000	2.9
贵州织金	70	—	>150	—
其他	150	150	>225	2.9
总计	12770	5200	>21000	100.0

资料来源：中国稀土信息网。

（二）稀土产业概况

自20世纪50年代以来，经过50多年的发展，我国稀土产业的发展令人瞩目，已形成了一个比较完善的科研开发体系和开采、选冶、加工与应用的工业体系，在全球稀土行业中占据支配地位并起主导作用。随着科技进步及有关稀土研究的不断深入，稀土金属不但在传统产业的技术进步和发展中发挥着越来越重要的作用，而且被广泛应用于冶金机械、石油化工、电子信息、能源环境、国防军工等10多个领域的40多个行业，是当今各国重要的战略资源。但作为世界上稀土储量最丰富、产量最大的国家，长期以来，在国际稀土市场，中国却没有定价权，虽然从2010年开始中国稀土相对改变了原有的低价态势，但这种改变却不是基于市场原则的改变，专利受制于人的情况没有得到改变。造成这一现实的重要原因是中国稀土技术尤其高端产品应用技术方面的落后。中国生产的稀土产品多为低端产品，这些产品应用技术含量低，跟踪仿制多，独立创新少，开发应用滞后。

三、我国稀土产业存在的主要问题

（一）市场缺乏有效监管，进而造成资源过度开采

虽然国家对稀土开采有配额限制，但是采矿权一直都下放在地方政府，由此造成监管困难，进而导致稀土开采量往往超过配额，超采、滥采现象普遍。而且由于稀土进入的门槛低，只要二三百万元注册资金就可以成立一家和稀土相关的公司，做稀土生意，所以，相关企业一时间遍布稀土资源丰富的地区。另外，地方政府除了保护自己地区的资源，和其他地区的竞争也日益白热化，都争着上自己的项目，想要实现利益的最大化。所以，诸如超额开采、技术优势不明显等弊病均很明显。

（二）稀土走私严重

稀土走私已经形成了一条完整的"产业链"。其中有人专门采购，有人专门收货等，而变相走私也越发严重，国外企业通过进口一些低端的钕、铁、硼、合金产品，进行简单加工后便运到国外进行深加工或储备，绕开出口配额的限制。

（三）产品附加值低，高新技术产业化缓慢

中国是世界上最大的稀土生产国和消费国，形成了集资源开发、冶炼加工、新材料应用等于一体的较为完整的稀土产业体系，但仍存在高端应用研发滞后、资源利用率不高、应用产业规模和水平偏低等问题。另外，不少稀土加工企业跟随市场潮流，囤稀土、倒稀土，将重心从生产转移到了资源的买卖上，赚"快钱"的心理让这些企业无心在稀土应用技术方面大力创新。

（四）土市场价格混乱，缺乏国家级定价中心

企业间竞争激烈，中国的稀土行业饱受拥有资源，却在价格方面没有话语权之苦，西方发达国家用我们出口的稀土资源做成高技术产品后再以数倍的价格卖回中国。虽然从2010年10月起，中国稀土市场开始出现一轮涨价风潮，稀土原料及稀土金属价格一路飙升，并在2011年4月演变成爆发式增长。但是这种价格上涨却不是市场作用的

结果，市场呈现"有价无市"的状态。

四、我国稀土资源整合重组对策

（一）明确分工，各司其职，信息透明

针对一直以来"监管部门较多、权责不明"的现象，"稀土办公室"应切实落实其统筹以及监管功能，在政策建设、价格协调、行业自律、市场开拓、信息交流、企业整合等方面提供高效率的服务，彻底改变现阶段多部位分散的管理状况并加强我国稀土话语权。另外，明确中央政府与地方政府的权利与责任，使之形成一套合理有效的监管系统，保障政策的执行力度及时到位。

（二）提高稀土企业门槛，加快行业整顿

针对国务院新近提出的"加快行业整合，调整优化产业结构"会议精神，实力雄厚、有条件的大型稀土企业在完成产业转型的同时，通过兼并重组，优化行业资源配置，真正实现专业化分工，从而打破一直以来行业内"小、散、多"的状况，以提升规模优势和竞争优势。

（三）加大稀土专用发票的推广力度，建立稀土储备长效机制

针对一直以来稀土可以同其他大宗商品采用一般发票的情况，国家应在加强稀土专项整治工作的同时，完善有关法律法规，保证稀土专用发票的顺利实施。另外，国家统筹应考虑国内资源和生产、消费以及国际市场情况，合理确定年度稀土开采总量和出口配额，针对轻重稀土，分别制定可交易的稀土开采许可证，使得市场体系能参与运作，对稀土企业寻求高效利用稀土配额提供了激励。

（四）加大稀土研发的投入，发展稀土应用水平

一直以来，资金少、使用分散造成了我国基础理论和应用研究薄弱。针对这种情况，企业首先应按照发展战略性新兴产业的总体要求，增加稀土研发的资金投入，国家相关部门也应从财政上给予重点扶持，重点扶持和奖励对稀土新产品开发和应用的研究。另外，金融机构也应发挥资本运作的作用，采取有序、合理、有针对性地并购国外相关稀土应用型企业，并保留相应的国外研发团队，以此支持我国的稀土企业发展。

除此之外，国内相关稀土企业也应扩大稀土新材料在我国传统领域中的应用，加强对已具有我国相关知识产权的稀土高新技术、新材料的应用研究，如高性能的钕铁硼永磁材料保持了我国在相关领域的优势，同时研发新的具有广泛用途和特殊用途的新功能材料，形成高附加值产品。

另外，加强我国企业在高新技术产品（如元器件）、终端产品方面的开发及应用，研发具有核心技术的自主专利产品，应用到高新技术产业中，延伸产业链，进而增强产业的核心竞争力。同时还应进一步加强产量控制，引导稀土行业发展重点向应用领域转移，使现阶段呈现出的科技创新资源逐步向产业高端集聚，产品研发、项目投资等从过去偏重于开采、冶炼分离向高性能稀土新材料和高端应用器件转移的发展态势得到进一步巩固和发展。

（五）培养高水平创新人才，组建和发展创新型稀土企业集团

重视高水平创新人才的培养，搞好人才发展规划，利用我国相关稀土资源以及相应的教育资源优势，大力培养稀土产业发展所需的高水平稀土企业人才，并利用国家及地方政府的相关财政支持在相关的稀土产地建立相应的稀土国家重点实验室，营造出一个有利于吸引和放活人才的环境。同时要依靠本地区现有的高校和企业人才，以灵活的分配制度激励和调动其积极性，营造出创新的科研氛围。同时，在各重点实验室建立开放式人才机制，实行特殊的优惠奖惩政策，如允许各类人才以知识和既有的技术专利作为相应的股权资本，参与实验室的盈利分配。同时加强与发达国家人才市场的交流，促进人才源源不断地流入我国相关重点实验室和相关稀土企业，并充分调动产品研发人员的积极性，减少和避免有经验、有能力的人才流失，并利用稀土高新技术产业优势，实现专业人才的集聚效应，在各重点实验室营造良好的创新工作氛围以及优厚的工作条件和待遇，逐步形成一个具有高新技术开发创新能力的科研群体，吸引国内外人才共同发展我国稀土产业。

另外，加快创新型稀土企业集团的组建和发展。通过公开拍卖、兼并或股份制改造，组建创新型稀土企业集团，建立"产权清晰、权责明确、政企分开、管理科学"的现代企业制度。

（六）加快多元化融资渠道的建立健全

加大政府的投入力度，以带动其他资金的投入，并充分发挥民间投资的作用，引导和激励社会资金，以"稀土基金"的形式，同那些为稀土企业创新做出重大贡献的企业合作，充分调度社会资源，引导稀土业的发展。

（七）完善国家稀土战略储备制度

国家稀土战略收储与企业收储形成鲜明的不同，其收储重点为未来有重要应用但

现在比较稀缺的产品,以及在市场价格低的时候进行一些战略性产品储备。国家在利用国家财政资金进行国家稀土战略收储的同时,应着重完善收储渠道,同时建立相应的机构,做好国内外稀土价格影响因素的收集及分析工作。

五、结　语

相对其他国家,我国的稀土产业拥有得天独厚的优势,但与西方发达国家相比,我国在稀土新材料的研究、开发、应用等层面存在不小的差距。也正是基于这种形式,整合我国稀土企业迫在眉睫。只有从根本上加强资源的优化分配,提高企业的研发和高技术的产业化,才能将我国的资源优势转化为经济优势,我国稀土工业的明天才会更好。

参考文献

[1] 程建忠,车丽萍. 中国稀土资源开采现状及发展趋势 [J]. 稀土,2010 (2).

[2] 李若馨. 稀土整合之困 [J]. 中国金属通报,2010 (8).

[3] 任福兵. 中国稀土产业整合模式研究 [J]. 内蒙古社会科学,2011 (6).

第六章 我国稀土产业可持续发展的战略思考*

一、引 言

稀土被称为"21世纪的新材料宝库",作为国家安全的战略资源和高科技材料,作为工业的"味精",已经广泛应用于国民经济生产的各个领域。我国是举世公认的稀土资源大国、生产大国、出口大国和应用大国,但是近年来中国稀土资源的价格一降再降,陷入价格低谷,受制于人。对此,中国稀土之父徐光宪(2009)分析指出"本来只在包头、上海、珠江三个国营稀土大厂推广的稀土分离技术,迅速扩散到地方和私营企业,建厂达几十个之多,生产能力大于全世界的需求量10万吨,造成供过于求,人为压低稀土价格。"靳海明(2009)认为,我国稀土资源的优势正在削弱,我国的稀土资源从20世纪70年代占世界总量的74%下降到20世纪90年代的46%左右。邓家妹等(2009)指出,中国稀土产业存在的问题有资源储量消耗过快,初级产能过剩;产品开发滞后,自主创新不足;低水平重复建设,环境污染严重;企业各自为政,缺乏统一的行业联盟组织。熊必琳(2009)认为,开采方式粗放,资源浪费严重;部分企业环保意识薄弱,应用开发滞后,自主创新不足;出口秩序混乱等是我国稀土产业可持续发展的"瓶颈"。从对我国稀土行业的已有研究可以看出,虽然近年来我国的稀土产业取得了长足进步,但是还存在很多问题,这些问题是我国稀土产业发展的"瓶颈",制约着我国稀土产业的可持续发展。

二、我国稀土产业的发展现状

经过多年的开发和发展,我国稀土产业的工业体系已初步形成,包括从上游的稀土资源开发、冶炼、加工到下游的研发应用。虽然中国已探明的稀土资源量、生产量、出口量和消费量均居世界第一,但是稀土资源优势要转化为产业优势和经济优势,必

---

* 本文原载《开发研究》,2011年第7期,作者:闫包成、安忠梅、郝戊等。

须有稀土可持续发展的战略、技术、政策等方面的支持，而我国仅在资源和生产方面属于稀土大国，在应用方面远落后于发达国家，更谈不上成为稀土强国。

在资源方面，我国稀土资源虽然储量居世界首位，已探明的稀土储量为5200万吨，远景储量为21000万吨，稀土工业储量占世界稀土工业储量的46%，远景储量占世界的76%，且具有矿种和稀土元素齐全、稀土品位高等优势，但是稀土资源是不可再生资源，回收再利用率极低，再加上我国开采水平低，浪费严重，经过多年的大量开采利用，稀土资源储量正在逐年下降，20世纪70年代占世界总储量的74%，20世纪80年代下降到了69%，至20世纪90年代末下降到46%，资源优势逐渐呈现衰退趋势。

在生产方面，我国稀土矿源生产结构不合理、资源消耗大。从全球角度看，占世界稀土资源（工业储量）46%的中国，生产了世界稀土产量的95.6%。同时，产量第一也说明了我国的稀土消耗全球第一，这种最宝贵的稀土资源的消耗影响着我国稀土资源优势的发挥。此外，在稀土应用方面，我国与世界发达国家存在很大的差距，尤其是在高新技术领域，新材料领域，我国稀土的应用主要集中在传统领域。例如日本占世界稀土应用总量近30%的份额，用于高新技术领域的稀土占其总用量的90%以上；美国用于高新技术领域的稀土占其总用量的77%。而我国稀土主要应用在传统领域中，应用在高新技术领域中的还不到50%。

在出口方面，虽然国家不断调整政策，但是由于出口产品位于产业链中低端，附加值和科技含量低，尤其是由于我国稀土企业存在无序竞争和低价竞销现状，从而导致出口量大增，但是稀土产品的定价权操纵在发达国家手中，使得我国出口产品的价格越来越低。据统计，近几年来，中国的稀土出口量增长了近10倍，稀土价格却下降了3倍，国内有关矿产企业的利润普遍只有1%~5%。其趋势如图1和图2所示。

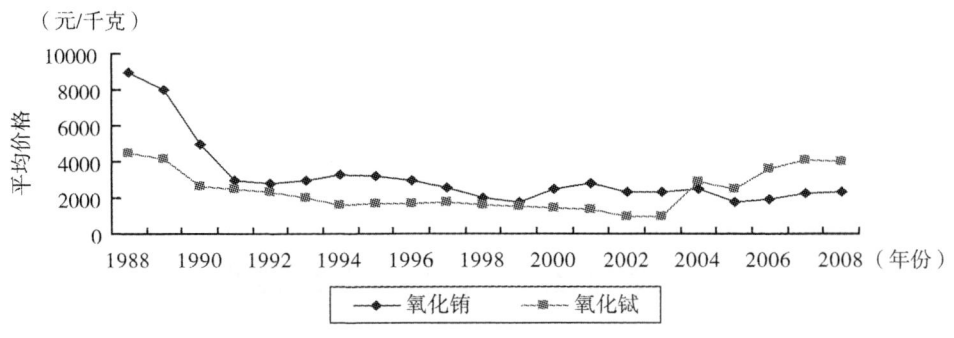

图1　1988~2008年氧化铈、氧化铽产品价格走势

也就是说，在发达国家控制世界市场产品价格的现状下，我国出口的稀土产品越多，利润就越低，甚至稀土行业还出现过"不卖不赔，越卖越亏"的局面。

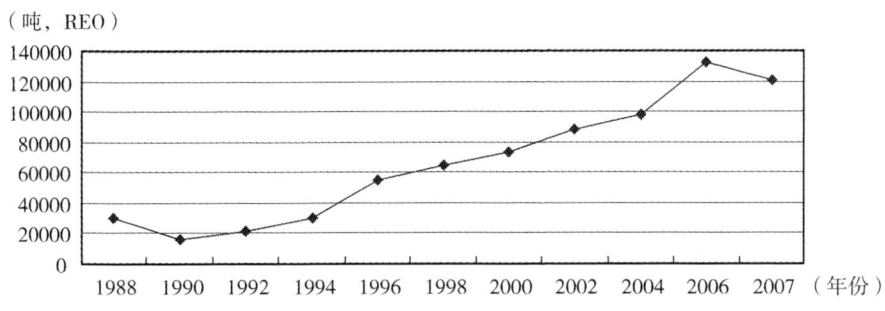

图 2　1988~2007 年我国稀土精矿产量增加趋势

三、我国稀土产业可持续发展存在的问题

（一）稀土企业自身存在的问题

（1）规模的企业少，小且竞争力差的企业多，市场聚集度低。据统计，在我国百余家稀土企业中，年处理能力在 2000~5000 吨的只有 10 家。规模企业少，市场聚集度低，难以形成规模效应，从而形成整个稀土行业缺乏竞争力的局面。尤其是南方离子型稀土精矿的分离厂不仅规模和产量小，而且成本高，市场占有率不高，整体经济效益低，使企业在国内外市场竞争中处于劣势地位。

（2）企业盲目生产，产销存在结构性失衡。有些稀土产品是联产品，在生产某种产品时就成比例地生产出其他产品，而各种产品的市场需求与消费不与生产成比例。各单一稀土产品消费存在严重失衡，如南方离子矿中的铽、铕、镝、镥、钕含量少，产量少，用量大，而钇的含量高、用量少，产量大；北方矿中的铈、钕、镧销路较好，但联产品铈产量大需求少而销不出去。加上厂家为追求个别产品的利润，盲目扩大分离能力，加剧了钇、铈、等产品的库存积压。

（3）缺乏高精技术人才，加剧人才供需矛盾。目前，我国稀土企业由于缺乏高精技术、高层管理人才，造成稀土研究应用和经营人才短缺，管理水平低下，稀土应用产品落后与市场需要。分析 1998~2002 年世界各国在华申请的专利数量（见表 1），可看出我国在高新技术领域与发达国家存在很大差距，在研磨抛光材料领域我国申请的专利仅占 21.87%，而在华申请的专利日本则占 50%；光学玻璃光纤领域我国占 36.5%；精密陶瓷超导领域占 50.88%。从我国在高新技术领域申请的专利数量可看出我国稀土行业高精技术的研究人才短缺。另外，我国稀土资源集中的内蒙古、四川、广东江西赣南等地，由于地处我国中西部地区，经济区位不够优越，再加上企业缺乏吸引人才的有效机制，导致稀土高精技术人才流失，科研骨干断层。人才缺乏已严重影响我国古稀土产业的可持续发展。

表1 1998~2002年我国和有关国家在中国申请稀土专利分布状况

领域	中国	日本	美国	德国	法国	荷兰	英国	韩国	其他	合计
光学玻璃·光纤	58	31	38	2	5	0	0	17	8	159
研磨·抛光材料	7	16	8	0	1	0	0	0	0	32
永磁材料	293	102	10	2	0	1	1	1	3	413
发光材料	173	47	24	14	1	28	4	2	2	295
晶体材料·电视	76	8	4	2	5	0	0	1	1	98
精密陶瓷·超导	87	54	11	3	1	1	0	9	5	171
贮氢材料·电极	72	33	3	4	0	2	0	3	5	122

资料来源：苏文清：《中国稀土产业经济分析与政策研究》，北京：中国财政经济出版社，2009年版。

（二）稀土行业存在的问题

1. 粗放式开采造成严重的资源浪费

北方稀土资源主要来自包头的白云鄂博，在其矿山开发中，由于技术、设备等原因，稀土回收所占比例低于矿山开采用量的10%，另90%以上的稀土资源进入尾矿坝，利用率极低，仅为6%左右，远远低于国际利用率水平。广东、福建、湖南、云南、广西等6个省区是南方离子型稀土矿主要产区，由于管理、政策不完善，设备落后等，基本是粗放型的开采方式，严重存在滥采滥挖、采富弃贫的现象，资源利用率不足30%。

2. 环境污染问题严重

如果按照我国现有工业"三废"排放标准对我国稀土生产企业的排放物进行测量，几乎没有达到国家标准的企业，都存在一定的超标，尤其是化学耗氧量（COD）、生物耗氧量（BOD）及其氨氮等大量超标。此外，一些处理独居石的稀土厂含微量放射性元素的废渣等排放物也未得到妥善处理，造成放射性污染。稀土企业环境污染严重，已经成为制约稀土产业持续发展重要因素之一。

3. 应用研究滞后，自主知识产权缺乏

我国稀土生产、消费、出口均居世界第一，但是在稀土应用和研究方面，不但缺乏稀土的知识产权、核心产品，而且产品技术含量低，产品附加值低，低端产品供过于求，自主创新少，市场需求量大的高端产品严重依赖进口。从表2可以看出：我国稀土的消费结构在不断改善，尤其是新材料领域的消费增长迅速，消费比重由1987年的1%增加到了2007年的53%。但与发达国家相比，差距仍然很大，稀土在高新技术领域的应用，日本占其总用量的90%以上，占其总用量的77%。而我国尤其是在高新技术的研究应用领域，由于产品和生产技术的知识产权基本垄断在外国发达国家手中，受到美国、日本的高额盘剥，我国的一些产品很难进入国际市场或者要购买专利许可证。这种现状严重阻碍中国稀土产业向国际市场进军。

表2 2002~2007年中国稀土的应用分布及其比例

年份 行业	2002 消费(吨)	2002 比例(%)	2003 消费(吨)	2003 比例(%)	2004 消费(吨)	2004 比例(%)	2005 消费(吨)	2005 比例(%)	2006 消费(吨)	2006 比例(%)	2007 消费(吨)	2007 比例(%)	平均增长(%)
冶金/机械	5400	24.5	5410	18.3	5000	15.0	9738	18.8	10085	16.06	10994	15.15	6.3
石油/化工	4500	21.5	4935	17.0	4000	12.0	6000	11.6	6800	10.83	7548	10.40	10.9
玻璃/陶瓷	2800	12.7	6000	20.3	6200	18.6	6500	12.5	7607	12.11	7872	10.85	18.8
高新材料	6000	27.3	10000	34.0	15911	47.6	24662	47.5	30701	48.90	38450	53.00	39.4
农/轻工/纺织	3300	15.0	3155	10.7	2300	6.9	5000	9.6	7600	12.10	7686	10.59	16.0
国内总消费	22000		29500		33411		51900		62793		72550		14.4

资料来源：依据中国稀土信息网2002~2007年的相关数据计算整理。

（三）国家宏观管理体制和政策方面存在的问题

1. 缺乏有效的市场经济管理体制

与我国其他行业一样，稀土企业同样存在多头管理、地方割据的现象，并且管理机构职能交叉、分散，效率低下，导致整个稀土行业管理工作混乱，管理方式很难适应市场。一方面造成统一管理、统一调控的困难；另一方面导致稀土企业隶属关系复杂，造成"管理障碍"，使稀土行业在管理、服务、协调、监管功能等各方面缺乏公众可信性，使我国稀土产业很难形成统一对外的整体产业机制。因此，我国稀土行业要建立有效的市场经济的管理体制，必须客观面对以上现实问题。

2. 稀土生产企业无序竞争，缺乏有效的市场管理

这是自20世纪80年代以来一直存在的问题，企业之间无序竞争，竞相降价。例如在经济环境好与不好的情况下，氧化钕的市场价格差价在四到五倍。国家有关行政部门针对这种情况，实施过一系列的措施，由于在经营稀土产品出口领域内存在多种应对政府管理的措施，虽然这些措施在一定时间内也取得了一些效果，但其持续性效果不尽如人意。

3. 出口秩序混乱，监管有待加强

2008年，我国稀土产品已占全球80%的市场份额，但长期以来，我国有上百种稀土出口产品，仅有40多个税号，部分产品和税号脱节，既无法满足监管需要，又导致我国稀土资源流失和走私现象发生，稀土产业安全问题越来越突出。另外，我国对出口实行两种许可证管理：出口配额许可证和出口许可证管理，但是事实证明，出口配额许可证管理政策存在弊端，既没有达到预期的效果，又使我国稀土企业无法形成合力，一致对外，无法发挥控制市场价格的作用。

四、不同层次决策主体对我国稀土产业可持续发展的战略构想分析

（一）我国稀土产业可持续发展的企业战略分析

（1）继续企业联合重组战略，做强做大稀土产业。企业要抓住国家调整产业结构、淘汰落后生产设备的机遇，趁机以收购、兼并等手段实现低成本扩张，不断壮大自己，增强公司实力。同时，国际金融危机也是企业整合的良机，实力雄厚的稀土企业要在政府的积极引导下以资产为纽带，通过联合、兼并、资产重组、资源优化配置，实现专业化分工、多样化结构、集约化经营，在全国逐渐形成若干个具有稀土产品优势、经济实力雄厚、专业化强的有国际竞争力的集团。

（2）重视企业自主创新。自主创新能力不足是我国稀土产业发展的一大软肋，企业要加大技术开发的投入，提高稀土资源的开发利用水平，尽快改变我国稀土应用技术含量低、跟踪仿制多、独立创新少、开发应用滞后的现状，避免发达国家利用其在稀土高新技术领域的优势，采取知识产权、技术贸易壁垒等手段遏制我国稀土应用产业的发展。

（3）企业人才战略。以提高战略开拓能力和现代经营管理水平为核心，培养造就一批熟悉国内外市场，懂经营、善管理、会理财，具有国际水平的经营管理者队伍；以提高创新能力和提高技术能力为核心，培养造就一批学有专长、熟悉本专业最新知识、素质全面、技术精湛、能解决实际问题的高技能工人队伍。

（二）我国稀土产业可持续发展的产业战略分析

（1）技术开发和引进战略。我国稀土行业在很多领域远远落后于发达国家，发达国家不但设备水平和产品质量高，尤其在专利拥有、高附加值产品及在高新技术领域应用水平方面，更是远远高于我国。发达国家几乎垄断了中国稀土行业所有高技术、高附加值、高效益的稀土深加工产品和应用产品技术。因此，我国稀土产业的进一步发展必须把引进技术和自主研发相结合，依靠科技进步和科技创新，把中国独有的稀土资源优势转化为符合中国由稀土大国向稀土强国转变的经济优势。

（2）稀土产业人才战略。人才短缺已成为影响稀土产业发展的一个重要因素，尤其是高新技术人才的培养。从产业政策角度看，一是要制定稀土人才发展战略，只有建立高素质的人才队伍，稀土产业才可能快速、高质量地发展。二是要有计划地引进人才，特别是重大技术攻关项目紧缺人才。三是有计划地选派稀土专业人员留学深造。四是加大国内人才的培养，稀土企业应和其他行业一样，走企业和学校"联姻"的路

子,加大培养符合自己需要的高级人才。

(3)加速行业整合战略。行业集中度高、企业规模大、市场有序是中国稀土行业长期以来所不具备的,也是企业缺乏动力的主要原因。国家应组建自己的国有大型战略矿产集团,应建立集科工贸、产学研为一体的适应国家发展战略需要的新型行业,建立中国自己的稀土王国,结合中国的国情,按照国家实际的战略需要,对国内的稀土资源进行有序的开采、利用,保护国家矿产资源,强化行业自律,保证稀土资的合理、有序开发和利用,加强国家内部稀土企业的管理,国内企业对外应在价格上实行统一的限价和提价措施,增强国内企业在国际市场上的竞争力,在定价权上掌握主动。

(三)我国稀土产业可持续发展的国家战略分析

(1)我国应改变以前稀土产业过于笼统的限制,制定有针对性的发展政策,政策应具体到某一个矿,例如,对包头轻稀土矿、四川氟碳铈矿、江西广东等南方离子型稀土矿的冶炼分离分别进行具体规定;应加大国家的立法力度,通过管理条例和法律法规,实现稀土行业秩序的规范化,规范稀土企业合理开采,提高稀土利用率;政府要做好稀土行业准入管理工作,减少无序竞争和恶性竞争,提高中国稀土企业的整体竞争力。

(2)对于国家在资源勘查和研究上长期存在立项和经费支持力度不够的问题,国家应加强这方面的扶持力度,同时应加大稀土资源的勘查、开发保护力度,提高充分利用资源意识,这是保证稀土资源大国地位和社会可持续发展的物质基础。另外,我国的稀土资源储量级别指标很难和国际接轨,国家应加快制定新的经济技术指标,使国家真正掌握可开采的稀土储量,应该和多年来的开发利用实际及今后的发展趋势相吻合,这也是和国际接轨的要求。

(3)建立国家稀土储备制度,战略性储备我国的稀土资源。我国出口的是附加值低的低端稀土产品,出口创汇低。从可持续发展战略考虑,国家应采取措施严格控制出口稀土精矿、单一稀土化合物、混合稀土、稀土富集物等原料型产品、化合物,逐渐提高附加值和科技含量高的产品出口。建立一个由国家资本控制的"稀土资源产品储备调节库",即"根据准确的市场信息,对国际市场的某些热点产品,通过适当的收购和销售来平抑市场价格,尽可能保持市场的相对稳定,对某些紧缺型的资源型产品(如钕和钇)应适当储备,以保证发展高新技术产业的需要,也是对世界稀土市场的一种调控。"

五、结 论

对于我国来讲,稀土产业是具有战略性特色的优势产业。通过对我国稀土产业发展的现状分析,可以看出目前我国是稀土资源大国,但不把稀土资源优势转化成经济优势很难成为稀土强国。稀土产业的"瓶颈"严重制约着其可持续发展，因此要做强做大稀土产业，促进我国稀土产业的可持续发展，就需要国家、行业和企业相互有效配合，相互支持，发挥出各自的作用。

参考文献

［1］ Yin Jianhua，Zuo Xichao. 2007 China Rare Earths Import & Export Analysis and Suggestions［J］. China Rare Earth Information，2008（7）.

［2］肖勇，王艳荣. 稀土矿山企业发展战略探析［J］. 稀土，2008，29（6）.

［3］邓家妹，卢标，邓家恫. 解读中国稀土［J］. 中国金属通报，2009（1）.

［4］王彩凤. 我国稀土工业发展与展望［J］. 稀土信息，2009（9）.

［5］苏晓云. 当前中国稀土产业的现状及思考［J］. 稀土信息，2008（12）.

［6］苏文清. 中国稀土产业经济分析与政策研究［M］. 北京：中国财政经济出版社，2009.

［7］宋洪芳. 我国稀土产业现状及发展趋势浅析［J］. 稀土信息，2008（12）.

［8］刘余九. 中国稀土产业现状及发展的主要任务［J］. 中国稀土学报，2007，25（13）.

［9］熊家齐. 世界稀土市场的分析与展望［J］. 稀土信息，2008（6）.

［10］吴茈芳. 内蒙古稀土产业发展现状分析［J］. 北方经济，2008（5）.

［11］靳海明. 行业拐点正在到来［J］. 中国金属通报，2009（30）.

［12］熊必琳. 稀土产业：自身做强才是根本［J］. 中国投资，2009（10）.

第七章　金融危机背景下包头市稀土产业发展现状及其成因分析*

一、金融危机对我国稀土产业的影响

（一）金融危机导致我国稀土出口明显下降

2008年以来，受美国金融危机蔓延影响，全球经济呈现明显的衰退迹象。不仅美、日、欧等发达国家经济急剧萎缩，中、印、俄等新兴国家经济也在快速下滑。世界经济的这种衰退格局，使我国稀土进出口贸易呈现加速回落的态势。主要表现在国内稀土进出口贸易的下滑态势超过了人们的预期，其总体特点可概括为以下几方面：

1. 稀土出口额呈全面下滑态势

2008年底，我国稀土产品出口额与2007年同期相比，减少了28.6%；同10月的出口额相比，则减少了0.05%。其中，稀土金属11月的出口额与2007年同期相比，减少了75.1%；同10月的出口额相比，则减少了40.8%。2008年底稀土合金出口额与2007年同期相比，减少了71.9%；同10月的出口额相比，则减少了22.2%。2008年底，稀土金属与稀土合金的出口额回落明显。只是由于氧化稀土等初级产品出口额呈涨跌互现的格局，才使稀土产品总出口额的下滑态势有所缓和。

2. 稀土产品进口呈快速萎缩状态。

2008年底，在国内外多重因素的作用下，我国稀土产品进口量与2007年同期相比，减少了12.3%；同10月的进口量相比，回落了35%。11月，国内稀土产品进口额与2007年同期相比，下滑了31.1%；同10月的进口额相比，则下降了44.9%。稀土产品进口额的回落幅度大于进口量的回落幅度，表明稀土产品进口价格的下滑非常明显；稀土产品进口的环比下滑幅度大于同比下滑幅度，则表明稀土产品的进口萎缩有加速之势。

---

* 本文主要内容发表于《科学管理研究》，2011年第2期，作者：弓秀玲、李文龙。

(二) 我国稀土贸易加速萎缩的原因

2008年底，国内稀土产品出现进出口规模快速回落，出口效益急剧下滑的现象，主要原因可以大致分析归类为以下几方面：

1. 外贸政策调控的作用

2008年以来，国家进一步加大了对稀土贸易的政策调控力度。不仅减少了经营企业、削减了出口配额，而且提高了部分稀土产品的出口税率。此外，还将大部分稀土产品列入了《禁止来料加工产品目录》，开始全面限制稀土产品的进口。外贸政策的严格调控，不仅对规范稀土产品出口发挥了重要作用，而且对限制稀土产品进口也发挥了有效作用。

2. 国外消费不畅，加剧了稀土产品出口的下滑态势

2008年7月以来，由于世界金融风暴的蔓延，美、日、欧等国的实体经济受到了严重冲击，稀土产品消费也因此大受影响，磁性材料、计算机以及玩具等主要稀土消费行业发展速度趋缓，从而减少了对稀土产品的需求。2008年底以来，世界金融危机的负面影响不断扩大，对各国实体经济的冲击越来越明显，国外的稀土产品消费也因此急剧萎缩，从而加快了国内稀土产品出口规模的下滑速度，使多数稀土产品出口呈明显的回落态势。

3. 供过于求，使稀土价格大幅回落，企业出口效益急剧下滑

长期以来，国内稀土企业一直有着强烈的增产意识，国内稀土产品消费则受制于技术水平而增长平缓。然而，2008年以来国内稀土产品出口由于政策调控的原因而大量减少，国外稀土产品消费则受全球金融危机的消极影响而快速萎缩。在国内稀土产品产量持续增长，国内稀土出口与国外稀土消费双重回落，而国内稀土产品需求又无法快速、有效扩张的情况下，稀土产品超量供给导致了国内外稀土市场的供过于求，进而使得部分稀土产品价格出现了大幅下滑。2008年底，金属钕的出口平均价比上年同期下降了36.9%；金属镝的出口平均价比上年同期下滑了43.9%；氧化钕的出口平均价则比上年同期回落了39.9%。稀土产品出口价格的明显下跌，致使稀土出口额的回落幅度大于出口量回落幅度，并使一些稀土企业的出口效益急剧下滑。

二、金融危机背景下包头市稀土产业的现状、存在的问题分析

(一) 金融危机背景下包头市稀土产业的总体情况

2006年8月，国土资源部发布全国已探明的稀土基础储量为8731万吨（折合REO

计，下同），资源量为6780万吨。包头白云鄂博矿区稀土储量为5738万吨，主要含镧、铈、镨、钕和少量钐、铕、钆等元素，稀土资源储量位居全球第一位。经过半个世纪的发展，包头稀土产业从无到有、从小到大，建成了从稀土采选、冶炼分离到深度加工和产品应用的世界上最庞大且较为完整的稀土产业体系。

金融危机发生时，包头共有稀土企业70多家，规模以上稀土企业41家，固定资产约70亿元，职工人数16000多人。形成了以包钢稀土、华美稀土、和发稀土、达茂、韵升等重点稀土企业，以包钢（稀土处理钢）、包铝（稀土铝合金）、华业特钢等重点稀土应用企业为主，其余众多稀土中小企业为辅的企业集群。外商在包头投资的稀土企业有39家，但多数企业与本土企业产业结构趋同，没有发挥技术和管理领先的优势。在区域布局上，形成了包钢稀土（集团）、"四大稀土园区"（包头稀土高新区、昆区钢铁稀土工业园区、达茂稀土工业园区、白云稀土工业园区）的新格局。

包头稀土产业初步形成了从原材料、新材料到应用产品的六大产业链：稀土磁性材料及各种电机；稀土储氢材料及镍氢动力电池、电动车；稀土抛光材料等铈类化合物的应用；稀土发光材料及应用器件；稀土催化、功能陶瓷等新材料及稀土在化工、建材领域的应用；稀土—有色金属材料深加工及其元器件生产。

目前，包头稀土精矿年实物生产能力为20万吨，折合REO为10万吨。包头稀土产品品种规格齐全，有氟碳铈矿—独居石混合稀土精矿、稀土化合物、稀土金属及合金、稀土功能材料、稀土元器件、稀土应用产品等，是全球最大的稀土生产、消费、出口地区。但产品结构呈现倒梯形分布格局，越向中下游发展，产品规模和产值越小，与国内外先进技术水平的差距越大。

（二）金融危机背景下包头市稀土产业的现状分析

我们主要从稀土精矿产业、稀土金属及合金产业、稀土永磁材料及应用产品等方面进行研究。

1. 稀土精矿产业现状和分析

包头白云鄂博矿是铁、稀土、铌等多金属共生矿床，组成元素有71种，矿物170多种，嵌布粒度细，易采难选。矿物类别主要是氟碳铈矿（约70%）和独居石（约30%）的混合矿，分布率为73.14%~96.05%，其余分布在铁矿物、萤石和其他矿物中。白云鄂博矿中稀土元素的组分绝大部分为轻稀土，其中镧、铈、镨、钕、钐占稀土氧化物总量的97%，如图1所示，尤其是铈、钕等稀土元素含量高，具有重要工业价值。

包钢稀土（集团）稀选厂是世界最大的稀土选矿厂，稀土精矿选矿是在铁精矿选矿工艺过程中进行的。稀选厂采用高效经济的浮选药剂为捕收剂及优化的成熟工艺技术，选出精矿稀土品位为REO50%~60%，稀土作业回收率为50%。目前，随铁开采的白云鄂博矿稀土资源中的10%即可满足市场需求，其余部分存放在尾矿库中，留备后用。

稀土精矿产业可持续发展存在的问题分析。随着高新技术的发展和稀土应用领域

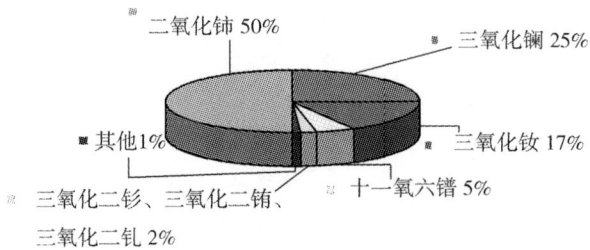

图 1 包头白云鄂博矿中单一稀土组分配分示意图

的不断扩展，国内外市场对大粒度和超细等具有特殊物理化学性质的稀土氧化物的需求越来越大。精细陶瓷、功能陶瓷、结构陶瓷、陶瓷薄膜材料、功能薄膜材料、燃料电池、发光材料等应用领域都存在很大的原料缺口。国内对精细稀土氧化物的研究主要集中在一些高等院校，且多处于试验阶段。包头稀土产业在节能和环保方面的自主创新能力有待进一步提高。稀土化合物材料制备过程存在的主要问题是物耗高和对环境的污染，按单一稀土化合物产量 8 万吨/年计算，至少消耗液氨 8 万吨或液碱 56 万吨（3 亿~4 亿元）和 70 万吨盐酸（3 亿~4 亿元），产生含氨氮或钠盐废水 300 多万立方米（氨氮含量 20 克/升），超过国家排放标准（25 毫克/升）数百倍，含氟废水排放也超过了国家排放标准（20 毫克/升），对水资源造成严重污染。废渣中钍元素的放射性强度超过国家标准，其保存与处理相当困难，而且钍作为一种资源目前还难以回收利用。

2. 稀土金属及合金产业现状和分析

近年来，稀土合金冶炼、稀土金属还原、电解制备稀土金属等火法冶金技术广泛应用于生产。包头瑞鑫稀土金属材料股份有限公司以包头稀土研究院为技术依托，先后完成 6 千安电解槽试验并用于生产，建成 1000 吨 10 千安大型电解槽国产化示范生产线，拥有世界上最先进并拥有自主知识产权的 10 千安大型电解槽技术，可以均衡、稳定地生产高质量的产品。该公司已形成年产 8000 吨金属钕、镨钕合金的规模生产线，成为全国稀土金属行业（每年产量约 2 万吨）的龙头企业。包头主要稀土金属冶炼企业及生产能力如表 1 所示。

表 1 包头主要稀土金属冶炼企业及生产能力表

序号	企业名称	生产能力（吨/年）
1	包钢稀土高科股份有限公司	1200
2	包头瑞鑫稀土金属材料股份有限公司	8000
3	包头市玺骏稀土有限公司	2000
4	包头市东宇稀土公司	2000
5	包头市达茂稀土有限责任公司	1500
6	包头市万宝稀土金属有限公司	1100
7	包头市新源稀土公司	1000

续表

序号	企业名称	生产能力（吨/年）
8	包头华信稀土冶炼有限公司	600
9	包头贵鑫稀土公司	500
10	包头市福田稀土公司	500
11	包头市恒业新特稀土公司	300
合计		18700

稀土金属及合金产业可持续发展存在的问题分析。包头在稀土金属生产方面的电解槽技术、电解工艺技术等单项技术较为先进，而电解法和金属热还原法生产稀土金属的系统集成技术，即生产工艺、主体设备、辅助设备及环保设备等整体技术水平还有待不断完善，否则将会制约稀土金属产品质量、技术经济指标的进一步提高。现行稀土电解的电能转化效率（交流电转化为直流电的转化率）为60%~70%，无效功较大，功率因数（70%~75%）较低。整流设备至电解槽之间的10伏10千安的直流电输电线路（输电短网）大多采用铜排输电，其电场、磁场及电流分布配置还不尽合理。电解槽结构、电解槽保温及槽衬材料需要进一步优化。氟盐体系稀土氧化物电解尾气、废弃物还未得到完全控制并高效利用。稀土金属钕及镨钕合金的质量还有待进一步提高，以满足高性能钕铁硼永磁材料对高品质原材料的需求。随着稀土永磁材料对镨、钕、铽、镝的需求量大幅度增长及包头白云鄂博矿中稀土元素自然配分的差别，导致了铈、镧、钇、钐等元素的大量积压，长期处于供大于求、市场低迷的状况，目前，约有20%的铈、70%的钐和钇积压。

3. 稀土永磁材料及应用产品现状和分析

稀土永磁材料及应用产品现状。稀土永磁材料包括第一代、第二代的钐钴永磁材料和第三代的钕铁硼（NdFeB）永磁材料。由于钐钴永磁材料成本较高、磁能积相对较低，主要应用于高工作温度和抗蚀性的军工和特殊领域，虽然近年产量有所增加，但增长幅度不大，而钕铁硼永磁材料则得到了快速发展和广泛应用。2000年，我国钕铁硼永磁材料产量超过日本，成为世界上最大的钕铁硼磁体生产国。2007年全世界烧结钕铁硼磁体产量为62000吨，我国为48000吨，占世界总产量的77%。2008年受世界金融危机的影响，全世界烧结钕铁硼磁体产量为58400吨，我国为46000吨，加上黏结钕铁硼磁体，总产值达160亿~180亿元，带动相关应用产值1000亿元以上。

包头是我国稀土永磁材料开发和生产最早的地区之一，特别是钕铁硼永磁材料的研究，一直处于国内的先进行列，以低氧工艺为代表的生产技术，在国内已普遍被认可和采用，对我国高性能钕铁硼永磁材料的发展做出了重要贡献。近30年来，包头钕铁硼永磁材料产业起起伏伏，产业规模远落后于国内其他地区，实际已形成的生产能力约为4000吨，不足全国产能的10%。目前，计划新建和扩建项目产能总计25000吨，实施在建和扩产能力约10000吨。

近年来，随着钕铁硼生产技术的持续研发、专有设备技术进步和国外先进设备的引进，我国的烧结钕铁硼永磁产品档次和质量显著提高，已经形成N到TH 7个系列43

个牌号的产品。合金冶炼采用的速凝薄片和氢处理技术,使最初只能生产 N40 以下的中低档产品,发展到可生产 N45 – N50 的高牌号产品。如中科三环高技术股份有限公司、宁波韵升高科磁业公司等,已能批量生产计算机硬盘音圈马达(VCM)所需的高端应用磁体,并在世界市场中占有一定的份额。烟台正海磁性材料有限公司开发的高耐热性钕铁硼永磁产品,已在兆瓦级风电机组中试用。

钕铁硼永磁材料已广泛应用于永磁电机、计算机、通信、医疗器械等领域,在混合动力汽车、风力发电、节能家电等节能减排领域显示了巨大的发展潜力,成为技术开发的重点和方向。

4. 稀土永磁材料及应用产品可持续发展存在的问题分析

包头生产的烧结钕铁硼磁体几乎都为毛坯产品,并非终端用户的磁部件,在加工设备技术方面落后于国内其他地区,在防腐镀层技术和装备方面,与国内其他地区差距更大。

在产品高度、磁性能均匀性以及小尺寸磁环磁性能等方面,钕铁硼辐射多极磁环与日本还有较大的差距。

汽车电机和风力发电机都需要在尽可能高的磁能积下的高矫顽力、高热稳定性的钕铁硼磁体,国内相应产品存在的主要技术问题是磁性能均一性和高稳定性较差。

三、结　语

包头工业发展迅速,但与发达地区相比,还存在很大差距,客观分析包头市经济发展现状和存在的问题,自主创新能力薄弱仍然是制约包头市工业经济发展的"瓶颈",稀土产业的优势没有真正发挥出来。稀土产业高附加值、高技术含量的深加工产品比例仅为10%左右。这在一定程度上反映了包头市稀土产业技术水平还不够高,稀土产业结构不尽合理,科技创新能力薄弱,缺乏具有自主知识产权的核心技术。这些问题严重制约着包头市稀土产业的发展,我们必须逐步摆脱一些产业还处在产业链条的上游和利益分配底层的局面,有效提升资源型产业的科技含量和附加值,把稀土产业真正做大做强。

2009 年饱受全球金融危机煎熬的稀土行业逐渐走出困境,稀土价格日渐止跌反弹,市场整体持续呈现回暖上升态势。2010 年的稀土需求将较 2009 年增长 56%,其主要原因是未来世界范围内新能源和环保产业迅猛增长,将极大地拉动对稀土产品的需求,稀土产品在混合动力车、风力发电机以及节能灯等环保型产品的应用需求将持续回暖,并大幅增长,同时稀土产品在环保技术中也将越来越重要,且需求强劲。包头市应抓住当前机遇,加快稀土产业技术创新、稀土产业结构调整,推动稀土产业不断向前发展。

参考文献

[1] 熊家齐. 世界稀土市场的分析与展望 [J]. 稀土信息, 2008 (6).

[2] 宋洪芳, 洪梅. 我国稀土产业现状分析及预测 [J]. 稀土信息, 2010 (1).

[3] 宋洪芳, 洪梅. 我国稀土产业现状分析及预测 [J]. 稀土信息, 2010 (2).

[4] 林东鲁. 内蒙古自治区稀土工业发展回顾及展望 [R]. 在"内蒙古稀土企业国庆60周年座谈会"上的讲话, 2009 - 10.

[5] 邓家妹, 卢标, 邓家恂. 解读中国稀土 [J]. 中国金属通报, 2009 (1).

[6] 苏晓云. 当前中国稀土产业的现状及思考 [J]. 稀土信息, 2008 (12).

[7] 苏文清. 中国稀土产业经济分析与政策研究 [J]. 中国财政经济出版社, 2009 (8).

[8] 宋洪芳. 我国稀土产业现状及发展趋势浅析 [J]. 稀土信息, 2008 (12).

[9] 刘余九. 中国稀土产业现状及发展的主要任务 [J]. 中国稀土学报, 2007 (13).

[10] 韩康. 金融危机对可持续发展的启示 [J]. 中国电力企业管理, 2009 (4).

[11] 吴荭芳. 内蒙古稀土产业发展现状分析 [J]. 北方经济, 2008 (5).

第六篇　创新驱动与少数民族地区产业结构调整

第一章 科技创新和少数民族地区产业结构优化升级关系的实证研究
——以内蒙古自治区为例*

一、少数民族地区产业结构及科技创新能力现状分析——以内蒙古为例

改革开放以来,内蒙古自治区的经济发展取得巨大的成绩。2007 年,第一产业增加值 784.08 亿元,增长 5.8%;第二产业增加值 3079.81 亿元,增长 25.3%;第三产业增加值 2154.92 亿元,增长 15.6%。按常住人口计算,全年人均生产总值为 25092元,比 2006 年增长 18.6%,按当前汇率折算达 3300 美元。全国科技进步统计监测结果显示,亿元投资新增 GDP 的增速,内蒙古已连续 2 年列全国首位,保持了与经济同步运行的态势。全区产业结构进一步优化如见表 1 所示,2001 年第一、第二、第三产业结构比例为 20.9:38.3:40.8,而 2007 年三个产业结构比例为 12.5:51.8:35.7。可以看出,进入 21 世纪以来,内蒙古产业结构呈现了第一产业稳步下降,第二产业稳步升高,第三产业先升后降的态势。与少数民族 10 省区产业结构比重相比,2007 年内蒙古第一产业比重比 10 省区低 5.1 个百分点,但高于全国 1.2 个百分点;第二产业比重比 10 省区高 6.9 个百分点,高于全国 3.2 个百分点;第三产业比重比 10 省区低 1.8 个百分点,低于全国 4.4 个百分点。

内蒙古自治区实施了科技名牌培育、技术标准推进、知识产权创造三大战略,内蒙古自治区的整体科技创新能力进一步增强,科技发展总体水平在全国的位次快速前移。2007 年,内蒙古高新技术产值达 970 亿元,总收入达 890 亿元,与 2003 年相比提高 3 倍,高新技术产值占国内生产总值的比重达 16.6%。内蒙古高新技术产业化综合水平在全国的排序已由"十五"初期的 20 位之后,上升到第 16~18 位,增长幅度进入全国前 8 名;2007 年内蒙古综合科技进步水平指数为 33.02%,低于全国平均水平(50.78%),在全国的排名为第 21 位,较 2006 年分别上升 2.52% 和 1 位;在科技进步环境指数的排序中,内蒙古的科技进步环境指数为 53.42%,与全国平均水平持平(53.99%),在全国的排名为第 9 位,较 2006 年分别上升 4.71% 和 1 位。

---

* 本文原载《科学学与科学技术管理》,2009 年第 9 期,作者:郝戊、李晟韬。

表 1 少数民族地区结构状况

年份	全国			少数民族地区			内蒙古自治区		
	第一产业	第二产业	第三产业	第一产业	第二产业	第三产业	第一产业	第二产业	第三产业
1978	28.2	47.9	23.9	-	-	-	32.7	45.4	21.9
1980	30.2	48.2	21.6	-	-	-	26.4	47.2	26.4
1990	27.1	41.3	31.6	-	-	-	35.3	32.1	32.6
2000	15.1	45.9	39.0	-	-	-	22.8	37.8	39.4
2001	14.4	45.1	40.5	22.1	45.4	32.2	20.9	38.3	40.8
2002	13.7	44.8	41.5	21.2	40.7	38.1	19.3	38.9	41.8
2003	12.8	46.0	41.2	20.5	42.3	37.2	17.6	40.5	41.9
2004	13.4	46.2	40.4	20.6	43.7	35.7	17.2	41.0	41.8
2005	12.2	47.7	40.1	18.7	42.2	39.2	15.1	45.5	39.4
2006	11.3	48.7	40.0	17.5	44.3	38.2	13.6	48.6	37.8
2007	11.3	48.6	40.1	17.6	44.9	37.5	12.5	51.8	35.7

注：全国产业比重来自 2008 年《中国统计年鉴》；内蒙古数据来自 2008 年《内蒙古经济社会调查年鉴》；少数民族地区数据采取内蒙古、新疆、宁夏、广西、西藏、云南、贵州、青海、四川、甘肃 10 省区的产业比重汇总，数据来自 2002～2008 年《内蒙古统计年鉴》。

在产学研合作方面，内蒙古自治区建立了科技产业化中介服务体系，促进开展自治区与大企业、大院、大所、大学高校、研究院的科技合作。内蒙古自治区拥有的铁路钢轨、羊绒衫、乳制品等 15 个中国名牌产品几乎都与"产学研"紧密相连。例如，包头市政府把产学研结合作为推动科技创新的突破口，在实施的项目中有 75% 集中在钢铁、铝业、装备制造业和稀土等优势产业。2008 年 10 月 21 日在包头市举行了"稀土产业技术创新战略联盟"揭牌仪式，该联盟是在自治区科技厅等单位的积极推动下，由包钢稀土等公司倡导发起联合包头稀土研究院、中科院、清华大学、北京大学、内蒙古科技大学等研究机构及新源稀土等稀土重点企业成立的。该联盟的成立，以解决稀土行业关键技术问题为己任，通过建立和完善产学研合作的新机制与模式，推动我国稀土产业由资源优势向经济优势发展，实现稀土行业整体水平的提高。目前内蒙古大中型企业已建有 80 家研发机构，国家级企业技术中心达到 8 家，骨干企业博士后工作站已有 12 家。这些创新主体围绕国家及内蒙古自治区经济、社会发展和科技发展目标，开展了大量的科技创新活动，为促进产业结构调整、推进经济增长方式转变做出了积极贡献。

二、理论模型、数据描述与实证分析

从内蒙古自治区科研经费支出、科技人力投入以及研究生培养规模与内蒙古国民产业经济结构调整的量化关系角度，就内蒙古科技活动对内蒙古经济发展和产业结构优化升级影响力这一问题进行定量研究。

科技财力资源投入是包括政府科技拨款、企事业单位拨款、金融机构科技贷款、国内外捐赠、学校自筹等各种形式在内的经费投入；人力资源投入是各级各类科研人员的数量。因此，在本部分的统计分析中，科技财力资源投入选取的指标是科研经费支出总额，人力资源投入的指标是从事科研活动的人员数量和年末在校研究生规模。经济方面选用地区生产总值和各产业增加值。在样本和变量基本确定之后，基于本研究的思路，我们考虑采用相关性分析和回归分析的方法，以系统分析内蒙古自治区从事科研活动的人员、科研经费支出、年末在校研究生规模各自与各产业增加值之间的关系，基本数据如表2所示。

表2 内蒙古自治区科技工作与产业结构关系数据

年份	第一产业（亿元）	第二产业（亿元）	第三产业（亿元）	从事科研活动的人员（万人）	科研经费支出（亿元）	年末在校研究生规模（人）
1997	322.52	422.39	408.60	0.93	8.63	907
1998	341.62	458.86	462.06	0.98	3.80	1080
1999	342.91	510.47	525.93	3.37	5.94	1262
2000	350.80	582.57	605.74	3.80	7.80	1539
2001	358.89	655.68	699.24	3.50	10.37	2044
2002	374.69	754.78	811.47	3.28	13.48	2700
2003	420.10	967.49	1000.79	3.44	18.33	3800
2004	522.80	1248.27	1270.00	3.42	25.83	5345
2005	589.56	1773.21	1532.78	3.69	33.29	7110
2006	649.62	2327.44	1814.42	3.89	41.88	8694
2007	784.08	3079.81	2154.92	4.25	50.32	9888

（一）相关性分析

为了验证从事科研活动的人员、科研经费支出、年末在校研究生规模与各产业增加值之间的双向相互关系，采用相关系数研究变量之间的相关关系密切程度。计算结果如表3所示。

表3 内蒙古自治区三产业增加值与科研投入相关分析

产业	从事科研活动的人员	科研经费支出	年末在校研究生规模
第一产业	0.574	0.989	0.988
第二产业	0.582	0.986	0.980
第三产业	0.641	0.993	0.998

（1）内蒙古从事科研活动的人员与第一产业、第二产业、第三产业增加值的相关系数分别为 0.574、0.582、0.641，说明内蒙古从事科研活动的人员与第一产业、第二产业、第三产业增加值之间呈现为显著性相关（$0.4 \leqslant |r| < 0.7$）。

（2）内蒙古科研经费支出与第一产业、第二产业、第三产业增加值的相关系数分别为 0.989、0.986、0.993，说明内蒙古科研经费支出与第一产业、第二产业、第三产业增加值之间呈现为高度线性相关（$0.7 \leqslant |r| < 1$）。

（3）内蒙古年末在校研究生数与第一产业、第二产业、第三产业增加值的相关系数分别为 0.988、0.980、0.998，说明内蒙古年末在校研究生与第一产业、第二产业、第三产业增加值之间呈现为高度线性相关（$0.7 \leqslant |r| < 1$）。

（二）回归分析

分别用第一产业、第二产业、第三产业增加值与第一产业、第二产业、第三产业增加值相关系数最大的因子选用适宜的曲线进行回归分析。

1. 第一产业

与第一产业增加值相关系数最大的因子是科研经费支出（$r = 0.989$），选用曲线估计的方法进行估计，然后选取适宜的曲线进行拟合。内蒙古第一产业增加值（Y_1）与科研经费支出（JF）的回归模型为：

$$Y_1 = 297.44 + 5.724 \times JF \times 0.077 JF^2$$
　　　　（17.30）（3.17）　　　（2.27）

对回归方程、系数、理论假设进行检验：该模型判定系数 $R^2 = 0.9865$，消除了自变量数量影响的 $R^2 = 0.9831$，说明该线形回归直线具有较好的拟合度。方差分析（$F = 292.5368$）和回归系数 b 的显著性检验通过。

2. 第二产业

与第二产业增加值相关系数最大的因子是科研经费支出（$r = 0.986$），选用曲线估计的方法进行估计，然后选取适宜的曲线进行拟合。内蒙古第二产业增加值（Y_2）与科研经费支出（JF）的回归模型为：

$$Y_2 = 368.8 + 16.737 \times JF + 0.7357 \times JF^2$$
　　（6.89）（2.80）　　　（6.96）

对回归方程、系数、理论假设进行检验：该模型判定系数 $R^2 = 0.9959$，消除了自变量数量影响的 $R^2 = 0.9949$，说明该线形回归直线具有较好的拟合度。方差分析（$F = 977.8706$）和回归系数 b 的显著性检验通过。

3. 第三产业

与第三产业增加值相关系数最大的因子是在校研究生（$r = 0.998$），选用曲线估计的方法进行估计，然后选取适宜的曲线进行拟合。内蒙古第三产业增加值（Y_3）与在校研究生（YJ）的回归模型为：

$$Y_3 = 293.53 + 0.1816 \times YJ$$
　　（13.65）（42.94）

对回归方程、系数、理论假设进行检验：该模型判定系数 $R^2 = 0.9951$，消除了自变量数量影响的 $R^2 = 0.9946$，说明该线形回归直线具有较好的拟合度。方差分析（F = 1843.441）和回归系数 b 的显著性检验通过。

由上述模型可以看出，根据回归模型以及拟合曲线，科研经费投入与内蒙古自治区第一产业、第二产业之间存在高度正相关关系，第一产业、第二产业的发展更有赖于科研经费的投入。研究生规模与内蒙古自治区第三产业之间存在高度正相关关系，第三产业的发展更有赖于人才培养的规模。由于统计数据的不完善等原因，使得研究结论仅具有参考意义。其中，回归模型中的多重共线性处理、统计数据的去量纲、教育系统动力学的建模方法需要进一步斟酌和完善。

三、结　论

为了促进各民族共同繁荣，党和国家制定出台了一系列重大政策措施。2007 年，国务院批准并颁布了《少数民族事业"十一五"规划》和《兴边富民行动"十一五"规划》，规划确立了发展少数民族事业的指导思想和总体目标。2008 年 11 月，中共中央宣传部和国家民委共同发布了《党和国家民族政策宣传教育提纲》。《提纲》指出，国家在基础设施建设、财政、金融政策上对民族地区倾斜。对民族贸易和民族特需商品定点生产企业实行流动资金贷款优惠利率、技术改造贷款财政贴息和税收减免三项照顾政策。这些重大政策措施对少数民族地区的科技创新促进产业结构优化升级有现实意义。结合内蒙古科技创新促进产业结构优化升级的实证分析，在科技创新促进产业结构优化升级的过程中，我国少数民族地区应当认识到五个方面的问题。

第一，科技创新的途径在区域创新系统。科技部《国家中长期科学和技术发展规划纲要（2006~2020 年）》认为，区域创新系统是在一定区域范围内，通过在生产体系中引入新要素，或者实现要素的新组合而形成的促进资源有效配置的网络体系。区域创新系统的功能在于为创造、储备和转让知识、技能和新产品创造条件。培育区域创新系统并推动其健康发展，对于促进区域经济发展方式转变具有重要意义。它将新的区域经济发展要素或这些要素的新组合引入区域经济系统内，创造一种更为有效的资源配置方式，从而推动产业结构升级，形成区域竞争优势，促进区域经济发展方式转变。

第二，科技创新的基础在人才。进一步做好"少数民族高层次骨干人才培养计划"，培养和造就掌握先进科学技术和经济管理知识、创新能力强、适应经济和社会发展需要的各类专业人才队伍和企业经济管理队伍。坚定不移地推进人才战略，在选、育、用、留等各个环节创新机制，完善人力资源开发与管理制度，形成人才脱颖而出、人尽其才的机制。

第三，科技创新的主体是企业。企业应从"贸工技"进一步向"技工贸"转变，将技术创新与技术改造、技术引进结合起来，利用国内外科技资源，不断创新"产品、技术、资本"三个市场,加快成果转让、委托开发、联合开发,共建技术开发机构或科技型企业,加强同国内外知名企业和研究机构的合作,建立战略联盟。

第四,科技创新的责任在政府。在资金扶持、激励机制、政策引导、产学研结合、公共平台建设等方面多做工作,根据实际需要和薄弱环节,有重点、有步骤地加快创新系统基础设施的建设,包括高等院校、科研院所、企业实验室或技术开发中心的建设,加快完善科技市场中介服务,加强高新技术产业园区建设。

第五,科技创新的条件是增加科技与教育投入。要切实加大对少数民族和民族地区的科技工作投入力度,在安排科技、科普经费和科技专项时,要结合少数民族和民族地区的实际情况,适当给予倾斜。加快建立和完善以政府投入为导向、企业投入为主导、社会力量广泛参与的多元化投入机制,进一步拓宽科技成果产业化融资渠道,进一步加大资金投入,形成稳定的技术创新投入增长机制。鼓励商业银行在信贷方面对科技企业的支持,充分发挥现有风险投资机构的作用,使其成为高新技术企业创业的重要资金来源之一。

参考文献

[1] 中国科技发展战略研究小组. 中国区域创新能力报告(2006~2007)[M]. 北京:知识产权出版社,2007.

[2] 张晓强. 2006年内蒙古自治区高技术产业发展情况与展望[M]. 中国高新技术产业发展年鉴. 北京:北京理工大学出版社,2006.

[3] 卜春燕. 内蒙古产业结构高级化过程中的科技政策选择[J]. 内蒙古社会科学(汉文版),2003,24(3).

[4] 邓晓齐,叶茂林. 高校科技创新与区域经济发展[M]. 北京:社会科学文献出版社,2006.

[5] 曙光,徐树建. 区域创新系统研究的国际进展综述[J]. 中国科技论坛,2002(5).

[6] 刘鑫,李瑾. 内蒙古自治区高校产学研结合发展的探讨与思考[J]. 呼和浩特:内蒙古科技与经济,2008(7).

[7] 唐晓华. 产业经济学教程[M]. 北京:经济管理出版社,2007.

[8] 万君康,陈全国. 试论依靠科技创新推进产业结构调整及优化升级[J]. 经济经纬,2002(2).

第二章 民族地区经济发展水平评价——对30个民族自治州的研究*

民族地区是少数民族聚居区域,我国对民族地区按照行政进行了划分。自治州属于地级行政区,以一个或多个少数民族聚居区为基础建立。

我们选取30个民族自治州为样本,分析民族地区的经济发展水平情况。这30个民族自治州分布在吉林、青海、甘肃、新疆、湖南、湖北、云南、贵州、四川9个省、自治区。这些民族自治州地区的民族人口占比较高,是民族地区的典型代表,所反映的数据可以很好地解释民族地区的经济发展情况。

一、民族自治州经济发展水平评价

30个民族自治州的经济基础不同,地区差异大,经济发展水平各异。在评价各民族自治州的经济水平时,一般有多种指标,而这些指标的性质和度量单位往往不同,不能直接相加或综合。为了较全面地评价各民族自治州的经济发展水平,我们选用功效系数法。功效系数法是根据多目标规划原理而建立的一种评价方法,通过一定形式的函数关系将多种指标转化为同度量指标,再将这些同度量指标加权综合,使之形成一个综合指标,以此评价整体的综合效益。考虑民族自治州经济发展的客观条件、发展基础及综合经济实力等基本要素,选取地区生产总值、人均地方财政收入、工业占GDP比重、全社会固定资产投资增长速度、各项税收占地方财政收入比重等16个主要指标,对全国30个少数民族自治州的经济发展水平进行综合评价,测算各州相对排名。

利用特定的功效函数,将每项指标的实际值与上限值、下限值进行比较,得出该项指标的功效系数,从而使不同性质的指标可以通过计分的办法加以综合汇总,评价优劣。

功效函数:$D(i) = [(X_i - X_{si})/(X_{hi} - X_{si}) \times 40\% + 60\%] \times Q$

$D(i)$ 为功效系数,X_i 为实际值,X_{hi} 为上限值,X_{si} 为下限值,Q 为权数。

通过此方法,算出30个民族自治州16项指标的得分,然后汇总得出总分。指标来源是2008年《中国区域经济统计年鉴》。

---

* 本文为2010年中国区域经济学年会交流论文,作者:王晓轩、张璞。

功效函数的评价结果如表1所示。总得分在80分以上的有6个州，70~80分的有19个州，60~70分以下的有5个州。

表1 民族自治州经济发展水平排名

各民族自治州	总分	排名	各民族自治州	总分	排名
延边朝鲜族自治州	84.31	1	迪庆藏族自治州	74.17	16
海西蒙古族藏族自治州	83.58	2	湘西土家族苗族自治州	73.28	17
伊犁哈萨克族自治州	82.02	3	德宏傣族景颇族自治州	73.11	18
昌吉回族自治州	81.12	4	海北藏族自治州	72.97	19
巴音郭楞蒙古自治州	80.56	5	甘孜藏族自治州	72.80	20
凉山彝族自治州	80.01	6	西双版纳傣族自治州	72.11	21
红河哈尼族彝族自治州	79.35	7	克孜勒苏柯尔克族自治州	71.75	22
文山壮族苗族自治州	77.38	8	临夏回族自治州	71.73	23
楚雄彝族自治州	76.09	9	海南藏族自治州	71.64	24
大理白族自治州	75.56	10	果洛藏族自治州	70.55	25
恩施土家族苗族自治州	75.16	11	甘南藏族自治州	69.60	26
黔西南布依族苗族自治州	74.77	12	怒江傈僳族自治州	69.13	27
黔东南苗族侗族自治州	74.63	13	黄南藏族自治州	68.72	28
博尔塔拉蒙古自治州	74.57	14	玉树藏族自治州	66.53	29
黔南布依族苗族自治州	74.38	15	阿坝藏族羌族自治州	61.14	30

各民族自治州经济发展差异化明显，新疆各民族州由于有丰富的矿产资源和地理优势，发展水平普遍较好。青海、甘肃各民族州经济发展水平排名相对在后。

全国30个少数民族自治州中，经济总量位居前七位的分别是新疆的巴音郭楞蒙古自治州、昌吉回族自治州，四川的凉山彝族自治州，云南的红河哈尼族彝族自治州，吉林的延边朝鲜族自治州，云南的大理白族自治州和楚雄彝族自治州。其中新疆的巴音郭楞蒙古自治州、四川的凉山彝族自治州、云南的红河哈尼族彝族自治州经济总量均超过400亿元。第二产业所占比重超过50%的有海西蒙古族藏族自治州、巴音郭楞蒙古自治州、红河哈尼族彝族自治州。第一产业所占比重超过30%的有玉树藏族自治州、恩施土家族苗族自治州、黄南藏族自治州。第三产业所占比重超过45%的有博尔塔拉蒙古自治州、迪庆藏族自治州、临夏回族自治州、甘南藏族自治州。从人均生产总值看，各州差异很大，排名前五位的州是海西蒙古族藏族自治州（47009元）、巴音郭楞蒙古自治州（37466元）、博尔塔拉蒙古自治州（20893元）、昌吉回族自治州（16437元）、延边朝鲜族自治州（14104元）。

根据评价得分，30个民族自治州中，延边朝鲜族自治州、海西蒙古族藏族自治州、伊犁哈萨克族自治州、昌吉回族自治州和巴音郭楞蒙古自治州等自治州的经济发展水平较高。鲜明的支柱产业是这些自治州经济快速发展的主要原因。

延边朝鲜族自治州与朝鲜、俄罗斯接壤，对外贸易发展迅速，该州工业以食品、医药、林产和能源矿产业为支柱产业。2008年，该州的三次产业比例为12.7∶45.6∶41.7。伊犁哈萨克族自治州邻近哈萨克斯坦，煤炭、有色金属是该州的支柱产业，2008年全州三次产业比例为27.2∶38.3∶34.5。

海西蒙古族藏族自治州地处柴达木盆地，该州矿产资源丰富，石油、钾肥、煤炭、纯碱、炼焦、有色金属及黑色金属生产能力不断攀升。2008年该州三次产业比例为2.6∶79.7∶17.7。巴音郭楞蒙古自治州大力推进石油石化、矿产、农副产品加工和绿色能源等产业，三次产业比例为12.9∶70.6∶16.5。

昌吉回族自治州以煤电煤化工业、有色金属冶炼业、机电和新型建材制造业、纺织业、石油天然气开采和加工工业、食品加工业六个产业为支柱产业，三次产业比例为29.6∶40.0∶30.4，这些产业值占全州规模以上工业增加值的79.16%。红河哈尼族彝族自治州2008年全州实现生产总值514.7亿元，三次产业比例为18.7∶53.2∶28.1。主要工业产品以卷烟、原煤、锡、铅、锌、锰、黄磷为主。凉山彝族自治州的支柱产业以黑色金属、有色金属矿采选业和金属冶炼加工业为主。第一产业、第二产业、第三产业占国内生产总值的比例为28.1∶43.9∶28.0。

博尔塔拉蒙古自治州第三产业比重较高，2008年第三产业比重超过50%。该州邻近哈萨克斯坦边境，有重要的阿拉山口岸，2008年全年进出口贸易货值109.1亿美元，上缴关税及代征进口环节增值税65.7亿元，进出口贸易是提高该州第三产业比重的重要途径。

巴音郭楞蒙古自治州、海西蒙古族藏族自治州和凉山彝族自治州的经济结构中，第二产业比重过高，资源禀赋型产业占主导地位。延边朝鲜族自治州、伊犁哈萨克族自治州、博尔塔拉蒙古自治州地处边境，对外贸易比重较高，第三产业发展较好，产业结构合理。昌吉回族自治州、红河哈尼族彝族自治州产业布局面广，已经走上了综合发展的道路。临夏回族自治州、海南藏族自治州、果洛藏族自治州、甘南藏族自治州、怒江傈僳族自治州、黄南藏族自治州、玉树藏族自治州等自治州由于地理环境等因素的影响，农业占比重高，经济发展落后。

二、民族自治州产业结构分析

三次产业比例是判断一个地区产业结构优劣的关键，也是衡量一个地区经济的发达程度。2005~2008年各民族州产业结构变动情况如表2所示。

2005~2008年，30个民族自治州的产业结构平均值呈现以下趋势：第二产业比重由2005年的34.98%增长到2008年的38.70%，第三产业比重由37.26%下降到35.93%，第一产业由26.48%下降到25.37%。2008年全国三次产业比例为11.3∶48.6∶40.1，与全国相对比，民族地区第一产业比重偏高，第二产业和第三产业比重偏低。

表2 2005~2008年全国少数民族自治州产业结构变动模式

产业结构变动模式	自治州
第二产业扩张	延边朝鲜族自治州、甘南藏族自治州、海南藏族自治州、海北藏族自治州、果洛藏族自治州、海西蒙古族藏族自治州、巴音郭楞蒙古自治州、昌吉回族自治州、湘西土家族苗族自治州、黔东南苗族侗族自治州、黔西南布依族苗族自治州、黔南布依族苗族自治州、德宏傣族景颇族自治州、怒江傈僳族自治州、大理白族自治州、凉山彝族自治州
第三产业、第二产业扩张	临夏回族自治州、博尔塔拉蒙古自治州、西双版纳傣族自治州、恩施土家族苗族自治州、迪庆藏族自治州、文山壮族苗族自治州、楚雄彝族自治州
第一产业扩张	玉树藏族自治州
第一产业、第三产业扩张	黄南藏族自治州、红河哈尼族彝族自治州、阿坝藏族羌族自治州
第一产业、第二产业扩张	甘孜藏族自治州

如表2所示,30个州有24个州呈现工业化趋势,其中延边等18个州的第二产业在扩张,第一产业和第三产业比重下降,第二产业对第一产业和第三产业的"挤出效应"明显;临夏回族自治州等8个州的第二产业和第三产业比重都在上升。比较有特色的是玉树藏族自治州、黄南藏族自治州、红河哈尼族彝族自治州、阿坝藏族羌族自治州、甘孜藏族自治州。2005~2008年,玉树藏族自治州第一产业所占比重很高,而且呈上升趋势,该州位于青藏高原腹地,农牧业发展较快。黄南藏族自治州和红河哈尼族彝族自治州的第二产业比重降低、第一产业和第三产业比重增加。黄南藏族自治州气候高寒,具有发展畜牧业、种植业的良好条件。阿坝藏族羌族自治州由于受到地震灾害的影响,工业经济受到了很大影响。

以上30个民族自治州在经济结构方面存在如下问题:各州发展不平衡,边疆自治州与内地自治州经济发展差距逐渐拉大;一些州的第一产业比重虽然开始下降,但总体看民族地区第一产业比重仍然偏高,第二产业比重增加明显,第三产业发展滞后;各州的产业结构还存在不协调,各州必须结合本地区经济发展模式进行产业结构的调整。

三、民族自治州分产业就业结构分析

劳动力人口的素质技能与产业分布有着比较密切的关联。一般来说,第二产业、第三产业的劳动力人口分布比重越大,表明该民族的经济社会发展水平和层次越高,相应地,该民族劳动者的素质技能也越高。因此,少数民族劳动力人口在第一产业、第二产业、第三产业的分布比例状况,可以大体反映该民族地区总体的素质技能状况。将各民族分产业人口与全国相对比,建立以下函数:

$$K_{ij} = (R_{ij}/R_i) / (Z_j/Z)$$

函数中，R_{ij}为j民族州i产业就业人口，R_i为j民族州总就业人口，Z_j为全国某产业总就业人口，Z为全国的总就业人口，相对比率K_{ij}表示j民族州i产业中的就业份额与该产业就业人口在全国总就业人口中的份额比。

如图1所示，延边朝鲜族自治州三次产业就业人口分布呈现第一产业K值降低、第三产业K值偏高的趋势。该州的第三产业K值最高达到1.377，该州地处边境，对外贸易发展快速，对外承包工程与劳务合作导致第三产业就业人口高。海西蒙古族藏族自治州、巴音郭楞蒙古自治州和恩施土家族苗族自治州K值分布也呈现同样的特征，这些地区工业结构偏高，高产值的工业推动了服务业的发展。

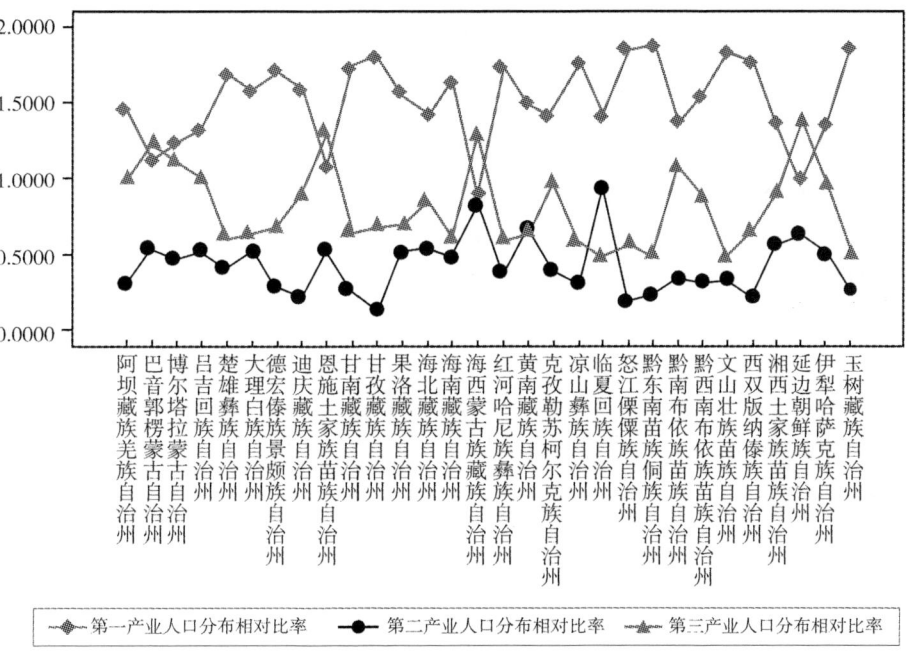

图1 各民族自制州分产业就业人口相对比率

总体上看，民族地区第二产业就业相对比率偏低，这些民族地区以资源型工业为主，劳动密集型产业并不突出。从就业分布看，第一产业的K值普遍较高，反映了这些民族地区的主要劳动力仍然分布在第一产业中，并未实现劳动力的产业转移。

四、结论与建议

根据经济发展水平评价结果，各民族州经济发展水平差距较明显，资源优势和地理差异成为经济发展水平不同的重要原因。依据资源禀赋优势积极发展工业是部分民族州经济快速发展的主要因素。在工业化进程中，发展水平高的民族州仍然是以资源开发、规模扩张为主，并没有完全实现产业的优化和升级，提高技术水平、加强资源加工能力、提高产业集聚效应，仍然是这些地区今后可持续发展的重点。由于区域资源、地理环境、人口的影响，经济发展水平落后的民族州工业化进程缓慢，农业比例始终偏高。结合地区资源优势，积极开展优势产业和特色产业，是落后民族地区改变经济状况的重要途径。在今后的发展中，民族地区应减少单纯的产业规模扩张，注重产业结构的转变，优化第二产业，实现资源产业替换，提升第三产业的结构比重。

在就业结构方面，民族地区相对全国而言，第一产业仍然偏高，第二产业和第三产业偏低。大部分民族州的农业就业人口偏高，劳动力没有跟随产业转移而迁移，民族地区劳动密集型产业少是就业结构不能改变的根本原因。在工业化进程中，各民族州应该加强劳动密集型产业的培育，提升农业技术水平，改变农业劳动力密集的现状。

参考文献

[1] 王棚宇，王秀兰. 基于功效系数法的城市土地利用效益评价——以武汉市为例 [J]. 西北农林科技大学学报，2008（1）.

[2] 廖乐焕. 中国少数民族地区县域经济发展战略研究 [D]. 北京：中央民族大学博士学位论文，2007.

第三章 创新驱动与内蒙古区域经济增长问题研究——基于区域面板的实证分析*

一、引 言

近年来,内蒙古自治区的经济增速、人均收入有了显著的提高,根据内蒙古统计局资料显示,2012 年内蒙古自治区生产总值为 15988.34 亿元,比 2011 年增长 11.7%,比全国平均水平高出 3.9 个百分点,位居全国第 15 位,在西部地区排第 2 位。而 2013 年上半年数据显示,在经济转型、结构调整的背景下,尽管内蒙古经济总量持续增大,但增速放缓使得我们对区域内经济的可持续性发出疑问。科技创新是提升产业层次和素质的战略支撑,必须把科技创新摆在优化产业结构的核心位置,实施创新驱动发展战略,以科技创新支撑引领产业发展,加快产业结构调整。2013 年初,内蒙古贯彻落实党的"十八大"精神,提出了"8337"发展思路,即 8 个发展定位、3 个着力、3 个更加注重、7 项重点工作。其中 3 个着力之一为着力调整产业结构。围绕内蒙古发展定位着力调整产业结构,以创新驱动为动力,加快产业转型升级,是破解内蒙古面临的发展难题的重要途径之一。

创新是经济社会持续增长的首要动力,创新驱动是区域竞争优势的重要体现。熊彼特(1912)最早提出了创新概念,认为创新是一种从来没有过的将生产要素的"新组合"引入生产体系,其概念包含技术与非技术的创新。欧盟 1995 年在《创新绿皮书》中指出:创新是在经济和社会领域内成功地生产、吸收和应用新事物。多数学者对创新概念给出诠释,其涵盖了文化、社会、科技与经济等多个领域。陈建青、扬苏华(2004)将创新内涵囊括为宏观和微观两个层面,其中,微观层面的创新指的是微观经济主体内部的技术创新、产品创新和管理创新;宏观层面的创新指的是理念创新与制度环境的创新。本文创新即着眼于此。创新驱动经济增长已经成为经济发展的核心,并逐渐扩散到我国整个经济体系。关于经济增长方式研究,科尔奈指出:生产要素与产出之间的关系分为两类,一类是要素投入的增加对增产的效应,另一类是要素生产率提高对增产的效应。John CH Fei and Gustav Ranis 也持相同观点。现代经济增长理论对经济增长的因素进行了深入研究,哈罗德—多马模型将经济增长的主要动力归

---

* 本文原载《前沿》,2014 年第 4 期,作者:边璐、张江朋、张璞。

因于资本;索洛增长模型将资本、劳动特别是引入技术进步作为经济增长的决定因素;库兹涅茨通过经验数据证实了生产效率提高促进了经济增长速度的提高。技术进步作为内生变量的新经济增长理论有:舒尔茨(1971)将人力资本引入经济增长模型;罗默和卢卡斯(1986)的内生增长理论在生产函数中体现了全要素生产率,认为知识积累是经济增长的主要源泉,并指出技术进步源于为研究而支出的资本、劳动投入以及技术进步水平;杨小凯(1999)提出,劳动分工演进的经济增长模式以及诺斯(1968)的制度变迁的经济增长理论。国内学者严成樑(2012)在资本、劳动、内生技术因素的基础上,将社会资本积累内生化于经济增长模型,得出社会资本对知识生产以及经济增长有显著的促进作用。关于内蒙古技术创新与经济增长的研究并不多见,郝晓燕、刘媛媛、梁晓勇(2010)采用灰色关联的方法得出结论:尽管内蒙古自治区科技水平有了很大提高,但区域经济增长仍主要依靠固定资产投资的拉动。

综上所述,我们进行了如下归纳:①资本、劳动、技术进步以及包含制度变迁是经济增长的决定因素,而技术进步依赖于人力资本的积累,因此在广泛采用的模型形式中,有时将其内化于技术进步之中。尽管社会资本作用于经济增长能够给出较好的结论,但由于社会资本核心特征的认识上的差异使得其边界模糊,例如,群体认同、团队合作以及信任、规范、社会网络等概念,其程度的强弱与制度变迁所带来的效果又很难分开,因此,本文将基于传统认知将四个因素引入到经济增长模型之中。②采用灰色关联方法(2010)研究内蒙古技术创新与经济增长的关联,得出的结论符合我们认知的常识,但这种方法未能解决内蒙古经济增长的驱动因素及其内在的经济意义。鉴于此,本文从细分区域的层面将创新、制度变迁因素引入到经济增长模型,拟从经济意义上对几大因素在内蒙古不同区域经济增长中的作用力度进行比较,进而为提出基于区域视角的创新能力提升的解决之道。

二、数据、模型及相关说明

基于数据统计口径的考虑,本文将数据的时间段选取为 2001~2011 年。将内蒙古自治的 12 个城市按照地理区域划分为东部、中部、西部。东部城市包括赤峰、通辽、呼伦贝尔、兴安盟、锡林郭勒 5 个地区;中部包括呼和浩特、包头、鄂尔多斯、乌海、巴彦淖尔以及乌兰察布 6 个城市地区;西部幅员辽阔但仅包括阿拉善盟;为了考察"金三角"地区即呼、包、鄂在发展中与其他区域的关系,将其单独列出加以研究。

模型采用资本、劳动、技术的经济增长模型,并引入制度变迁指数进入模型,见公式(1)。

$$\ln(Y_{i,t}) = \beta_0 + \beta_K \ln(K_{i,t}) + \beta_L \ln(L_{i,t}) + \beta_T \ln(T_{i,t}) + \beta_Z \ln(Z_{i,t}) \tag{1}$$

其中,$i = 1, \cdots, N; t = 1, \cdots, T$;满足 $\beta_Z = a(1 - \alpha - \beta), \beta_T = (1 - \alpha - \beta)$。

公式(1)将技术作为外生变量,这与技术内生化理论有着一定的差异,其内生化的技术进步是建立在经济增长上的,是由经济系统内生变量决定的,并且经济不依赖外部力量的推动就能够实现经济增长,经济学家考察了技术进步的各种具体形式:如产品品种增加、产品质量升级、知识积累、人力资本积累等。但就内蒙古自治区的特定区情而言,以12个城市的区域创新数据为基础用"政府研究机构及科技信息与文献机构科技经费支出总额"描述,由于数据获取的限制,尽管该指标不能全面反映内蒙古自治区各盟市的科技创新活动,但科研领域科技经费支出的内在传导机制与整个地区的科技创新活动有着一定的正相关性,因此将该指标作为创新能力的体现具有可行性。另外,由于选用了科技领域经费支出这一指标,与前人所关注的源于直接生产、产出领域的科技进步形式略有差异,而且科研领域的经费支出主要经费来源于政府拨款,这与源自企业内部的技术创新指标亦有差异,夏天(2010)、Gassmann O.(2006)将创新驱动因素归为外部驱动和内部驱动两大类,其中外部驱动包括消费、市场竞争、创新环境与政策激励等,而内部驱动则包括基于企业层面的创新内涵。鉴于此,考虑到内蒙古自治区的现实情况,我们认为,现阶段科技推动的力量外部环境不容忽视,即其尚未形成自发自主创新的氛围,这与全国发达地区内生的科技创新尚存在差距,综合考虑,本文将以科技经济支出作为外生的技术创新指标T。

Z为制度变迁因素,采用制度变迁指数来衡量。在我国制度变迁主要包括两个方面的内容,即改革与开放,前者是制度变迁的内因,后者是制度变迁的外因。金玉国(2001)、刘宪(2008)用四个具体指标来综合反映制度变迁指数,即非国有化率、资源配置的市场化程度、国家财政收入占GDP的比重以及贸易依存度。由于统计资料的欠缺以及作为内陆资源大省对外贸易依存度并不显著,因此,本文将采用两个指标来衡量制度变迁指数。非国有化率(FGYL) = 1 - 国有工业总产值/全部工业总产值;受数据获取的限制,资源配置的市场化程度(SCHD)为港澳台商投资单位 + 外商投资 + 私营企业就业总人数/年末地区就业总人数。这样,制度变迁指数 = $p_1 FGYL + p_2 SCHD$,其中$p_1 + p_2 = 1$为各自权重。本文将权重设定为各占0.5。

K为物质资本存量采用固定资产投资额进行度量;L是各盟市城镇年末就业人员合计。被解释变量Y是实际产出水平用国内生产总值表示。本文数据采用2001～2011年内蒙古自治区12个城市的年度数据,经过区域划分后得到了4个区域的数据,即金三角地区、中部、东部及西部,采用不同的价格指数分别调整为以2001年为基期的可比数据,其中,国内生产总值用居民消费价格指数调整,固定资产投资额采用固定资产投资价格指数调整。表1为解释变量与被解释变量的描述性统计。

表1 变量的统计性描述

变量	观测值	单位	均值	标准差	最小值	最大值
国内生产总值 LOGGDP	44	亿元	2.978622	0.708080	3.893394	1.337858
年末就业人员 LOGL	44	人	1.850362	0.626977	2.474593	0.579612
科技经费支出 LOGT	44	万元	3.835621	1.001429	4.894109	1.365356
固定资产投资额 LOGK	44	亿元	2.720511	0.724996	3.673768	0.831569
制度变迁指数 LOGZ	44	%	1.664284	0.096943	1.821749	1.446099

三、计量检验

(一) 模型选择

在对事件序列截面数据模型进行估计的时候,由于使用的样本数据包含了个体、指标、时间3个方向上的信息,因此需确定模型形式,提出了两个假设:即 H_1 认为系数不变动; H_2 认为截距、系数都不变。根据 F_1、F_2 统计量可确定模型的形式,判断标准为:当计算得到的 F_2 统计量不小于给定置信度下的相应临界值,则拒绝 H_2,继续检验假设 H_1,否则认为模型样本符合模型无个体影响的不变系数模型;当计算得到的统计量 F_1 不小于给定置信度下的相应临界值,则拒绝 H_1,此时用变系数模型对样本进行拟合;反之则采用变截距模型拟合。建立内蒙古4区域的 LOG(GDP) 关于 LOG(L)、LOG(T)、LOG(K) 及 LOG(Z) 的回归模型,采用最小二乘法进行初步回归,计算得到 $F_2 = 20.78962$ 大于5%显著性水平下的临界值,进一步计算,得到 $F_1 = 7.621445$ 也大于该水平下的临界值,因此可判断本文的研究模型适用于变系数模型,即系数与截距均变化的模型。

(二) 模型结果及经济意义

表2给出了模型的回归结果。根据估计结果,固定资产投资额、年末就业人数、科技经费支出以及制度变迁都有着较为显著的预期符号。其中资本与制度变迁指数滞后1年对产出产生作用,以科技经费支出为代表的技术因素则需要2年才能对经济增长产生作用,而劳动力的投入则在当期就对产出产生作用。

表2 内蒙古四区域面板回归结果

	金三角:呼包鄂	中部	内蒙古东部	西部
常数项 C	-0.537421 (0.448764)	-1.69097 (0.513483) ***	-3.587893 (1.143697) ***	-0.906432 (0.221018) ***
年末就业人员 L	1.406388 (0.293972) ***	1.841341 (0.343959) ***	2.450737 (0.529634) ***	1.933224 (0.174855) ***

续表

	金三角：呼包鄂	中部	内蒙东部	西部
固定资产投资额 K（-1）	**0.786784** (0.088349) ***	**0.568714** (0.053477) ***	**0.246087** (0.154143)	**0.200834** (0.065864) ***
科技经费支出 T（-2）	**0.094775** (0.032904) **	**0.100561** (0.033375) ***	**0.009202** (0.017351)	**-0.002087** (0.023222)
制度变迁指数 Z（-1）	**-1.181132** (0.349717) ***	**-0.796563** (0.32869) **	**0.418259** (0.329609)	**0.582227** (0.215284) **

注：括号内的值表示标准差；*、**、***分别表示在10%、5%和1%水平上统计显著；由于数据容量的限制，无法做 Hausman 检验，进而难以确定模型为固定影响还是随机影响，此处采用固定效应模型。
$\bar{R}^2 = 0.998465$，观察值为36。

结果显示，劳动力的投入对内蒙古4个区域的产出水平在1%的显著水平下成立，且劳动力的投入对总产出的影响均表现出了正向相关的关系，即劳动力的投入能够带来总产出的增加。其中东部地区劳动力每增加1个百分点，GDP 增加2.4个百分点，为4个区域之首，而金三角地区总产出对劳动力的投入依赖程度最低，劳动力每增加1个百分点，GDP 仅增加1.4个百分点。相比较而言，内蒙古4个区域滞后1年的代表技术创新能力的科技经费支出与总产出之间也都表现出了正向变动关系，在解释变量显著的金三角地区、中部以及西部中，总产出在呼包鄂地区表现出了对固定资产投资的最强依赖强度，即固定资产投资额每增加1个百分点，1年后总产出会增加0.79个百分点，其次是整个中部地区为0.56个百分点、东部排名第3为0.25个百分点、西部最弱仅为0.2个百分点。从技术进步指标看，尽管呼包鄂、中部、东部地区的指标与产出水平表现出了正向变动关系，而西部地区则为反向变动关系，但中部与西部的技术创新能力对产出的影响并未通过10%置信度下的检验。中部和呼包鄂地区科技支出对总产出产生了滞后2年的显著性影响，其中呼包鄂地区技术投入每增加1个百分点，总产出仅增加0.09个百分点，中部地区略高于金三角，说明呼包鄂地区创新驱动对产出的影响能力不足，而整个内蒙古中部地区，总体上看，技术创新对经济增长的促进作用略微高于发展较为迅速的"金三角"地区。制度变迁指数对产出的影响呈现出了不同的态势，其中呼包鄂、东部地区制度变迁每增加1个百分点会造成产出水平分别降低1.18个百分点和0.8个百分点，且结果满足统计上的显著，只有西部地区制度变迁对产出起到了促进作用，达到了0.58个百分点，而东部地区该指标未能通过显著性水平下的检验。

从资本、劳动、技术以及制度变迁4个指标的纵向比较作用程度看，内蒙古2001~2011年，劳动力投入是4个区域经济增长的主要动力，特别是东部地区；固定资产投资在4个区域经济增长中发挥着重要作用，即内蒙古地区显著地呈现出了投资驱动型的经济增长模式,特别是金三角及中部地区;而与创新驱动相关的科技支出在促进产出增加的程度上表现得十分薄弱;制度变迁指标特别是对呼包鄂及中部地区的产出水平产生了抑制作用。根据经济意义上的系数判断,不难发现4个指标的系数之和接近1,总体上满足经济意义。

四、结论、建议及不足

本文以2001~2011年内蒙古呼包鄂、中部、东部及西部地区作为研究对象,采用非固定效应变截距面板模型建立了劳动、资本、技术创新、制度变迁与产出之间的实证分析模型研究发现:

(1) 4个区域在过去11年里经济增长主要依赖劳动与资本的拉动,其中东部地区劳动力投入对经济增长的影响更为明显,而中部及呼包鄂地区固定资产投资带动GDP的增加更为显著。

(2) 尽管除西部地区外,创新驱动因素对经济增长起到了正向作用,但程度十分微弱,其中程度相对较高的中部及呼包鄂地区在技术创新方面的表现与劳动、资本的贡献率相比不及两者的1/5,意味着创新驱动在内蒙古各区域经济发展中的确起到了积极的促进作用,只是这种正向作用在过去10多年十分有限。另外,也给予我们启示:增加创新领域的投入与提升创新能力、改进创新思维、做出行之有效的创新行动,依赖于创新驱动的经济增长在今后内蒙古的发展中将有极大的提升空间,是科技工作者、企业管理者、政府职能部门应重视并给予大力支持的有效策略。

(3) 根据11年的数据考察制度变迁因素在内蒙古4个区域经济增长中的作用,得到了中部、呼包鄂地区呈负向变动关系的结论,表明该区域以非国有化率、市场化程度为代表的制度层面的改革没能促进经济增长,相反其阻碍了经济增长,这与该区域根深蒂固的国有经济特征密切相关,印证了近些年的去国有化、增强市场化程度在该区域总体表现出了弱势发展的局面,与市场化程度高的地区相比,政府层面仍需做大量的工作,同时,企业家的经营意识、区域公民意识的开放也会对此产生一定的影响,鉴于此,一方面应增强人们对市场化的接受程度,全面推进非公经济的发展;另一方面应着眼于长远立足于当下,快速培养企业家意识、增强企业家能力,通过解决内生的本质制度变迁因素,来加快内蒙古自治区内的制度变迁。

由于统计口径的不一致,2000年之前的相关数据大量缺失,因此本文的数据时间段仅考虑了11年,并且受各盟市的统计资料的限制,制度变迁指数的计算与创新能力的显性变量仅采用了科技支出这一指标,对于更精确地考察基于企业层面的创新能力尚有一定差距,这些都是本文研究的不足。尽管如此,着眼于内蒙古区域内的不同数据,考虑到内蒙古地区的特殊性,将技术、制度变迁外生于经济增长模型,采用变系数的面板数据模型进行基于技术创新、制度变迁层面与经济增长的定量研究,得出了与实际观察比较吻合的结论,具有一定的理论价值及现实意义。

参考文献

[1] 熊彼特. 资本主义、社会主义和民主主义 [M]. 北京: 商务印书馆, 1979.

[2] 陈建青, 扬甦华. 创新、经济增长与制度变迁的互依性 [J]. 南开经济研究, 2004, (4).

[3] 吴敬琏. 中国增长模式抉择 [M]. 上海: 上海远东出版社, 2006.

[4] 费景汉, 古斯塔夫·拉尼斯. 洪银兴, 郑江淮等译. 增长和发展: 演进的观点 [M]. 北京: 商务印书馆, 2004.

[5] 严成樑. 社会资本、创新与长期经济增长 [J]. 经济研究, 2012 (11).

[6] 郝晓燕, 刘媛媛, 梁晓勇. 内蒙古区域技术创新能力及其与经济增长的关联分析 [J]. 科学管理研究, 2010, 28 (4).

[7] 夏天. 创新驱动过程的阶段特征及其对创新型城市建设的启示 [J]. 科学学与科学技术管理, 2010 (2).

[8] Gassmann O. Opening up the Innovation Process: Towards an Agenda [J]. R&D Management, 2006, 36 (3).

[9] 金玉国. 宏观制度变迁对转型时期中国经济增长的贡献 [J]. 财经科学, 2001 (2).

[10] 刘宪. 技术进步与制度变迁对中国经济增长贡献的实证研究 [C]. 上海市经济学会学术年刊, 2008.

第四章　产业结构变迁对产业劳动生产率增长的驱动——以内蒙古为例[*]

新古典经济增长理论的代表罗伯特·索罗认为，在技术和投入对经济增长的促进中，技术创新能产生80%的贡献。能够从他提出的索罗增长方程中看出技术创新对经济增长的贡献率。美国经济学家Stigliz指出，经济增长有4个要素源泉，为资本、劳动、技术与结构。资本的投入、劳动的投入、技术进步和结构变迁的促进作用共同带动国民生产总值的提升。Salter认为，由于对于不同的产业，技术创新对生产率的提高作用不同，因此，产业结构的转移可以最大限度地促进生产率的增长。Fagerbert采用份额变化分析方法，分析了世界制造业结构变化对生产率增长的作用，认为技术创新和产业结构转变对生产率增长有影响。Hulton分析了美国生产率增长的影响因素，认为物化的技术进步导致了约20%的生产率增长。黄先海、刘毅群分析了物化性技术进步对我国制造业劳动生产率增长的作用，认为设备资本投资仍然是我国制造业增长的主要原因，物化性技术进步对生产率增长的贡献约为45.31%。劳动生产率的增加主要是在技术进步与资本深化等方面，而我国由于经济转型和产业结构调整，在劳动率增长的影响因素中，产业结构的变迁和技术进步更加重要。产业结构变迁一方面体现在生产总值的结构性变化上，另一方面体现在劳动力结构的转移上。这里主要分析产业结构劳动率增长中的劳动力结构转移效应和技术进步带动的增长率效应。

新古典经济学认为，经济的长期增长可以归结为要素投入的增加和要素生产率的提高。劳动生产率的增长可以分解为技术进步和产业结构变迁因素，因此，在经济增长中，技术进步的贡献可以从生产率的增长中分解出来。

一、劳动生产率的分解

劳动生产率涉及部门劳动生产率和部门劳动力配置结构，刘伟、张辉运用"转换份额分析"的方法，把产业结构变迁效应和技术进步增长效应从劳动生产率的增长中分解出来。借鉴Fagerberg（2000）、Timmer（2000）和Peneder（2003）的方法，劳动生产率可以进行分解。分解过程如下：

当期的总体劳动生产率表示为LV^t，设LV_i^t是各产业部门的劳动生产率，t表示时

---
[*] 本文原载《合作经济与科技》，2014年第4期，作者：王晓轩、张璞。

期，i 表示三次产业部门，LV_i^t 表示产业 i 在 t 时期的劳动生产率，K_i^t 是 t 时期产业 i 的劳动占总劳动的份额。

$$LV^t = \frac{Y^t}{L^t} = \sum_{i=1}^{3} \frac{Y_i^t L_i^t}{L_i^t L^t} = \sum_{i=1}^{3} LV_i^t K_i^t \tag{1}$$

在某一段时期内，总体劳动生产率的增长率就可以表示为：

$$\frac{LV^t - LV^0}{LV^0} = \frac{\sum_{i=1}^{3}(K_i^t - K_i^0)LV_i^0 + \sum_{i=1}^{3}(LV_i^t - LV_i^0)(K_i^t - K_i^0) + \sum_{i=1}^{3}(LV_i^t - LV_i^0)K_i^0}{LV^0} \tag{2}$$

公式（2）中，LV^0 表示基础期的总体劳动生产率，K_i^0 表示基础期产业 i 的劳动占总劳动的份额，公式（2）中，$\dfrac{\sum_{i=1}^{3}(K_i^t - K_i^0)LV_i^0}{LV^0}$ 称为静态结构变迁效应，该变量表示劳动要素从劳动生产率较低的产业流向劳动生产率较高的产业所引起的总体劳动生产率的净增加，该变量反映了 i 产业部门劳动份额相对基础期的变迁情况。如果劳动要素流向生产率高的产业 i，则该产业 i 在 t 期的份额增加量将增加为正值，$\dfrac{LV_i^0}{LV^0}$ 是赋予劳动份额增加的权重，随着产业结构的调整，i 部门劳动率的上升或下降将会导致该产业 i 所占权重上升或下降，因此，静态结构变迁反映了劳动力流动带来的份额变化，权重越大，i 产业静态结构变迁效应越大。静态结构变迁效应数值大于 0，说明劳动力净流入该产业，表明劳动生产率由于劳动力流入而得到提高。静态结构变迁效应小于 0，说明劳动力净流出，表明该产业现有劳动生产率较低。$\dfrac{LV_i^0}{LV^0}$ 份额值越大，说明产业内的静态劳动要素再配置效应越大。

$\dfrac{\sum_{i=1}^{3}(LV_i^t - LV_i^0)(K_i^t - K_i^0)}{LV^0}$ 称为动态结构变迁效应，该公式体现了劳动要素移动引起劳动生产率提升。与静态效应不同的是该公式权重不同，在动态结构变迁效应中，权重是劳动率的变化率，这反映了劳动力迁入 i 部门导致的劳动率的变动情况，该效应数值为正，表示劳动力迁入导致的生产率提升幅度，该公式中的权重越大，产业 i 的动态变迁效应越大。动态结构变迁效应反映了劳动要素从劳动生产率低的产业向劳动生产率高的产业转移带来的劳动生产率的提高。该数值大于 0，说明劳动力净流入该产业，会拉动劳动生产率增长。其数值小于 0，说明产业内存在劳动要素的净流出，会降低劳动生产率的增长。$\dfrac{LV_i^t - LV_i^0}{LV^0}$ 是份额权重，该值越大，说明该产业的动态劳动要素的再配置效应越大。

$\dfrac{\sum_{i=1}^{3}(LV_i^t - LV_i^0)K_i^0}{LV^0}$ 称为生产率增长效应，体现了 t 时期劳动生产率的变化率，该公

式主要反映了各产业内部的技术效率变化和技术进步等。技术进步、创新等因素就体现在生产率增长效应中。

二、结构变迁效应与生产率增长效应的计算

根据公式（2）可以计算出内蒙古经济总体的生产率增长情况，从而分解出各产业的静态结构变迁效应、动态结构变迁效应和技术进步等带来的生产率增长效应。根据经过价格指数调整的内蒙古统计年鉴数据，可以得到内蒙古劳动生产率增长的情况，将 1978～2011 年的生产率增长进行分解，得到表 1，如表 1 所示，劳动率增长率的分解主要体现在产业内增长效应，动态结构变迁效应也有一定的增长，而静态结构变迁效应较小。将劳动生产率增长率分解矩阵百分比化，就得到了表 2。

表 1 1978～2011 年内蒙古劳动生产率增长率分解矩阵

1978～2011	列加总		静态结构变迁效应	动态结构变迁效应	产业内增长效应
行加总	28.73565	=	0.0474	4.16836	24.51992
		=	=	=	=
第一产业	2.56125	=	-0.02315	-1.19625	3.78065
第二产业	16.1079	=	-0.00402	-0.66249	16.7744
第三产业	10.0665	=	0.07457	6.02709	3.96487

表 2 1978～2011 年内蒙古劳动生产率增长率分解矩阵（百分比制）

1978～2011	列加总		静态结构变迁效应	动态结构变迁效应	产业内增长效应
行加总	100	=	0.165	14.505	85.33
		=	=	=	=
第一产业	8.91	=	-0.081	-4.163	13.157
第二产业	56.06	=	-0.014	-2.305	58.375
第三产业	35.03	=	0.2595	20.973	13.798

表 2 中，静态结构变迁效应所占比重仅有 0.165%，第一产业静态变迁效应占 -0.081%，说明在这一时期劳动力流出第一产业部门，由于第一产业部门劳动生产率低，权重也小，带来的结构效应也小。劳动力流出第一产业部门导致第一产业部门的静态结构变迁效应下降了 0.081%，说明第一产业对产业结构调整的贡献被弱化。第二产业静态结构变迁效应为 -0.014%，这也说明劳动力流出第二产业部门。第二产业静态结构变迁效应的权重比较大，但数值比较小，这反映了劳动份额的变动率较小。内蒙古在工业化过程中，更多的是设备的投资，技术的提升，劳动份额的比重相对增加缓慢，这导致了第二产业静态效应的劳动份额变动率小。而第三产业的静态结构变迁

效应为正值，说明在过去的30年，劳动力持续流入第三产业，劳动力份额增加，如图1所示。

图1 内蒙古静态结构变迁效应

内蒙古劳动生产率的动态结构变迁效应中，与静态结构变迁效应类似，在劳动力流动的影响下，劳动份额的变化是第三产业持续增加，而第一产业减少得最多，第二产业维持平衡。第一产业动态结构变迁效应占整体生产率增长的 -4.163%，劳动结构的变化导致第一产业对生产率的产业结构贡献减少4.163%。第二产业动态结构变迁效应对整体劳动率增长的贡献也下降了2.305%。产业结构的转变从第一产业、第二产业向第三产业转变，第三产业的动态结构变迁效应所占份额达到20.973%，这是产业结构调整的表现。总体看，动态产业结构调整带来的生产率增长达到了14.505%。说明我国改革开放以来，制度因素、产业结构变迁对生产率的促进作用比较明显。

1978～2011年的内蒙古劳动生产率中，技术进步带动的增长效应占比达到85.33%，在生产率提升的过程中，创新、技术进步成为核心因素。技术进步带动的产业内增长效应中，第一产业占13.157%，第一产业生产率的增长较为合理。第二产业增长效应最明显，达到了58.375%，说明在整体的劳动率增长中，第二产业对劳动率的增长贡献了58.375%，这也说明以技术进步为核心的第二产业是劳动率增长的源泉。尽管劳动力份额的变化不大，但是第二产业的增长效应优势突出，反映了内蒙古工业化过程。第三产业的增长效应较平稳，达到了13.798，说明技术对第三产业的贡献度较高，而动态结构变迁效应中，第三产业达到了20.973%，说明第三产业、劳动力流入效应大于技术进步带来的效应。

（一）静态结构变迁效应

根据静态结构变迁公式 $\dfrac{\sum_{i=1}^{3}(K_i^t - K_i^0)LV_i^0}{LV^0}$，将 t 的取值分别定义为1980～2011年，这样就得到了每年静态结构变迁效应数值，这些数值见图1，图1体现了三次产业总体的静态结构变迁效应，可以看出劳动力从第一产业进入第三产业所带来的总体效应变化情况。图 1 中，1980~1994 年，静态结构变迁效应总体向上，反映了这段时期劳动力份额的相对变化总体促进了劳动生产率的提升，这段时期是改革制度带来的红利。1994~2004 年，三次产业总体的静态结构变迁效应下降，在这一时期，宏观经济经历了 1998 年金融危机、国有企业改革等，经济萧条，劳动力的流动速度下降，尤其是第二产业下岗裁员导致劳动力流出第二产业，导致静态结构总体变迁效应下降，影响了劳动生产率的提升。2004~2011 年，静态结构效应继续上升，这段时期，网络科技推动的信息革命带来了第三产业的繁荣，而房地产、金融、信息等领域的快速扩张也加快了劳动力的流动，总体上导致了静态结构效应上升。

将总体静态结构变迁效应进行分解，拆分为三次产业，可以得到各产业的静态结构变迁效应，如图 2 所示。从图 2 中可以发现，第一产业静态结构效应持续下滑，从 1980 年的 -0.0012 下降到 2011 年的 -0.02315，说明内蒙古地区的农村劳动力持续流出第一产业，第一产业的静态结构效应对生产率的提升降低。第二产业静态结构效应起伏较大，是导致总体静态结构效应变动的主要原因，1980~1994 年，第二产业静态结构效应增加，1994~2004 年，第二产业静态结构下降，幅度较大，说明第二产业经历了一次衰退。2004~2011 年，第二产业静态结构效应回升，经济好转。

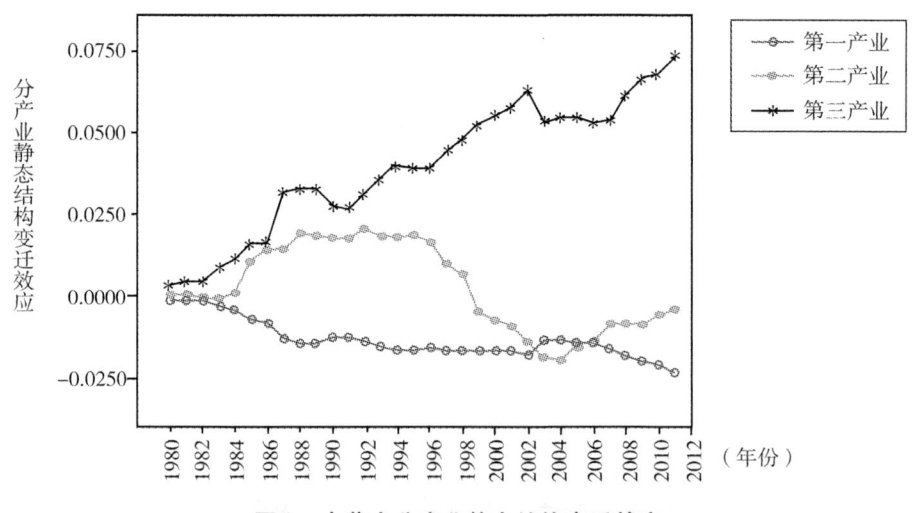

图 2　内蒙古分产业静态结构变迁效应

第三产业的静态结构效应持续上升，从 1980 年的 0.003 上升到 2011 年的 0.074，说明在总体静态结构变迁效应中，第三产业起主导作用。第三产业的结构变迁效应最显著。内蒙古农业人口被第三产业吸纳，第三产业人口从 1978 年的 0.5 亿人次增加到 2006 年的 2.5 亿人次。人口份额从 1978 年的 14.45% 上升到 2011 年的 36.4%，同时劳动力转移，农业的低效率变为第三产业的较高效率，进一步提升劳动生产率。

(二) 动态结构变迁效应

动态结构变迁效应为 $\dfrac{\sum_{i=1}^{3}(LV_i^t - LV_i^0)(K_i^t - K_i^0)}{LV^0}$，在动态结构变迁效应体现劳动份额变化过程中，劳动生产率的相对变化带来的影响。$\dfrac{LV_i^t - LV_i^0}{LV^0}$ 是动态结构变化效应的权重，是劳动生产率的相对增加量。当劳动力由生产率低的产业流向生产率高的产业时，一方面，生产率高的产业劳动份额增加，同时生产率提高，双重影响强化了生产率的提升。另一方面，生产率低的产业由于劳动力流出，劳动份额减少，导致动态结构变迁效应减少。结构变迁效应反映了制度变革或产业结构调整带来的劳动力流动效应，体现在劳动生产率的贡献中。由于劳动生产率在过去30年持续快速增长，所以总体动态结构变迁效应持续增加，具体情况如图3所示。图3可以划分为三个时期，1980~1990年，动态结构变迁效应增长缓慢，说明在这一时期劳动率的增长较低。1990~2004年，动态结构变迁效应增长加速，一方面是劳动力流动导致的数值增加，另一方面是生产率提升的结果。1990~2004年，劳动生产率由12291.75元/人，提升到了2004年的168018.9元/人，提升了12.67%。但总体的劳动生产率增长仍然缓慢。2004~2011年，动态结构变迁效应增长迅速，对劳动生产率的总体贡献率由2004年的8.55%上升到了2011年的20.97%。说明劳动力流入的高生产率的产业，劳动力流出的是低生产率产业，净结果是劳动生产率的贡献度增加。

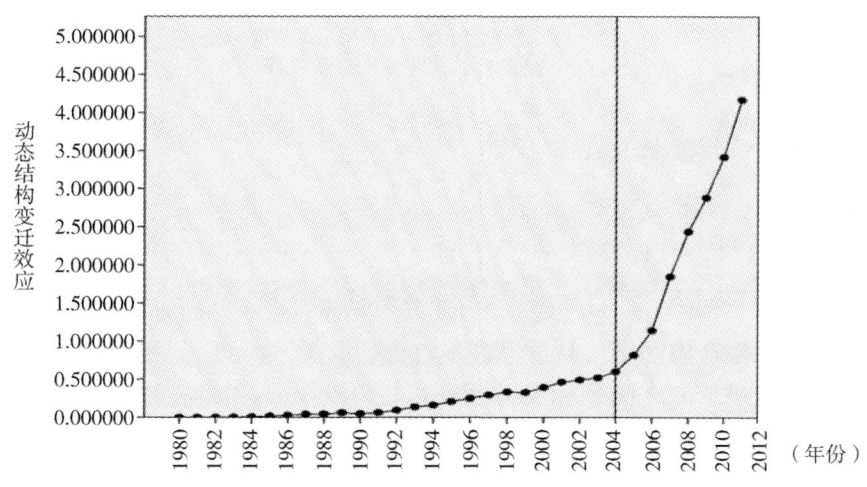

图3　内蒙古动态产业结构变迁效应

将总体动态产业变迁效应进行分解，就得到图4。图4显示了三个不同产业的动态产业结构变迁效应的结果。第一产业从1980年以来持续降低，主要因素是劳动力份额

$K_i^t - K_i^0$ 的变动，由于劳动力流出第一产业，第一次产业的动态结构变迁效应为负值，而且自 2006 年以来下滑速度很快，未来第一产业的动态结构变迁效应仍然下降。第二产业的动态结构变迁效应在 1980～1996 年呈现上升态势，幅度较小。1997 年开始逐年下滑，2009 年以来有所缓解。第二产业生产值的份额由 1980 年的 47.16% 下降到了 1996 年的 35.95%，这一期间劳动力仍然流入该产业。劳动生产值所占比重由 2003 年的 40.66% 上升到了 2011 年的 55.9%，而这一期间的劳动力份额却持续减少。反映了以资源工业为主的产业持续上升，排斥劳动力的流入。从三次产业看，第三产业的动态结构效应持续上涨带动了总体效应，说明劳动力向第三产业转移，提高了劳动生产率，这种影响尤其在 2004 年以后呈现爆发态势，上涨速度快。第三产业动态结构变迁效应占比由 2004 年的 15% 上升到了 2011 年的 20.97%。

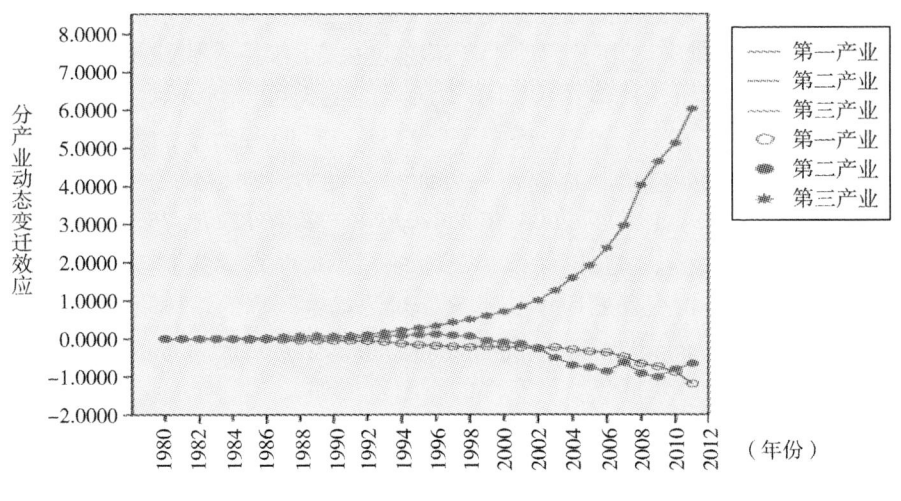

图 4　内蒙古分产业动态变迁效应

（三）生产率增长效应

根据公式 $\dfrac{\sum_{i=1}^{3}(LV_i^t - LV_i^0)K_i^0}{LV^0}$，生产率增长效应主要体现了 t 时期内，以技术进步为核心的增长率。生产率的增长与技术进步有密切的关系，图 5、图 6 反映了各部门的劳动生产率与技术进步率之间的相关关系，可以看出，所有部门的劳动生产率与技术进步均有正相关关系，说明劳动生产率与技术进步的联系密切。因此生产率增长效应可以反映技术进步。

图 5 反映了生产率增长效应（由技术进步带动）的总体趋势，是三次产业生产率增长效应的加总，可以看出，生产率增长效应逐步增长，开始加速。大致可以将总体生产率增长效应分为三个时期：1978～1992 年，1992～2004 年，2004～2011 年。这三个时期生产率增长效应的速度不同，2004～2011 年的速度最快。反映了这一时期技术

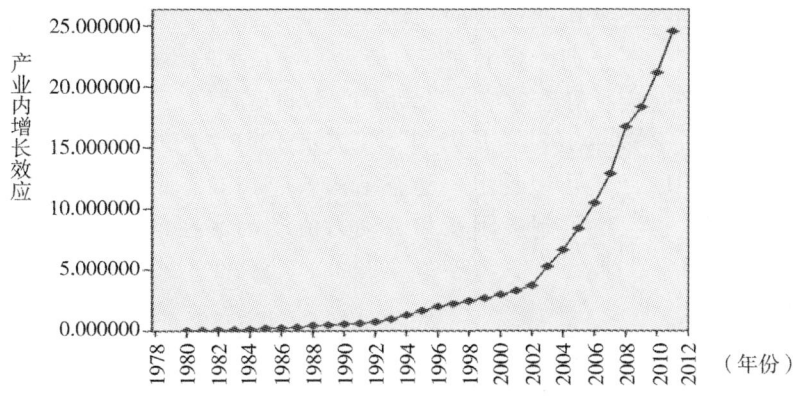

图 5　内蒙古产业内的增长效应

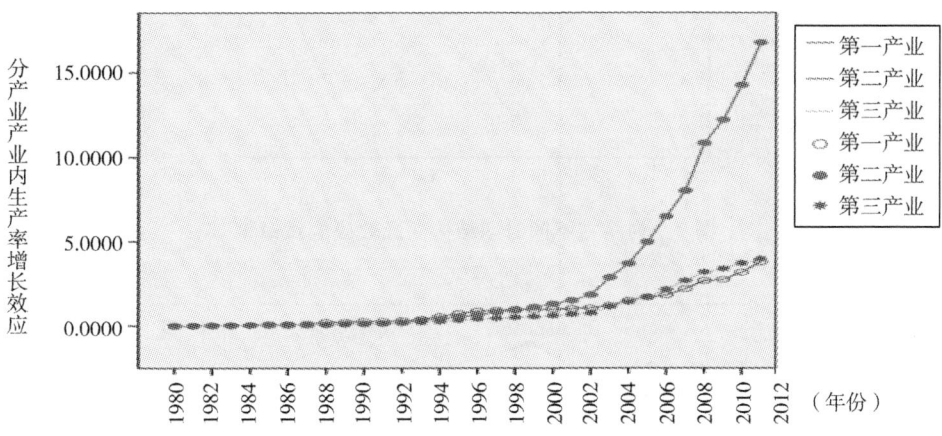

图 6　内蒙古分产业内的生产率增长效应

进步对生产率增长的拉动越来越明显。

图 6 反映了分产业的生产率增长效应。第一产业与第三产业的技术进步效应增长幅度较慢，第三产业增长效应对总生产率提升的贡献率由 1980 年的 3.7% 上升到了 2011 年的 19.69%。在三次产业的增长效应中，第二产业增长效应最快，反映了工业技术进步的带动作用。2000 年以来，第二产业的技术进步速度明显快于第三产业，导致第二产业的增长效应速度快于第三产业。

三、分时期结构变迁效应与技术进步效应的贡献率

为了分析 1978～2011 年的生产率增长，将 1978～2011 年分为 6 个时期：1978～1984 年，1984～1988 年，1988～1991 年，1991～1998 年，1998～2002 年，2002～2011 年。分

别计算这 6 个时期的静态结构变迁效应、动态结构变迁效应和产业内增长效应。然后通过对比总的劳动增长率分别计算出它们对劳动率增长率的贡献，如图 7、图 8 所示。

图 7 反映了动态效应和静态效应对劳动生产率的贡献度，1 表示 1978~1984 年，2 表示 1984~1988 年，3 表示 1988~1991 年，4 表示 1991~1998 年，5 表示 1998~2002 年，6 表示 2002~2011 年。可以看出，动态结构效应和静态结构效应对劳动生产率的总体贡献度在下降，这反映了制度因素和劳动力流动因素在消退，这些因素对劳动力增长率的贡献在下降。

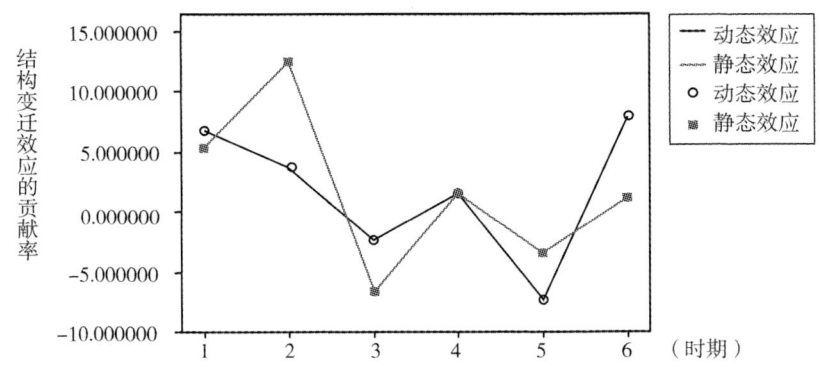

图 7　内蒙古不同时期结构变迁效应的贡献率

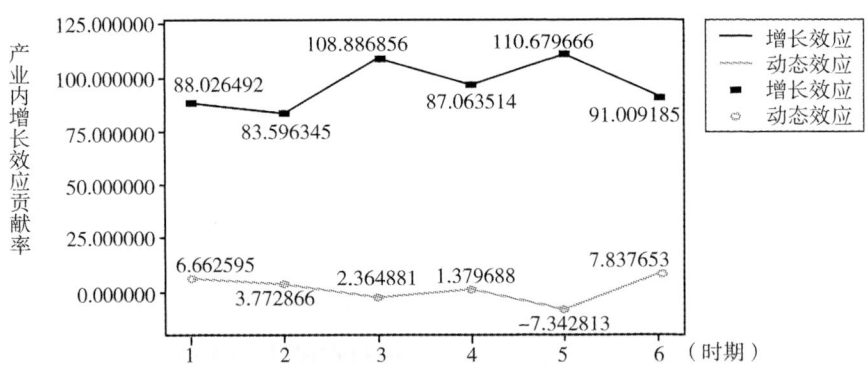

图 8　内蒙古不同时期产业内增长效应的贡献率

最初三个时期，劳动生产率的增长受到结构变迁效应的影响较大，技术进步的贡献有很大的权重（80% 以上）。1991 年以后，产业结构变迁效应对劳动生产率的增长贡献降低，稳定性较弱，而技术进步贡献率增强。这说明随着改革的深化，结构变迁效应让位于技术进步。技术进步成为拉动劳动生产率提升的主要原因。内蒙古结构变迁效应中，第三产业是主要的带动因素，主要得益于劳动力的结构变化。而在技术进步增长效应中，第二产业是主要带动因素。第二产业在发展初期完成资本积累，初期技术进步缓慢，对劳动生产率的贡献小，随着工业化过程的深化，市场导向的完善，资本的积累，技术进步的加强，技术进步增长效应加强，而且扩散技术带来了资本的规模化,进一步加深了创新技术的拉动作用。内蒙古结构变迁效应存在下降趋势。未来随着劳动力转移速度减缓,结构变迁效应将进一步下降,而以技术进步为核心的增长效应将增加。

图9是分产业结构变迁效应的贡献率,将静态结构变迁效应和动态结构变迁效应加总得到了总的结构变迁效应。第一产业结构变迁效应大部分在负值区域震荡,最高达到5.74%,最低达到-12.24%。反映了第一产业结构变迁效应对劳动生产率增长有负面效应,总体上看,第一产业结构变迁效应平稳,反映了第一产业的劳动力稳定移出,1988~1991年的结构变迁效应贡献率为5.74%,这一时期内蒙古农村劳动力呈现回流状态。

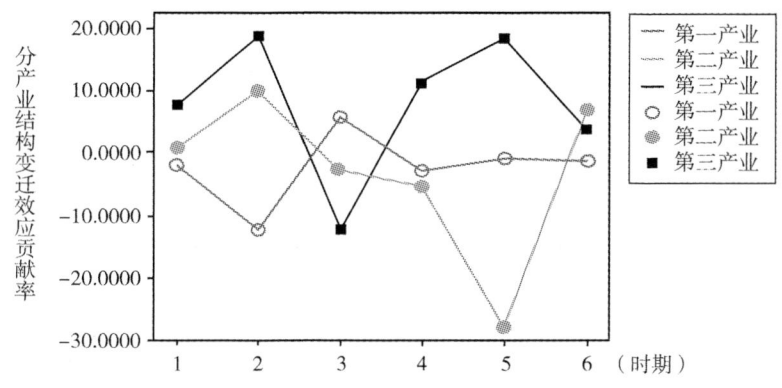

图9 内蒙古三次产业结构变迁效应贡献率

内蒙古的第二产业结构变迁效应在正值与负值之间震荡,最高达到9.99%,最低达到-28.03%,反映出了第二产业劳动力的不稳定状态,1978~1984年,1984~1988年,2002~2011年劳动力流入,而在另外时期劳动力则流出。1998~2002年劳动力大量流出了第二产业。反映了内蒙古第二产业的增长并没有依靠劳动力增加的带动,第二产业增长更多地依靠资本投入和技术进步。

内蒙古的第三产业结构变迁效应数值较高,对劳动率增长贡献较大,最高达到18.65%。由于劳动人口的流入,高的生产率又吸引劳动力,总体推动了第三产业产值的快速发展,内蒙古地区第三产业产值占比由1978年的21.89%上升到了2011年的34.9%,这其中结构效应的推动是主要原因之一。

图10反映了三次产业技术进步引导的产业增长效应。第一产业技术进步推动的增长效应在6个时期逐步降低,从1984~1988年的45.31%下降为1998~2002年的4.53%。表明内蒙古第一产业中技术进步对劳动率增长效应在下滑。尽管第一产业总体的技术进步引导的增长效应在增加,但是相对份额在下降。第二产业技术进步引导的产业增长效应持续上升,从1984~1988年的15.60%增加到1998~2002年的69.35%,产业增长效应明显,是拉动生产率增长的主要因素。

从以上分析可以看出,产业结构变迁对经济增长的作用逐步减小,技术进步对经济增长的作用逐步增强。结构变迁效应的减弱并不能说明市场化改革的红利将会消失,

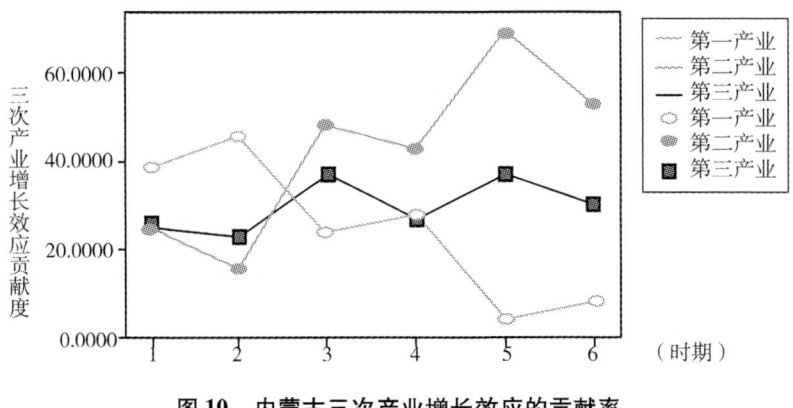

图10 内蒙古三次产业增长效应的贡献率

资源配置的效率优化可以继续带动结构变迁效应。1998~2002年通货紧缩期间,第二产业的结构变迁效应为28%,产业内的技术进步带来的增长效应为69.35%。这表明,在此期间受到有效需求减少的影响,第二产业劳动生产率的增长依赖于技术进步的带动。

四、结 论

本文通过对要素生产率的分解,分析内蒙古技术进步与产业结构变迁对劳动生产率的贡献情况。研究表明,在1984年达到顶峰后,1984~2002年,内蒙古产业结构变迁对经济增长的推动作用不断减弱。与以技术进步为核心的增长效应相比,内蒙古各产业增长效应对劳动生产率的增长贡献一直处于绝对支配的地位。而第一产业的增长效应贡献率在下滑,技术进步对第一产业的带动作用在弱化,而内蒙古第二产业的增长效应贡献率在增加,技术进步对劳动生产率的增长主要体现在第二产业的增长效应中。而2002年以来内蒙古的结构变迁效应开始提升。这种变化体现了市场深度改革带来的劳动力结构性流动,推动了劳动生产率的效率增加。2002~2011年,增长效应的贡献率在下降,而结构效应的贡献率在增加,说明以信息服务业为基础的劳动力结构流动再次加强了结构效应。说明中国经济正步入第二个结构变迁阶段。

参考文献

[1] Fagerberg Jan. Technological Progress, Structural Change and Productivity Growth: A Comparative Study [J]. Structural Change and Economic Dynamics, 2000 (393).

[2] Timmer P. M, Szirmai A. Productivity Growth in Asian Manufacturing: the Structural Bonus Hypothesis Examined [J]. StructuralChange andEconomic Dynamics. 2000 (371).

［3］刘伟，张辉．中国经济增长中的产业结构变迁和技术进步［J］．经济研究，2008（11）．

［4］王振兴．技术进步与劳动生产率增长关系研究——基于山东省数据［J］．山东财政学院学报，2011（3）．

第五章 鄂尔多斯市产业结构调整分析及对策研究[*]

一、引言

随着我国经济的飞速发展，对能源的需求量逐渐升高，我国富有能源的资源型城市也蓬勃发展起来。但是这些资源型城市的过速发展，面临着产业结构比较脆弱、经济结构发展不平衡、经济发展裹足不前、对科学技术投资比重低、人才培养稍显不足、生态环境化等严重问题。以鄂尔多斯市为例，其拥有各类矿藏50多种，其中煤炭已探明储量1676亿吨，占全国的1/6，是名副其实的资源型城市。经济主要依靠煤炭采掘和出口拉动，这与当前所倡导的产业结构相互矛盾。从2012年开始，煤炭市场有效需求不足，生产能力又过剩，煤炭市场呈现低位运行的状态。煤炭行业的疲软继而引起了房地产泡沫的破裂和民间融资危机的爆发，鄂尔多斯市经济整体萎靡不振，经济增长率也为近12年的最低点，这些现象引起了人们对"鄂尔多斯模式"的重新审视。

本文着力于研究鄂尔多斯市的经济形势，采用灰色关联分析法，对其产业结构进行分析评价，并运用马克思循环经济的思想，为鄂尔多斯市产业结构稳健发展提出相关建议。

二、鄂尔多斯市产业结构的灰色关联分析

通过灰色关联度分析法[2,3,4,5]，对鄂尔多斯市2000~2011年的产业结构进行分析。

（1）鄂尔多斯市生产总值为参考序列x_0，第一产业、第二产业、第三产业逐年的数据数列x_1, x_2, x_3作为比较数列，可得到数据，如表1所示。

---

[*] 本文原载《科技经济市场》，2013年第11期，作者：魏曙光、唐萍。

表1 鄂尔多斯市2000~2012年总体产值与三次产值数据表

指标	2000年	2001年	2002年	2003年	2004年	2005年	2006年	2007年	2008年	2009年	2010年	2011年	2012年
总值（亿元）	150.090	171.840	204.77	278.460	395.96	594.82	800.01	1150.91	1603.0	2161.0	2643.2	3218.5	3656.80
第一产业	24.527	24.375	28.11	33.111	36.72	40.64	43.08	49.97	57.7	60.6	70.8	83.2	90.14
第二产业	83.940	95.443	110.30	141.730	196.51	312.45	439.64	633.10	931.4	1260.5	1591.5	1933.6	2213.13
第三产业	41.625	52.019	66.35	103.620	162.74	241.73	317.28	467.84	613.9	839.9	980.9	1201.7	1353.53

资料来源：数据来源于《鄂尔多斯统计年鉴》（2012）。

（2）使用均值化法，将原始数据进行无量纲化处理。即

$$Y_i = \{y_i(1), y_i(2), \cdots, y_i(n)\} = \left\{\frac{X_i(1)}{\overline{X_i}}, \frac{X_i(2)}{\overline{X_i}}, \cdots, \frac{X_i(n)}{\overline{X_i}}\right\} \tag{1}$$

得到无量纲化处理结果，如表2所示。

表2 无量纲化处理结果

指标	2000年	2001年	2002年	2003年	2004年	2005年	2006年	2007年	2008年	2009年	2010年	2011年	2012年
y_0	0.114578	0.13	0.156	0.2126	0.30	0.4541	0.611	0.8786	1.224	1.650	2.018	2.457	2.792
y_1	0.495901	0.49	0.568	0.6695	0.74	0.8216	0.871	1.0104	1.167	1.225	1.431	1.682	1.822
y_2	0.109744	0.12	0.144	0.1853	0.26	0.4085	0.575	0.8277	1.218	1.648	2.081	2.528	2.893
y_3	0.083985	0.10	0.134	0.2091	0.33	0.4877	0.64	0.9439	1.239	1.695	1.979	2.425	2.731

（3）计算每个时刻点上比较数列与参考数列的绝对差，如表3所示。

表3 绝对差序列的计算结果

指标	2000年	2001年	2002年	2003年	2004年	2005年	2006年	2007年	2008年	2009年	2010年	2011年	2012年
$|y_0-y_1|$	0.381323	0.36	0.412	0.4569	0.44	0.3675	0.260	0.1318	0.057	0.424	0.586	0.775	0.969
$|y_0-y_2|$	0.004834	0.01	0.012	0.0273	0.05	0.0456	0.036	0.0509	0.006	0.002	0.063	0.071	0.102
$|y_0-y_3|$	0.030593	0.03	0.022	0.0035	0.03	0.0337	0.029	0.0653	0.015	0.045	0.039	0.032	0.061

（4）计算灰关联系数。

$$e_i(k) = \frac{\min_i \min_k |y_0(k) - y_i(k)| + \rho \max_i \max_k |y_0(k) - y_i(k)|}{|y_0(k) - y_i(k)| + \rho \max_i \max_k |y_0(k) - y_i(k)|} \tag{2}$$

$i = 1, 2, \cdots, m; k = 1, 2, \cdots, n$

得出灰关联系数，如表4所示。

表4 灰关联系数的计算结果

指标	2000年	2001年	2002年	2003年	2004年	2005年	2006年	2007年	2008年	2009年	2010年	2011年	2012年
e_1	0.56	0.57	0.542	0.5165	0.53	0.5706	0.653	0.7889	0.898	0.535	0.454	0.386	0.334
e_2	0.99	0.99	0.979	0.950	0.92	0.9172	0.934	0.9081	0.991	1.000	0.888	0.875	0.829
e_3	0.89	0.93	0.920	0.9343	0.93	0.9301	0.916	0.8642	0.943	0.918	0.903	0.921	0.882

(5) 计算灰关联度。灰关联度为：

$$\gamma_i = \frac{1}{n}\sum_{k=1}^{n} e_i(k) \qquad (3)$$

计算出三次产业与地区生产总值的关联度分别为：

$\gamma_1 = 0.541439 \qquad \gamma_2 = 0.87 \qquad \gamma_3 = 0.8736$

由关联度值 $\gamma_3 > \gamma_2 > \gamma_1$，表明第三产业对鄂尔多斯市总产值的关联性优于第一产业和第二产业，第二产业对于鄂尔多斯市总产值的关联性优于第一产业。从关联度值来看，鄂尔多斯市第二产业、第三产业对产业经济发展的作用的关联效应最大，且第三产业略大于第二产业。说明 2000～2011 年的 12 年中，鄂尔多斯市产业经济的发展主要依赖第二产业、第三产业。

(6) 计算灰关联权。灰关联权重为：

$$\omega_i = \frac{\gamma_i}{\sum_{i=1}^{m}\gamma_i} \qquad (4)$$

可以得到第一产业、第二产业、第三产业的关联度权重分别为：

$\omega_1 = 0.236943 \qquad \omega_2 = 0.38 \qquad \omega_3 = 0.3823$

从第一产业、第二产业、第三产业的关联度权重值来看，2000～2011 年鄂尔多斯市三次产业关联度的权重的关系为：第三产业的关联度的权重最大，稍高于第二产业；第二产业、第三产业的关联度权重值总体要高出很多。

(7) 求产业结构优化评价值

$$v_i(k) = \sum_{i=1}^{n}\omega_i\theta_i(k) \qquad (5)$$

可得出产业结构优化评价值，其中 $\theta_i(k)$ 为 k 年中 i 产业的比重。

计算出鄂尔多斯市 2000～2012 年产业结构优化评价值变化，如图 1 所示，鄂尔多斯市三次产业产值变化趋势如图 2 所示。

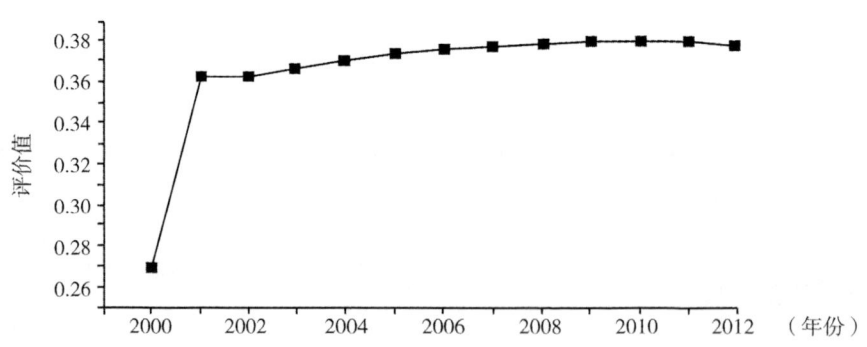

图 1　鄂尔多斯市 2000～2012 年产业结构评价值趋势

由此可见，近 12 年，凭借天然的煤炭资源优势，鄂尔多斯市经济实现跨越式增长。在光鲜亮丽的 GDP 背后，三大产业结构比例失衡的问题也越来越严重。鄂尔多斯市经济危机便是其产业结构失调综合作用的结果。

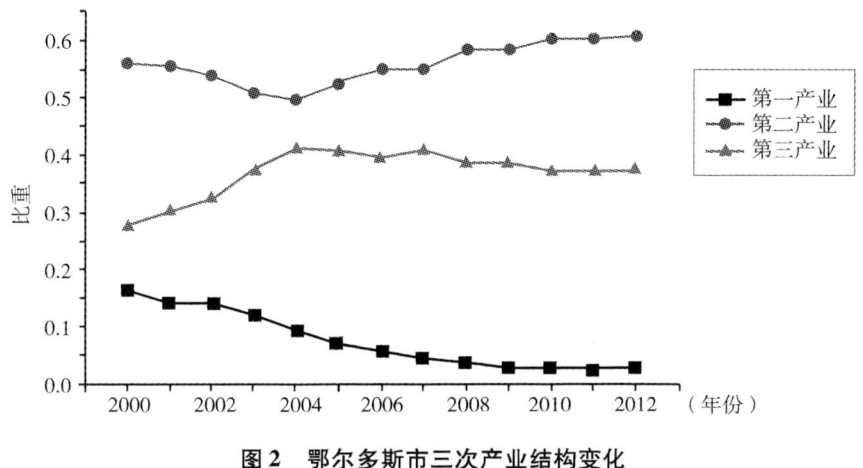

图 2　鄂尔多斯市三次产业结构变化

三、鄂尔多斯市经济形势原因分析

随着国内外对煤炭需求的大幅减少以及国家对煤炭企业的整合重组,鄂尔多斯市多个大型煤矿面临着停产危机。2012 年鄂尔多斯市 GDP 增长速度为内蒙古全区倒数第 1,财政收入也只增长 3%,为近 13 年的最低点。

通过马克思循环经济思想,分析原因主要有以下两方面:一方面,鄂尔多斯市的经济发展强烈地依赖煤炭资源。煤炭的开采和输出是鄂尔多斯市经济的主要特点,煤炭行业的兴盛与否直接决定了鄂尔多斯市经济的发展与停滞。2012 年以煤炭采掘和初加工为主的第二产业生产总值占当年鄂尔多斯市 GDP 的 60.52%。煤炭价格的下降直接影响了第二产业的生产总值,从而对整个经济的发展产生了不利的影响。另一方面,鄂尔多斯市的财富一直保持着"体内循环",即煤炭产生财富,产生大量的民间资本,然而鄂尔多斯市的金融行业发展滞后,投资渠道比较单一,大多数民间资本投资于煤炭开采及其相关行业和房地产行业。如图 3 所示,煤炭、信贷、楼市贯穿在整个民间资金循环过程中。

鄂尔多斯市的经济危机从表面上看是由于煤炭价格的不景气。但从深层次看,鄂尔多斯市发展过程中存在的问题才是危机爆发的根本原因。长期以来,鄂尔多斯市经济增长很大程度上依赖于煤炭资源的输出,其产品结构比较单一,产业结构十分脆弱,产业价值链短,产品附加值低。此外,鄂尔多斯市三次产业比例的不相称导致了整个城市经济结构的不相称,以及城市功能的单一,城市竞争潜在能力受到限制。

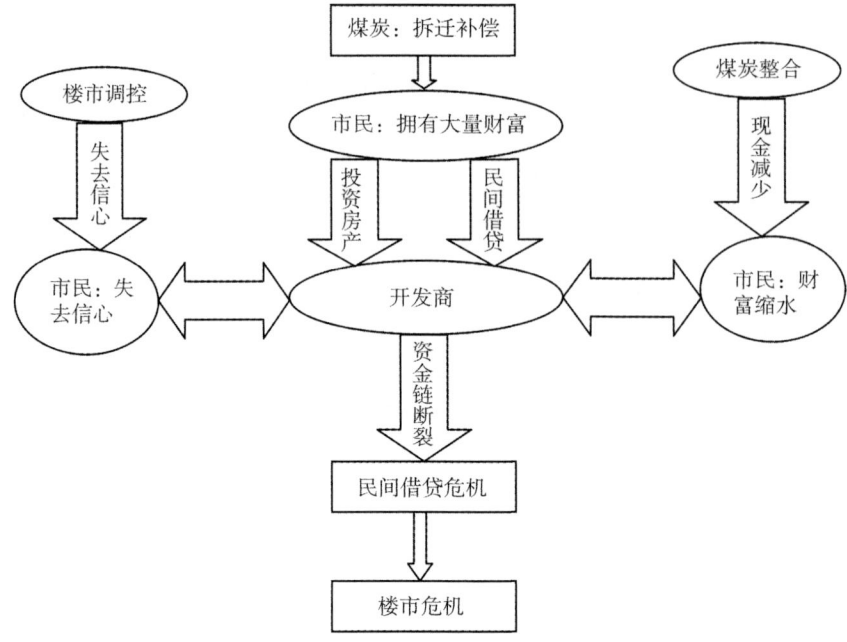

图 3　鄂尔多斯市经济危机循环

四、加快鄂尔多斯市产业发展建议

通过以上分析，鄂尔多斯市要想跳出当前的困境，发展循环经济、调整产业结构是其必由之路。在这一方面，鄂尔多斯市应该积极借鉴德国循环经济的成功经验，即应该遵循"减量化、再利用、再循环"的原则，立足于循环型企业、循环型生态园区、循环型社会的建设与发展，实现可持续发展。

（一）优化产业结构，实现经济结构转型

目前鄂尔多斯市产业结构比例的严重不协调已经成为阻碍鄂尔多斯市可持续发展的最大障碍。所以，鄂尔多斯市应大力发展多元化的主导产业和第三产业，倡导绿色消费。例如加快发展物流业、服务业和高新技术产业，提高第三产业在 GDP 中的比重，缓解经济发展对资源的依赖性。根据循环经济减量化原则，减少环境污染和破坏，延长资源产业的生命周期和产业链条，不断加快相关产业的培育，以主导产业为基本点，培育出一系列与主导产业相关的上游产业和下游产业，保证资源的高效利用；此外，继续完善循环经济园区，把关联度高的产业集中在一起，实现园区内企业间产业链的循环，从而提高资源利用率，重复使用废弃物，减少污染物的排放。

(二) 严格环境管理，改善环境质量

当前鄂尔多斯市发展循环经济的工作重心是：根据该市未来社会经济的战略规划，实现废弃物资源化，力求将生产和消费过程中产生的废弃物和有毒气体的排放量降到最低；实现生活用水和工业用水的循环利用，建设环境友好型社会。

根据循环经济再利用原则，将资源开采过程中形成的大面积塌陷土地变废为宝，利用塌陷区大力发展畜牧业，既可以有效解决塌陷所造成的生态环境的破坏，还可以发展生态农业，提高农牧民的收入，实现工业与农业之间的循环。高效利用能源、重化工工业生产过程中产生的各种污染物。例如，采用新的二氧化硫废弃回收技术将工业生产过程中产生的二氧化硫制取成亚硫酸钠或是硫酸；利用煤炭洗选中废弃的煤矸石进行供暖或是发电；将煤炭工业的主要副产品焦炉煤气和焦煤油作为下游产业的优质能源和化工材料等。倡导绿色消费和节能环保的生活习惯，将节能、节水、回收利用、减少一次性物品的使用等与循环经济密切相关的活动长期地执行下去。最后，完善与循环经济相关的法律法规体系，加紧完善《环境保护法》、《水污染防治法》、《矿产资源法》等，让政府在查处环境违规事件时有法可依。

(三) 加强人力资本和科学技术的投资

马克思认为，依靠科学技术才能实现资源的循环利用、反复利用和高效利用；采用新的方式（人工的）加工自然物，赋予它们新的使用价值，以便发现新的有用物和原有物体的新的使用属性，因此要把自然科学发展到顶点。

鄂尔多斯市要发展循环经济，实现经济结构转型，就必须加强对人力资本和科学技术的投资。这方面必须依靠个人、高校、企业和政府4个方面的综合努力，才能真正有所成效。首先，居民应加强对文化教育的投入。2011年，鄂尔多斯市城镇居民人均消费性支出25977元，而教育文化娱乐服务只占16%。较低的教育投资会影响自身的长远发展，跟不上社会发展的步伐，最终会被社会淘汰。其次，在培育人才资本的同时，鄂尔多斯市的高校也应加强与外地高校的合作，定期选拔学生送往其他高校进行交换学习，邀请知名专家学者作专题讲座等。再次，企业也应加强自身的危机感，转变一味依赖资源的发展模式，以科技创新为主线，加强对科学技术的投资，设立专项基金，进行创新，提高企业的研发强度，从而生产出富含高科技、高附加值的产品。最后，政府的激励作用也必不可少。一方面，政府应当加大对教育方面的支出，提高高等学校的研究经费，从而在经济上保障高校的研究创新。另一方面，政府应采取鼓励性经济措施。例如，政府鼓励企业进行技术改革，对促进循环经济发展、环境保护的企业给予减免税费、提供信贷和补贴政策。政府在加强人才培养时，还应该加强循环经济领域的国际合作，积极引进新技术，引导和鼓励我国企业进行自主研究，鼓励企业采用无害或低害的新工艺、新技术。

五、结 语

本文通过对鄂尔多斯市进行灰色关联分析并结合马克思循环经济思想,分析鄂尔多斯市面临的诸多问题。鄂尔多斯市要想从"羊煤土气"变为真正的扬眉吐气,唯一的途径就是防微杜渐,以马克思循环经济思想为理论基础,调整和优化产业结构,从单一经济结构形式逐渐向多元化结构转变,逐步提升附属产业的产值份额比例,从而提高产业整体的稳定性和人为可控性;加强科技创新,将以硬件为主体的经济模式转变为以硬件为载体,以软件主体的经济模式,通过增加现有资源的科技附加值大幅提高资源的利用率,从产业的自然资源优越性向人文资源优越性转型;重视节约资源和废弃物的循环使用,通过整合产业形式和产业规模的方式,将传统开放式的资源一次利用形式转变为多次循环利用形式,通过完善主导产业的上游产业和下游产业,打造资源的闭环发展模式;真正做到人与自然和谐发展。

参考文献

[1] 王珊,吕君. 资源型城市可持续发展能力提升的对策研究——以鄂尔多斯市为例[J]. 现代营销,2011(5).

[2] 刘思风,党耀国,方志耕等. 灰色系统理论及其应用[M]. 北京:科学出版社,2005.

[3] 林伯强. 能源经济学理论与政策实践[M]. 北京:中国财政经济出版社,2008.

[4] 张路蓬,苏屹,刘晓静. 基于灰色关联的能源消耗与产业结构调整分析[J]. 统计与决策,2011(15).

[5] 杨昭. 基于能源视角的产业结构调整[D]. 杭州:浙江大学,2008.

[6] 马传栋. 马克思《资本论》中的循环经济思想[J]. 山东社会科学,2007(6).

[7] 郑志国. 基于资本循环的资源循环利用分析——马克思的循环经济思想初[J]. 当代经济研究,2006(10).

[8] 朱娟. 基于循环经济的循环经济于我国制浆造纸工业的实践中部地区资源型城市产业结构优化研究[D]. 南昌:南昌大学,2008.

[9] 周一童,丁闪. 鄂尔多斯经济危机与煤炭、房地产、民间借贷关系研究[J]. 经济论坛,2012(11).

[10] 黄海峰,刘京辉. 德国循环经济研究[M]. 北京:科学出版社,2007.

[11] 宋超,张霞. 马克思的循环经济发展观及其当代价值[J]. 学术论坛,2010(10).

第六章 区域经济一体化背景下内蒙古产业发展水平的实证分析[*]

一、引 言

20 世纪 90 年代以后，中国区域经济的联系越来越紧密，区域合作的范围和领域不断拓展，合作规模不断增大，区域经济一体化的进程日益加快。到目前为止，珠三角、长三角、京津冀等都已经成为了国内区域一体化发展的具有重要标志性的形式之一。呼包鄂区域一体化的形成和发展是内蒙古自治区近些年来取得快速发展的强动力，同时其发展与内蒙古自治区的整体发展密不可分，息息相关。那么，在这样的背景下，内蒙古产业的发展现状如何？三次产业结构水平如何？影响内蒙古产业发展水平的因素又有那些？本文试图回答这些问题。

二、文献回顾

关于区域经济一体化的研究：袁莉（2003），马波、王双（2005），乔颖、孙晓燕（2005）等都对政府在我国区域经济一体化中的定位做了研究。主要观点为，政府在区域经济一体化进程中应该打破观念的障碍，转变政府职能，建立服务型地方政府，以市场改革和社会服务为导向，合理设置地方政府机构，加强协同，构建一体化的协商机制。叶刚（2011）在《呼包鄂经济带文化产业一体化发展策略探讨》中利用产业经济学理论、文化学理论、区域合作理论等相关知识，从呼包鄂经济带具有实现文化产业一体化的条件出发，提出呼包鄂经济带文化产业一体化的原则和策略，从而为政府的决策提供一些决策参考。王欣、曹晓辉（2012）对呼包鄂区域一体化的发展进行了研究，指出不仅要解决区域一体化发展现状和制约因素，更要从实践角度构建区域一体化发展的良好发展机制，加强三市政府间的合作。

随着内蒙古经济特别是呼包鄂三市经济的快速增长，国内各界对呼包鄂地区的关

---

[*] 本文原载《经济研究导刊》，2014 年第 9 期，作者：高春霞、郝戊、蒋智慧。

注越来越多,相关研究也越来越多。

关于内蒙古产业发展的实证研究:聂华林、李长亮(2007)在内蒙古经济发展的非均衡增长理论分析中,也认为内蒙古的经济增长不是依靠全区经济的均衡增长实现的,而是以呼包鄂三市形成的蒙中经济圈的快速增长构筑的。张敏(2005)在《呼包鄂区域中竞争优势的定量评估》一文中认为,呼包鄂地区是内蒙古社会、经济发展最好的区域,加快呼包鄂地区的发展不仅对于内蒙古的现代化建设具有决定性意义,而且对我国西部大开发、发展大西北战略具有重大意义。他运用竞争优势理论,比对资源优势、产业优势、科技投入等因素,分析了呼包鄂区域所具备的比较优势和劣势,提出了提高区域竞争力的基本策略。何金玲、李孝(2004)认为,根据我国改革开放以来的经验,内蒙古只能走不平衡发展的路子,构建自己的发达地区,而呼包鄂经济区就是最好的选择。构建呼包鄂经济区为内蒙古经济增长极,需要两方面的力量:一方面,需要国家、自治区把呼包鄂地区作为拉动内蒙古经济腾飞的龙头来看待,加大扶持力度;另一方面,需要呼包鄂地方政府加强协调,达成共识,统一步调,加快一体化进程。

综上所述,未来内蒙古经济发展必将沿着市场化、城市化、全球化和知识化4个主要发展趋势演进。这些不可逆转的经济发展趋势对我区今后的产业发展必将产生重大而深刻的影响。研究并探讨市场化、城市化、全球化和知识化发展趋势及其对产业发展的影响,有助于推动我区产业的进一步发展。

三、内蒙古产业发展现状

内蒙古经济在近几年得到了腾飞式的发展,尤其是在"十二五"期间,内蒙古加快经济结构调整和发展方式转变,发展速度一直位居全国前列。内蒙古的传统产业在不断地加强和巩固,战略性的新型产业和非资源型产业也在飞速发展。针对内蒙古三大产业现状的分析来看,各产业生产总值逐年都以较快的速度增长。其中第二产业产值增长速度尤为明显。内蒙古自治区主席巴特尔在报告中提到,2007~2012年,内蒙古的地区生产总值由6423.2亿元增加到1.6万亿元,年均增长15.1%;地方财政总收入由835.5亿元增加到2497.3亿元,年均增长24.5%;5年累计完成固定资产投资4.6万亿元,占自治区成立以来投资总量的72%。内蒙古正经历着几千年来的历史性变革。在社会结构上,从以农牧业人口为主体转变为以城镇人口为主体,城镇化率由50.2%上升到57.7%。在经济结构上,从以农牧业为主导转变为以工业为主导,工业比重由2007年的43.3%提高到2012年的49.8%;值得关注的是,工业经济迅猛发展并没有牺牲农牧业的基础地位。如今,内蒙古成为全国13个粮食主产区、五大商品粮基地之一,2012年全区粮食产量首次突破500亿斤大关,达到505.7亿斤;生态保护取得新成绩,10.2亿亩可利用草原全部纳入生态补奖范围,草原植被覆盖率较5年前提升了5.4个百分点。牧业集约化程度不断提高,牲畜头数连续8年保持在1亿头以上,牛奶、毛绒、羊肉产量均居全国首位;伴随着经济的快速发展,内蒙古城乡居民收入同步增长。2012年,城乡居民收入分别达到23150元、7611元,均完成了增长12%的目标任务,特别是农牧民收入增长较快,扣除价格因素,实际增长11.8%,不仅超过城镇居民收入增速,也"跑赢"了11.7%的GDP增速。

从2007~2012年内蒙古三次产业生产总值及其比重关系看,主要呈现以下两个基本特征:一是三次产业及其结构变化趋势符合产业发展和产业结构演进的一般规律;二是第二产业是拉动内蒙古经济快速增长和推动产业结构演进的主导力量,并在"十二五"期间乃至更长一段时期内仍将处于快速发展期。

综上所述,内蒙古的三大产业发展各具特色,在结构上不断趋于合理化,使地区经济得到推动和发展。

四、模型构建与实证研究

为了保证数据的易获性、完整性以及准确性,本文借鉴曲三省等人的现代经济计量分析方法,将通过计算主要产业的相关指标并采取主成分分析法和因子分析法对其进行更深层次的研究。将两者相结合可以更好地分析区域经济一体化背景下内蒙古的产业发展情况。

(一) 基于因子分析的产业发展水平模型构建

因子分析的数学模型:

$$\begin{cases} X_1 = a_{11}F_1 + \cdots + a_{1m}F_m + \varepsilon_1 \\ X_2 = a_{21}F_1 + \cdots + a_{2m}F_m + \varepsilon_2 \\ \vdots \\ X_p = a_{p1}F_1 + \cdots + a_{pm}F_m + \varepsilon_p \end{cases}$$

即 $X = AF + \varepsilon$(其中,$X_1, X_2, \cdots, X_p$ 为 p 个原有变量,$F_1, F_2, \cdots, F_m$ 为 m 个因子变量。)

具体的分析步骤:

第一步,数据标准化。

第二步,计算数据 $(X_{ij})_{np}$ 的协方差矩阵 R。

第三步,求矩阵 R 的特征值、特征向量。

第四步,对相应指标进行分组并计算因子得分,如下式:

$F_j = \beta_{j1}X_1 + \beta_{j2}X_2 + \cdots + \beta_{jp}X_p$

总得分 $= a_1F_1 + a_2F_2 + \cdots + a_jF_j$(其中 a_i 由贡献率来确定)

(二) 内蒙古产业发展的实证分析

1. 选取指标与数据来源

为了全面系统地分析区域产业发展水平,我们需要考查众多对产业发展水平有影响的因素(即指标)。本文综合了国内外学者对产业发展水平影响因素的研究成果,在遵循科学性、合理性、可比性和可操作性的原则下,以内蒙古区域内 28 个行业作为数据样本,建立了内蒙古区域产业发展水平指标体系。数据来自 2012 年《内蒙古统计年鉴》,部分样本数据是利用年鉴原始数据经过简单计算得出。同时,为了保证指标具有较强的可操作性,这里剔除了一些有价值但是数据难以获取的指标。最终选取的指标为:X_1 区位商;X_2 产业贡献率;X_3 资金利税率;X_4 产品销售率;X_5 就业吸纳率;X_6 投入创造就业率;X_7 产业关联度;X_8 固定资产总额;X_9 职工人数。通过计算得出相应的指标值。

2. 实证分析

现根据上文所构建的指标进行产业选择,共选取 28 个行业。原始数据来自 2011 年、2012 年《内蒙古统计年鉴》。依据上文所列举的指标公式,计算出内蒙古产业的各项指标,经标准化后,利用 Spss.18.0 中的因子分析程序模块对标准化后的数据进行因子分析,得到相关系数阵的特征值及其贡献率,分析结果如表 1 所示。

表 1 解释的总方差

成分	初始特征值			提取平方和载入			旋转平方和载入		
	合计	方差的%	累积%	合计	方差的%	累积%	合计	方差的%	累积%
1	4.109	45.660	45.660	4.109	45.660	45.660	3.999	44.434	44.434
2	1.941	21.562	67.222	1.941	21.562	67.222	1.957	21.747	66.181
3	1.288	14.307	81.529	1.288	14.307	81.529	1.381	15.348	81.529
4	0.840	9.337	90.866						
5	0.523	5.810	96.677						
6	0.155	1.720	98.396						
7	0.100	1.111	99.508						
8	0.036	0.398	99.906						
9	0.008	0.094	100.000						

提取方法:主成分分析。

由表 1 可知,前三个特征值的累积方差贡献率已达 81%,且这三个特征根都大于 1,因此保留前三个公共因子分析是合理的。最后运用回归法计算出因子得分函数,并以各因子的方差贡献率为权数得到综合因子得分函数式。根据因子得分函数计算出的内蒙古地区 28 个典型行业因子得分及综合因子排名情况,如表 2 所示。

表2 2012年内蒙古典型行业因子得分及综合因子排名情况

行业	F_1	排名	F_2	排名	F_3	排名	F	排名
煤炭开采和洗选业	8.48	1	0.84	5	1.76	3	5.28	1
石油和天然气开采业	-1.30	26	-0.17	15	-1.13	26	-0.97	27
黑色金属矿采选业	-0.44	11	0.48	6	-0.56	20	-0.22	11
有色金属矿采选业	-0.14	7	1.16	3	-0.62	21	0.12	8
非金属矿选业	-0.94	21	0.05	11	0.00	9	-0.51	18
农副食品加工业	0.87	6	0.31	7	-0.05	10	0.56	6
食品制造业	-0.17	8	-0.57	22	-1.00	25	-0.42	15
饮料制造业	-0.70	15	0.10	10	0.70	6	-0.24	12
纺织业	-0.51	13	-0.30	18	-0.43	18	-0.44	17
纺织服装、鞋、帽制造业	-0.65	14	-0.01	13	2.74	2	0.12	9
家具制造业	-1.37	27	0.18	9	-0.23	14	-0.76	24
造纸及纸制品业	-1.28	25	0.03	12	-0.48	19	-0.79	25
石油加工、炼焦及核燃料加工业	-0.49	12	-0.76	23	-1.41	27	-0.72	23
化学原料及化学制品制造业	1.09	5	-0.78	24	-0.73	23	0.27	7
医药制造业	-0.82	18	-0.27	17	-0.14	12	-0.56	20
橡胶制品业	-1.09	23	-0.46	19	1.11	4	-0.54	19
塑料制品业	-0.70	16	-0.15	14	1.00	5	-0.26	13
非金属矿物制品业	-0.38	10	-0.55	21	-0.21	13	-0.40	14
黑色金属冶炼及压延加工业	2.27	3	-0.99	25	-0.78	24	0.87	4
有色金属冶炼及压延加工业	1.33	4	0.31	8	-0.65	22	0.71	5
金属制品业	-0.85	19	1.11	4	0.43	7	-0.10	10
通用设备制造业	-0.95	22	-0.50	20	-0.23	15	-0.70	22
专用设备制造业	-0.76	17	-1.33	26	-0.08	11	-0.79	26
电气机械及器材制造业	-0.86	20	-0.22	16	-0.35	17	-0.60	21
工艺品及其他制造业	-1.26	24	1.20	2	-0.26	16	-0.43	16
电力、热力的生产和供应业	3.59	2	-1.90	27	-1.83	28	1.19	3
燃气生产和供应业	-0.37	9	5.67	1	0.20	8	1.33	2
水的生产和供应业	-1.59	28	-2.49	28	3.24	1	-0.98	28

资料来源：根据《内蒙古统计年鉴》、《中国统计年鉴》数据整理得出。

第一主成分：
$F_1 = 0.069 X_1 + 0.481 X_2 + 0.005 X_3 + 0.17 X_4 - 0.108 X_5 + 0.217 X_6 + 0.473 X_7 + 0.473 X_8 + 0.479 X_9$

第二主成分：
$F_2 = 0.617 X_1 + 0.653 X_3 + 0.194 X_4 - 0.36 X_5 + 0.041 X_6 - 0.093 X_7 - 0.106 X_8 - 0.067 X_9$

第三主成分：

$F_3 = 0.115 X_1 - 0.06 X_2 + 0.005 X_3 + 0.515 X_4 + 0.613 X_5 + 0.56 X_6 - 0.13 X_7 - 0.1 X_8 - 0.026 X_9$

综合得分：$F = 0.56 F_1 + 0.265 F_2 + 0.176 F_3$

通过分析可以看出，对内蒙古经济发展起着重要作用的产业主要是综合评价值前8位的产业，分别是煤炭开采和洗选业，燃气生产和供应业，电力、热力的生产和供应业，黑色金属冶炼及压延加工业，有色金属冶炼及压延加工业，农副食品加工业，化学原料及化学制品制造业，有色金属矿采选业。

实证分析的结果显示了煤炭开采和洗选业，电力、热力的生产和供应业，黑色金属冶炼及压延加工业，有色金属冶炼及压延加工业在第一组中得分较高。说明相比其他产业而言，这4大产业对该地区的经济增长贡献较大，该地区的专业化率较高，是该地区的支柱产业。这与该地区有着丰富的煤炭、稀土等自然资源有关，该地区的自然资源优势推动了能源、冶金等产业的发展。然而，从第二分组来看，该4大产业得分相对较低，说明该地区在4大产业发展方面存在低效率重复建设、成本费用利润率偏低等问题，且大多数产品用于外销，低端产品输出量较大。其中，煤炭开采和洗选业，电力、热力的生产和供应业以及农畜产品加工业是内蒙古的优势特色产业，也是内蒙古天然的资源优势与先进的处理技术相结合的产物，一直是带动内蒙古地区整体产业发展的经济动力。

五、结论与建议

总的来看，能源产业和农畜产品加工具有较明显的优势，这是由于内蒙古特殊的地理环境和丰富的天然矿产资源所致。另外，装备制造业的效益非常好，因为内蒙古拥有良好的重工业基础和较多知名的重工业企业，在全国乃至世界都有一定的竞争力。同时可以看出，要想保持该地区经济的长期可持续发展，需要对该地区的产业结构进行调整；同时还要积极推进第三产业的发展。具体建议如下：

（1）要提高竞争力，以新能源产业为重点引导产业发展。在区域经济一体化背景下，这种支撑作用更显关键；借助内蒙古的能源优势，发展新能源产业可以为该区域产业发展锁定新的增长空间，具有重要战略意义。

（2）要做强深加工，以冶金产业为支柱促进产业发展。冶金业在未来一段时期内应当继续作为内蒙古区域产业体系的支柱产业，这是因为以包钢集团为龙头的冶金产业已具备一定优势。

（3）要提升附加值，以特色农业为基础拉动产业发展。农畜产品加工具有较持久的发展潜力和竞争优势，这对内蒙古区域来说很重要。

（4）鼓励行业自身发展的同时要发挥政府作用。各地区要注重发掘自己的优势，因地制宜，优化产业结构，寻找适合自己的产业经济。人才和资金的匮乏都是这些行业难以发展的原因，在今后的工作中要加大人才引进力度，给予良好的政策扶持，并加大资金在研究与开发中的投入力度，这样产业才能具有持久的竞争力。

参考文献

[1] 汤碧．区域经济一体化模式比较 [J]．南开经济评论，2002（3）．

[2] 韩佳．长江三角洲区域经济一体化发展研究 [D]．上海：华东师范大学，2008．

[3] 杭栓柱．内蒙古"十二五"发展战略研究 [M]．北京：经济管理出版社，2010．

[4] 朱建平，殷瑞飞．SPSS 在统计分析中的应用 [M]．北京：清华大学出版社，2007．

[5] 内蒙古自治区统计局．内蒙古统计年鉴（2012）[M]．中国统计出版社，2012．

第七篇 少数民族特色产业创新发展模式与策略

第一章　少数民族特色产业创新与发展的对策建议[*]

少数民族地区经济是国民经济的重要组成部分，少数民族经济发展快慢，直接关系到社会主义建设事业的成败。我国实现少数民族地区经济和少数民族特色经济的共同发展，是我国少数民族经济学科研究的一个具有重要现实意义的课题。研究少数民族特色产业创新与发展的对策建议，从国家层面讲，应该制定和适时调整相应的政策、法规，从财政、税收、金融等方面加强对少数民族特色产业创新的支持；从地方政府层面讲，也应制定和修改相应的政策、规定，并强化行政管理，为少数民族特色产业提供更多的优惠政策和资金支持；从企业层面讲，应加强制度管理，增强企业自身的竞争力，适应市场经济，做大做强少数民族特色产业。

一、国家层面

（一）进一步完善促进少数民族地区发展的法规、政策

《中华人民共和国民族区域自治法》经过不断修改和完善，成为改变落后的民族地区社会经济文化面貌最重要的保障。但很多人认为民族地区发展上不断拉大的差距是必然的。因此，中央应加强对《民族区域自治法》应有的本质内涵的宣传，使全社会形成普遍深刻的共识。另外，在《民族区域自治法》的实践中，应提高各级干部特别是民族干部的思想文化、科技水平、管理能力，按照科学发展观和构建和谐社会的要求，创造性地对《民族区域自治法》加以贯彻执行，使《民族区域自治法》应有的制度优势在民族自治地区的现实经济社会发展中，表现出应有的力度。

对民族自治地区，国家应"多予不取或多予少取"，实施连续若干个"五年计划"，大力扶持民族地区尽快摆脱贫困，实施赶超式发展。虽然国家已经制定了西部开发政策、退耕还林政策、新农村建设政策等一系列政策，但针对少数民族地区经济社会发展的优惠政策，还显得远远不足，应加快制定。

国家对少数民族特色产业的优惠政策，随着经济社会的发展，很多内容已不适应

---

[*] 本文原载《技术经济与管理研究》，2012年第1期，作者：魏曙光。

现阶段民族地区发展的要求,需要进一步完善。建议重新界定民族贸易企业的范围:凡在民族自治州及民族自治县境内经营农副土特产品、生产生活必需品、民族特需用品、药品及书籍的各种经济成分的企业都可享受民族贸易的优惠政策。扩大民贸商品的范围:可以考虑将各民族地区生产加工的特有的民族食品纳入民族用品目录,民族用品定点生产企业应将生产加工民族特色食品的企业纳入该范围。

国家应制定相关政策扶持少数民族特色企业集团的建设,提高特色产业生产力规模;赋予特色产业管理部门更多的行业管理权限;为少数民族地区特色产业开辟市场化融资渠道提供指导。国家还应制定相关政策协调东部地区和少数民族地区就特色产业展开交流与对话,本着互惠互利、优势互补、共同发展的原则,通过定点扶持、技术转让、对口帮扶、联合开发等方式,支援少数民族地区民族特色的发展。

国家应树立发展高新技术产业与少数民族特色产业同等重要的产业发展观。明确产业结构调整的指导思想,在注重发展资源型产业、劳动密集型产业的同时,强化和提升传统工业的新型化,提高资源和能源的利用效率,支持高知识含量、高附加值的加工业的发展,摆脱传统工业高投入、高消耗、高污染和低附加值的困境,加快传统工业走向新型工业化道路,打造抗风险能力强的产业链条。

(二) 加大财政对少数民族地区的支持力度

建议加大对民族地区的政策性转移支付补助,通过国家财政转移支付政策和税收优惠政策来启动少数民族特色产业的大开发。促进民族贫困地区经济、社会和各项事业长足发展,缩小与中东部地区的差距。

在地方政府财政紧张的情况下,国家应从基本建设投资中拨专款及每年发行国债的时候,考虑将其中的一部分资金专门用于少数民族地区基础设施建设和生态环境保护及重点经营性项目投资,促进少数民族特色产业在短期内形成市场规模,建立产业体系;中央财政应从行业发展专项基金中拨款,用于少数民族特色产品的开发、宣传、促销,扶持民族特色企业发展,或从国债转贷资金中给予安排。通过国家预算,加大对少数民族特色产业的专项补助范围和数额,尤其是对少、边、穷地区的补贴,加大对少数民族特色产业及生态环境治理的专向补助。同时提高中央财政转移支付直接用于生态保护的比例,加大对限制开发、禁止开发区域的支付力度;建立生态补偿机制,逐步实现全方位、全覆盖、全过程的生态补偿。

国家应加大对少数民族教育的支持力度。对于本民族缺乏的某类人才,党和政府需要有计划地采取各种优惠政策和措施来支持和帮助其培养和发展。各普通高等院校和中等专业技术学校的农林、工程技术、外贸、金融、企业管理等专业,要有计划地增加少数民族学生的名额,实行定向招生和培养。继续在有关院校开设少数民族师资和经济管理干部培训班。

(三) 加大税收优惠政策,延长优惠期限

西部大开发的税收优惠政策期限为10年,明显较短。且容易导致投资者只投资投

入少、周期短、风险小、利润高的行业，造成区域产业结构不合理，发展不协调。因此，有必要延长西部大开发优惠政策期限至2020年，以吸引外地企业对西部地区基础设施建设等获利期较晚的项目进行投资。

建议在中央政令统一的前提下，赋予民族地区对区域性财源征收地方税的立法权以及相应的解释权、一定的减免权和停征权。对西部发展混合所有制经济、个体经济给予必要的税收政策扶持，并提供较为宽松的政策环境。

将在少数民族地区生产经营的无论几级分支机构都纳入分成和就地预缴企业所得税范围，包括中央汇总纳税企业以及其他省内或跨省汇总纳税企业；对落实西部大开发税收优惠造成的财政减收部分，给予专项转移支付补助。西部少数民族地区新办外来投资企业在生产经营开发地应登记为独立法人企业。在当前汇总纳税制度下，财政不能明显增收，削弱了地方政府的公共服务能力，将会进一步拉大地区间的贫富差距。为此，建议另行规定"在西部民族地区投资的企业必须在生产经营开发地登记注册为独立的法人企业"，从而实现投资开发在民族地区、税收收入体现在民族地区的目的。

（四）进一步完善金融支持政策

建议加大对少数民族特色企业的金融政策倾斜，对民族地区发展民族贸易的商业基础设施、大型特色专业市场建设所需贷款也应当给予优惠利息补贴。

建议由中国人民银行总行承担的民族贸易贷款利差补贴支出改为每年由相关省级财政编制预算，上报财政部，由财政部汇总，纳入中央预算补贴支出，进行资金安排。同时延长优惠贷款利差补贴政策，进一步支持少数民族地区的和谐健康发展。对符合条件的企业的流动资金和技术改造贷款，不管是短期还是中长期贷款都应给予补贴。对少数民族地区经济的扶持不应局限在返税扶持上，而应该多层次、多方位地给予政策扶持和资金支持。

建立少数民族特色企业贷款风险补偿机制，将由银行一家承担风险的局面转变为多家机构承担，降低银行承贷风险，提高放贷的积极性。把贷款的承办机构扩展到农村信用社，方便乡镇一级的民贸民品企业办理贷款手续。建议将经营民贸和民族用品生产的个体工商户也纳入享受优惠政策的范围。

要制定较优惠的融资机制、手段，包括制订长期资金计划，对少数民族特色产业实行产业倾斜，逐年加大少数民族医药业、文化产业、旅游业的建设投入，在有条件的地方建立少数民族特色产业发展基金，增强行业自我发展能力，同时放宽政策，调动各方面积极性，吸引社会资金和外资投入；实行政策倾斜，变过去的"输血"为"造血"，加大政策和资金双重投入力度，实行"低门槛"的准入制度。

二、少数民族地区政府层面

（一）地方政府应完善政策法规的建设

民族自治地区要主动行使国家赋予的自治权力，重点研究制定有利于本地区经济发展的自治条例和单行条例，形成与国家整体经济社会发展水平相适应、与社会主义市场经济相协调的富有成效的法律政策体系，它的内涵和实质应该比"特区更特"制度政策更有优势。特区政策的力度和作用有目共睹，其影响力及政策效应远远超过"民族区域自治法"，必须依靠国家强有力的"超特"经济法律制度、政策措施，才能彻底改变民族自治地区的现状。民族地区要努力争取将影响地区经济社会发展的重大政策适时纳入《民族区域自治法》的范围之内，使国家的倾斜政策以法律的形式固定下来，长期坚持执行下去。

1999年颁布实施的《云南省民族民间传统文化保护条例》，是我国民族传统文化立法性保护的一个开端。各少数民族地区应该按照国家的要求，继续转变民族特色产业发展观念，实行"管办"分离，把民族特色产业的发展提升到战略高度考虑，促进特色产业与其他产业的协调发展。加大立法执法的力度，通过一整套完善的相关法律制度来保护少数民族特色资源。

应正确确立经济发展与生态环境保护的关系，把生态环境保护建设摆在与经济发展同等重要的位置，在一些生态环境脆弱或者生态资源破坏和环境污染严重的地区采取立法等措施，把改善生态环境和控制污染放在优先位置。必须通过立法确立"谁开发谁保护、谁破坏谁恢复、谁使用谁付费"的制度，使少数民族地区的资源资本化，资源再配置科学化、法制化。建立高科技加工制造业，提高产品的科技含量和附加值，打造名牌精品，实现经济开发与生态环境保护的协调发展。

少数民族地区应加强对环境监督管理、企业排污问题等的规划，加强对天然林资源、草原生态、湿地与江河湖泊源头等的保护建设与规划，加强科技支撑体系的规划，加强对生态移民和农牧民薪炭能源等的建设与规划，抓紧制定旅游景区生态环境保护规划。维护生物多样性和自然生态的良性循环。

在少数民族地区人力资源方面，应把人力资本的投资作为战略来考虑。以人民受教育的权利为最高原则采取有力措施，强化民族地区的教育。制定优惠政策，积极引进少数民族地区经济发展亟须的人才，同时采取特殊的政策来尽力防止人才流失。改革不合理的人才分配制度，建立人才调节机构，努力实现人才的优化组合。应加强师资培训力度，提高师资素质，提高师资待遇，稳定师资队伍。

地方政府应适应经济发展的要求，制定少数民族特色企业中长期发展规划，尽快清理和废除不适应深化改革开放的法规和文件，减少行政审批程序，为产业发展创造宽松的环境。按国家法律法规、市场经济规律和国际通行规则尽快修订和完善民族自治地方法规，提高政府的行政效能和服务能力。切实落实好"十一五"国家对民贸企业和民族用品企业的优惠政策，为民族特色企业创造更加优惠的政策和更加宽松的外部环境。

除了国务院核定的民族贸易县境内，符合条件的企业应列入享受民族贸易各项优惠政策的范畴外，还应对坐落在民族自治区（省）和盟、自治州首府的民族贸易经营单位，经核定后，也应按国家民族贸易政策有关规定享受优惠待遇。

应以培植地方财源、发展效益型经济的高度来要求民族手工业企业，政府给予一定的资金、政策扶持，为民族手工艺品的发展创造良好的环境。突破产品品种和用途不仅着眼于民族特需品，为更广泛的消费群体提供服务，达到拓展市场空间的目的。

（二）地方政府应加强对民族特色产业的行政管理

少数民族地方政府要制定保证少数民族特色产业健康、稳定发展的法律、法规。利用国家加快发展中西部经济的有利时机，从多方面不同层次实施政府主导战略。加快基础设施建设和配套政策的实施，完善配套服务设施，加大少数民族特色产业的科学技术含量，建立少数民族特色产业的科技创新体系，引导海内外客商对民族特色资源项目进行成规模、成系列的开发，以项目规模启动市场规模，由规模效益促成少数民族地区经济的全面发展。

少数民族地区政府主管部门应成为在宏观上进行全地区民族特色产品电子商务应用的组织者。使其信息化，赋予民族特色产业以无限的生机和活力。应实施强强联合战略，采取优势资产重组，培育龙头企业，推动少数民族特色产品的现代化、国际化、规模化和市场化。为少数民族特色产业发展提供更加开放的政策环境和体制环境。

应加强对农牧业产业化龙头企业的扶持力度，并通过市场建立并提高品牌意识，推动企业的规模化发展。大力培育市场主体，认真做好各类市场主体准入的法律法规宣传、培训和咨询服务工作，引导农牧民以合法的市场主体身份进入市场，增强农牧民市场主体意识；组建各类农牧民协会、经济合作组织，提高农牧民生产经营的市场意识、信息意识和组织化程度。

少数民族地区政府应加快产业结构调整和升级，优化产业结构。积极利用地区优势和东部产业西移的机会，形成与东部合理分工、优势互补的区域产业结构。针对本地区实际走符合民族地区实际的新型工业化道路。有重点地发展第二产业，鼓励因地制宜地发展农畜产品加工业、特色食品饮料制造业、医药制造业，以精、深加工为目标，逐步实现特色化、标准化、品牌化生产。拓宽特色产品的市场领域，满足消费者需求，提高特色产品的附加值，促进特色产业发展壮大，带动当地经济繁荣与社会发展。

充分发挥政府在产业集群形成与发展中的引导作用，培育特色优势产业，突出特色品牌，形成现代产业集群、延长产业链，提高产品的高附加值。政府应当监督整个产业集群的发展，以达到规范竞争秩序、维护少数民族企业利益、保障工人的工资待遇及福利的目的；还应建宽松的企业发展环境，积极倡导诚信经营，保护原创品牌，严厉打击粗制滥造的少数民族特色产品投放市场，维护市场的经营环境。同时联合旅游、出版、传媒等产业，加大对少数民族特色产品的宣传力度，使少数民族特色产品面向全国，走向世界。

在西部民族地区经济发展过程中，一定要避免走许多发达地区以消耗能源和牺牲环境为代价的"先发展，后治理"的老路，更不应该接受发达地区落后、淘汰的设备。应集中培育和形成符合循环经济要求的绿色食品产业、进出口产品加工业和生态旅游业，真正把资源优势转化为经济优势。尽量不引进或尽可能少引进那些环境污染型、资源消耗型产业，以保持少数民族地区山清水秀的生态原貌。

加强资本市场建设，解决少数民族特色产业资金短缺问题。根据少数民族特色产业分布广泛的特色，少数民族地区应该大力实施产业民营化的发展战略，建立多渠道、全方位投资民族特色产业的体制和筹资机制。可以采用政府投资、股份合作、国际投资或企业发行股票、债券、社会集资等形式，来提高整合资源的能力，通过市场来融合资金，并带动其他相关产业形成链式发展。少数民族地区应该发挥后发优势，广泛采用现代数字网络技术和光纤技术等改造传统产业的基础设施，为特色产业发展提供一个高起点的平台。

各地方民委、财政、税务、银行、经贸委应组成民族贸易和民族用品企业领导小组，督促检查民族政策落实情况，并根据辖区经济基础、资源优势，确定扶强扶优对象，为商业银行指明贷款投向和信贷支持重点，及时向商业银行推荐经济效益好、科技含量高、成长性好、具有民族特色及地域优势的产业和项目。各方面努力协调，国家和自治区加大投入和管理力度，尽快培养出一批素质较高、技艺成熟、职业稳定的民族手工业产业工人。

（三）加强税收优惠政策

一方面，地方政府要积极争取少数民族地区的税收优惠政策；另一方面，在争取到税收优惠政策时，要用足用好，最大限度地发挥优惠作用。主动研究论证符合国家宏观调控导向、产业发展方向、税制改革取向的税收政策，为少数民族地区的开发、开放和经济建设提供有力的税收政策支持。

在争取国家税收政策方面，不仅要保证政策本身切实可行，而且还要使政策符合少数民族地区实际情况，有助于重点产业、优势产业和新兴产业的发展，例如，适当提高少数民族特色产品出口的退税率。可以申请自 2010 年 1 月 1 日起至 2020 年 12 月 31 日止，免除国家限制和禁止进口环节增值税。目前我国实行的还不是完全意义上的消费型增值税，地方政府应积极争取国家在少数民族地区开展完全意义上的消费型增值税试点。国家对少数民族地区入驻的各类开发区、工业园区企业，减按 15% 税率征收企业所得税。

进一步简化减免税的审批程序，在可能的情况下将部分审批权限下放到地市级，减少企业申请优惠政策的报批时间和难度，使每个符合享受优惠政策的企业都能够得到减免。同时应加大对国家税收优惠政策的宣传力度,使纳税人能够随时了解国家制定出台的各项税收政策,提高政策透明度,增进纳税人对政府工作的理解和支持。

地方政府应对少数民族特色企业实行减免税政策,并向国家申请在少数民族地区取消民族贸易县和民贸企业资格的限制,对本地企业在本地区自产的货物,比照《关于进一步推进矿产资源开发整合工作的通知》([2009]141号)第二条"国家定点生产企业销售自产的边销茶及经销企业销售的边销茶免征增值税"规定,在2020年之前免征增值税,以加快本地企业成长速度,逐步打造本地的优势产业、优势行业,辐射和带动地区经济加快发展。

(四)加大财政支持力度

少数民族地区政府应加强充实现有各级科技管理机构和科研院所基础设施的建设及研发经费的投入,事业单位的研究院所由财政拨款支付,企业单位的研究所主要由企业自身解决经费,但政府和财政须给予一定的激励。逐步形成以企业为投资的主体,多渠道、多层次的全社会科研投融资体系。

少数民族地方政府应有计划地培养地方经济发展的各类专业人才。加大人力资源的投入,并注意区域发展不平衡及对弱势群体的有效倾斜,加大对贫困地区的财政转移支付力度,建立使贫困地区农民享受真正义务教育制度和贫困人口金融信贷市场制度,加快实施知识富民。

地方政府应积极引导援助少数民族地区的资金、项目向农牧区倾斜,集中力量建设通路、通电、通讯等基础设施。以公路建设为重点,统筹发展铁路、航空、管道等多种运输方式,建设四通八达、安全通畅、经济高效的综合交通运输体系。坚持集中与分散供电相结合,提高供电能力。以固定通信网、移动通信网、广播电视网和计算机互联网等通信基础网络建设为重点,构建大容量、高速率、高质量、高可靠度的统一基础信息传输平台。以电子政务网络、应急管理信息平台、电子商务平台等建设为重点,积极推动少数民族地区的信息化进程。加快农牧区邮政、电信设施建设,逐步拓展行政村通邮工作,改善乡村通信条件。

(五)加大金融政策倾斜力度

就目前少数民族地区特色产业的状况而言,企业债券受很多因素的影响,难以筹集到大量的资金。少数民族地区政府应鼓励有条件的企业上市发行股票,在核定股票发行计划中,优先考虑特色产业。要把沿海及全国分散的民间资金吸引到少数民族地区,就要通过制造政策洼地,加快对内地的开放步伐,不仅重视对外开放,而且重视吸引内资。

少数民族地区政府要根据国家对医药、文化、旅游等产业的发展计划,为增加对少数民族特色产业的资金投入创造条件。应该为特色产业提供更多的融资机会、良好的投资环境和基本服务,并降低投资风险,将特色产业列入本地区的优势产业目录,享受所有能吸引资金的优惠政策。

地方政府有义务帮助民族地区开拓国际市场,使民族产品能走出国门、创造外汇。另外,国家应出台优惠政策,鼓励三资企业到民族地区投资办厂,加入民族用品生产和民族贸易的经济活动中,要善于借助外部力量发展民族地区经济。运用现代资本运作手段,通过资产重组,培育和组建少数民族民族手工业的骨干企业或企业集团,发挥其促进民族手工业发展壮大的带头作用,也有利于加快民族手工业的技术进步。

三、少数民族特色企业层面

（一）少数民族特色企业的制度创新

民族特色企业应借助国家实施西部大开发的良好机遇,争取国家更多有利于发展壮大少数民族经济的优惠政策,同时充分利用国家给予的特殊优惠照顾政策,加快发展壮大独具民族特色的相关产业,充分占领民族特需品市场,顺利完成资本原始积累过程,发展壮大企业。扩大行业协会的规模,协会应寻找并发现阻碍产业集群发展的不利因素,并及时将这些问题反馈给政府,为政企、企业之间的沟通交流搭建良好的平台。

大部分少数民族地区缺少适宜气候,在"硬"环境不够理想时,应制定优惠政策,建立任人唯贤、能者多酬的用人机制"软"环境,建立现代人才市场机制,实行公平、开放、透明、竞争、有序的人才市场体系。企业应建立与社会相适应的现代化教育与培训新体制,实现多元化、多模式、多渠道的办学形式。与社会联合办学,充分利用各自资源和条件的优势,理论联系实际解决市场中的难点,培养更多企业需要的各类人才。

少数民族地区应建立现代企业制度,同时,以多种资产组织形式和经营方式对民族企业体制进行改革。应加速股份制改造,同时适时推动经济效益好、资产负债状况良好、信誉佳的股份制企业上市。在股份制改造过程中,应争取利用商业银行的优势,通过商业银行丰富的资产重组和融资经验,协助特色产业的股份制改造和上市工作的进行。

特色农产品生产基地和优势畜产品生产基地应积极争取列入国家特色农业产业基地建设范围,并创造有特色的品牌,形成拳头产品,引领更多更好的产品走向国际化道路,争夺更多的市场。

努力提高民贸民品生产企业的素质,重视信用制度的规范性,积极宣传诚实守信的商业道德,建立良好的企业形象,以优质的营商环境吸引越来越多的投资者,并增强税务、银行等部门对扶持企业的信心。

民族特色企业应将国家优惠政策所减免的税收列入企业生产发展资金中,专款专用，增强企业自身发展的能力。同时专管部门应加强对这部分资金使用的监督、检查，使国家的优惠政策能真正起到扶持作用。

（二）少数民族特色企业的技术创新

目前民族地区的特色食品产业企业数目众多、生产规模小、生产工艺水平低，仅能满足当地消费的需要。如果要开发国内、国际市场，无论是生产规模，还是生产工艺水平、产品质量，都难以适应市场的需求。只有充分利用市场机制，利用政策优势，将现有生产资源进行高效整合，才能形成产业优势，发挥集群信息优势、集群资源优势、集群市场优势，进而有效地占领国内、国际市场。

少数民族地区资源丰富，特色食品产业要充分发挥这一资源优势，结合国内外市场不同消费群体的消费水平、多层次的消费需求、健康安全消费心理，在传统食品品种基础上，开发更多营养、健康、绿色的食品，以多层次的产品组合来满足不同区域市场的需求。

民族特色企业应注重培养出一些精通民族用品技艺又懂本民族文化的艺人，传承该民族的传统文化技艺，并打造出新的民族特色饰品，为民族饰品业的发展不断补充新鲜血液。

（三）少数民族特色企业的管理创新

少数民族特色企业应参与形式多样的研讨会，交流管理经验，收集信息，还应定期举办培训班，聘请专家学者讲授WTO的规则及有关市场经济方面的知识，改变经营理念，提高驾驭市场经济的能力。应加强与国内外企业的交流与联系，做到行业信息共享，企业之间形成长期有效的学习机制，实现技术、工艺上的创新，提升整个民族特色产品的品牌地位，同时也应加强同其他产业的纵向合作，增强成本优势。

另外，对于企业所需的人才，可通过灵活的治理结构，允许优秀人才持股，以此来吸引人才，留住人才，防止优秀人才流失。企业对工人采取共同培训的模式，在政府相关机构的支持下，建立培训基地，统一编制培训教材，制订合理的工资标准，以吸引更多的人加入到少数民族特色产品的行业中来。

民族特色企业加强自身建设，提高效益、信誉，提高民族品牌意识，根据自身的规模和实际情况进行合理的市场定位和产品定位。规范整个产业的竞争，避免混乱的价格战，促进少数民族特色产业的健康发展。同时，广泛联系各界人士，充分发挥少数民族广泛的优势和人文优势，多方吸引资金和技术。

在农牧业产业化经营中，龙头企业起着把小规模分散经营的农牧户与国内外大市场衔接起来的桥梁与纽带的作用，因此，只有依托龙头企业，农牧业产业化经营的优越性才能发挥出来。

少数民族特色企业应进行市场细分，开发、占有相应的市场，满足国内外消费者的不同层次需求，并产生轰动效应，提高西部少数民族特色产业的知名度，同时通过发展适度规模的特色产品,形成垄断市场,不是强调个体的特别之处,而是要注重整体。同时要发挥行业协会在规范行业竞争行为、搞好行业自律中的作用,防止不规范的市场行为出现。

民族特色企业应把握国家西部大开发的有利时机,发展饰品基地,稳固根基,并借国家优惠政策及其影响力完成民族饰品由连带(与服装一起)经营到自成经营体系的蜕变,使民族饰品真正成为经营中的主角。应着重开发各民族中最具特色的饰品,以便打造民族精品,提升各民族特色饰品在消费者心目中的形象,增强消费者对该饰品的认知与对少数民族的尊重。实行全面的人性化售后服务,并分别打造适合女性、男性、老人、儿童的特色市场。同时走国际化经营之路,积极参加民族风情旅游及国外巡展,寻找海外销售市场,争取将民族饰品作为政府外交活动中的礼品赠予外国友人。

民族特色食品的发展与传播,只有更多地与其特色民族文化元素、企业文化元素相结合,才能有效地将产品、产业的扩散与文化的传承合二为一,培育消费者的消费热情与忠诚度,从而快速、稳定地占领市场。特殊的地理环境为少数民族地区特色食品产业提供了十分丰富的资源,特色食品企业要充分发挥这一资源优势,应结合国内外市场不同消费群体的消费水平、多层次的消费需求、健康安全消费心理,在传统品种基础上,开发多层次的产品组合来满足不同区域市场的需求。

参考文献

[1] 薛寒冰. 中国少数民族地区旅游业跨越式发展模式研究 [D]. 北京:中央民族大学, 2010.

[2] 田丽敏. 全球价值链视角的中国少数民族传统产业国际竞争力探讨 [J]. 西藏大学学报(社会科学版), 2009 (7).

[3] 于俊秋. 论少数民族特色产业创新发展的宏观环境营造 [J]. 商业时代, 2009 (27).

[4] 明庆忠,熊剑峰. 土著知识旅游及其生态化发展研究 [J]. 云南师范大学学报(哲学社会科学版), 2011 (11).

[5] 重庆市人民政府关于进一步繁荣发展少数民族文化事业的通知 [R]. 渝府发 [2010] 64 号.

第二章　少数民族特色产业创新与发展模式选择研究[*]

一、产业创新与发展的内容和特征

（一）产业创新与发展的基本内容

根据产业的定义可以对国民经济活动进行分类研究，不同层次、不同类别的产业，其创新与发展所包含的内容也不完全相同。一般来说，微观层次的企业创新和中观层次的区域产业创新是产业创新与发展的两个基本方面，其中中观层次的内容一定包含微观层次的含义。企业创新的基本内容是产业创新与发展的主要内容，主要包括企业的技术创新、管理创新、营销创新以及延伸到产业层面的涉及某个特定产业的技术创新、组织创新和管理创新，并不仅是孤立地考虑某一方面的创新，而是要全盘考虑整个企业的发展，因为各方面创新有较强的关联度。企业规模的大小不影响企业的创新活动，事实说明并非只有大企业才有条件实施创新行为，在某些地区和某些产业，小企业在创新活动中同样发挥着重要的作用。目前的产业创新与发展趋势是由线性创新模块化向非线性模块化模式转变。

（二）产业创新与发展的主体

产业是社会分工的产物，是社会生产力不断发展的必然结果，是具有某种同类属性的企业经济活动的集合，因此，构成产业经济活动的基本主体是企业；另外，一个国家或一个区域的经济发展必须依赖政府制定全局性和具体行业的产业发展、规制政策，同时政府也可以通过适当的干预解决产业中的"市场失灵"问题，因此政府就成为产业创新与发展的主体之一。此外，研发能力对企业的发展越来越重要，大学和研究机构在企业的创新活动过程中所起的作用日益明显，并且成为国家创新系统和区域创新系统主要的推动力。因此，企业、政府、大学和研究机构共同构成产业创新与发

---

[*] 本文原载《生产力研究》，2012年第3期，作者：赵周华、张璞。

展的主体。

(三) 产业创新与发展的基本特征

产业创新与发展的基本特征可以归纳为：动态性、系统性、开放性。

1. 动态性

当一个旧的产业不能很好地适应市场时，就会产生创新或变革的要求，就会形成新的产业。产业创新与发展是随着产业的发展不断更新而动态发展的，产业发展中各种要素的培育、形成以及知识、信息本身的变化过程就是一种动态发展。因此，从动态角度看，根据产业的生命周期理论，总会有旧的产业被淘汰，新的产业加入进来，产业在不断的更迭、演进中获得创新发展。

2. 系统性

产业创新与发展是一个整体性的系统的发展过程，从结构上看，产业创新与发展本身不仅有系统演进的特征，而且具有系统内阶段性的特征。每一个产业中的企业的创新活动不但可以给企业自身带来利益，而且产生的正外部经济效应也会导致相关产业链条的创新活动，同时还将给整个产业带来收益，带动社会整体的进步和发展。因此，产业创新与发展具有连锁反应的特点，即某些产业的创新会引致另一产业的创新。

3. 开放性

产业创新与发展的开放性是产业向前发展的重要特征之一。一个产业的创新会向其他产业或产业内的企业辐射出许多信息和外部作用，由于创新主体的要素具有分布性、地域性的特点，在层次上体现的历史纵深度与多样性，在形式上表现的鲜明国别和民族性，要求产业的创新与发展必然是开放的，会有更多企业加入到这一产业中，这一产业必定还要在竞争中不断创新才能保持自己的竞争优势。

二、产业创新与发展的一般模式

从狭义上来看，产业创新与发展指的是以技术创新为核心，为了实现技术的创造、发明、突破和产业化应用，产业内各创新主体之间相互协同作用，使产业内的企业竞争力大幅度提升，实现产业突破性的进步。

从广义上来看，产业创新与发展指的是处于领先地位或使产业获得突破性的发展，产业内各个创新主体（政府、企业、研究机构等）通过技术、组织、制度、环境等创新活动和内容，充分利用各种社会资源，培育产生新兴产业（包括战略性产业）。实际上，因产业或国别地域不同，产业创新与发展没有一个统一的模式，总结各国经验，产业创新与发展的模式一般可分为政府政策拉动型、技术推动型、企业联动（企业集群）型、环境驱动型、模仿创新型和特色优势型6种基本模式。

（一）政府政策拉动模式

从美、日、韩三国的产业的创新与发展来看，各国政府的宏观政策、产业政策对产业发展的拉动作用是非常明显的。

以美国为例，政府的扶持产业发展的表现分为直接和间接两种方式，一方面通过政策法规调节投资者的风险收益比来诱导投资；另一方面，促进企业内部技术创新能力和改善外部生存环境，降低投资风险因素。在关系到国家经济发展前途的战略性产业上，为了获得领先地位，美国政府的产业政策进行了干预保护，政府积极通过战略设计有计划有步骤地进行组织和扶持，使美国很多产业在全球处于"领头羊"的地位。

以日本为例，日本在产业发展初期通过宏观经济政策和贸易保护政策促进产业发展。政府为了重点突出工业政策，对各个产业，特别是对支柱产业和战略性产业实施了强有力的产业政策，日本产业的发展被认为是政府主导下的产业发展，政府对产业的发展方向和进程影响很大，财政政策和货币政策是日本产业政策的核心。20世纪90年代以后，韩国政府对其支柱产业的创新活动是通过必要的产业政策、金融和税收政策等手段进行支持，从而促进该产业的长足发展。

（二）技术推动模式

美国和日本的技术创新活动对产业发展的作用十分明显。美国有学者提出了以产品创新为中心，设计出产业创新动态过程模型，揭示了技术创新和产业创新与发展之间的内在关系；从日本产业发展的经验和教训、成功与失败中，可以看到，推动产业突变的根本动力是技术进步，尤其是技术革命，对于一个国家或一个地区的产业发展来说，技术水平的赶超是实现经济发展的关键，而日本产业经济的大力发展也确实印证了技术在产业创新与发展中的积极推动作用。

（三）环境驱动模式

产业的创新与发展不仅是政策、技术、组织的作用，它还受国家或者区域的宏观环境的影响。能否营造一个良好的产业发展环境，是创造产业竞争优势、增强产业竞争力的重要因素。涉及有关产业创新与发展的资源、产出、创新的部门和行业特征等内容，依据日本学者南亮进的观点，良好的环境会使产业工业迅速进步。具体表现为：一是企业经营组织的现代化；二是拥有优秀的企业家、技术人员和劳动力；三是发达的情报网络；四是发达的装备产业；五是金融环境。

（四）企业联动（企业集群）模式

企业作为产业发展的重要参与主体，影响着产业的发展。企业为了在产业中谋求更有利的竞争或领先地位，通常会随着企业之间竞争的加剧而打破产业的边界和行业惯例，寻求新的经济增长途径。

产业结构是指各产业的构成及各产业之间的联系和比例关系。产业中的企业，利用技术创新、产品创新、市场创新或组合创新等方法来改变现有产业结构，或创造一个新的产业来突破已结构化的产业约束。产业发展的整体效率通过外部经济性、联合行动、制度效应三个方面来体现。企业集群是若干厂商在某一地域内集中于某一产业，通过多类行动主体的共向努力，利用集群效应而获得竞争优势。因此，针对一些地方而言，尤其是那些产业链比较长或迂回生产方式比较突出的产业，利用集群化发展可以迅速提升该产业在区域、国内或国际的竞争优势。另外，基础性、风险性、高投入、大范围突破作为现代科学研究的基本特征，决定了单个企业需要通过广泛的合作来适应快速的、革命性的变化。产业内的企业和相关产业中的企业组成的战略结盟群体联动实施创新活动，开辟新的利润增长空间，从而促进产业创新的成功。

（五）模仿创新模式

以积极跟随先进产业、维持产业生存与发展为目的产业创新模式就可以说是模仿创新型的产业创新模式。特别是中小企业或初创企业，模仿创新的优势体现为实现后发优势、降低创新成本、增强创新能力、加快产业发展速度等；模仿创新的实施内容体现为模仿发达地区的制度、管理、政策、思想观念、科学技术和成果等。

从许多落后国家和地区崛起的历史实践来看，模仿创新是将潜在的后发优势转化为现实的后发优势，是缩小区域发展差距的唯一捷径。许多事实证明，日本经济强大，但它由后发劣势国家到先进优势国家的转化，是靠模仿创新起步的，并且在很多领域已由模仿创新跨进了率先自主创新的行列。韩国也是通过模仿创新，迅速改变落后面貌，跃进入了新兴工业化强国。国内部分产业模仿创新特征也非常明显。

（六）特色优势模式

特色多是根植于区域自身条件的，由区域或民族秉承，具有先天继承、禀赋之意。特色化已成为产业发展的重要特征。在具备一定的技术创新和制度强度的条件下，特色优势型产业创新与发展模式是指利用区域特色或民族特色非常明显的创新模式。以"特"制胜的产业，往往具有很强的竞争优势，可以为产业持续发展提供动力和源泉，取得高于平均水平的经济效益。

三、少数民族特色产业创新与发展的模式选择

少数民族特色产业的形成既有内在机制的自发推动，又有外在条件的驱动和吸引。

不同的产业,其产业创新与发展的内容是不一样的,因此,不同的少数民族特色产业的创新与发展模式也应该是不一样的。从理论和实践上来看,少数民族特色产业创新与发展的模式没有一个固定的模式,如果从静态上考察,针对课题所研究的少数民族特色产业,根据其产业创新与发展的一般特征并结合少数民族特色产业的具体特征提出了该产业创新与发展的一个主导模式;如果从动态上考察,少数民族特色产业的创新与发展是产业在不同的发展阶段中各种创新与发展的模式综合作用的结果。

(一) 以技术创新为主导的少数民族医药产业创新与发展模式

少数民族医药产业具有良好的发展潜力,是一个可以做大做强的产业,也可以成长为少数民族地区未来的一个重要经济增长点。随着民族医药制药企业群体的发展,现已形成生产化学原料药及其制剂、中成药、少数民族药、生物药、中药饮片、医药保健品、卫生材料、医疗器械和药用包装材料等门类较为齐全的医药工业体系,奠定了少数民族医药产业发展的生产基础。但总体而言,民族医药产品的档次不高,技术开发和创新能力薄弱,技术创新的整体投入不足,科技活动人员偏少,拥有专利数较少,还有巨大的发展和提升空间。民族医药产业的独特性和发展现状决定了产业技术创新面临着技术创新能力不足和其他困难。因此,少数民族医药企业可以通过技术创新来推动产业整体的创新与发展。具体表现为以下几种形式。

1. 自主创新

加强自主创新是少数民族医药产业发展的战略基点,因此,医药企业的原始创新能力必须得到高度重视。一般来说,企业自主研发的创新主要表现为:一方面,利用自身拥有的专利技术直接创制新的医药产品,要求企业具有相当强的新药研发能力;另一方面,企业深度开发原有技术,形成系列化的医药产品,要求企业具有较强的技术创新能力。目前我国生产民族药的上市公司已达16家(含2家生产兽药的企业),这些医药企业实力较强,或者这些企业在该产业中属于有比较优势的企业,可以选择自主创新,以获得最大的回报。

2. 模仿创新

很多民族医药企业的实际情况是技术力量薄弱、实验和设备手段相对落后,对这些企业来说,模仿创新是理性的选择。在不侵犯他人专利的情况下,通过模仿创新的后发优势实现技术和效益的跨越式发展。随着市场经济的不断深入,影响民族医药企业仿制创新的主要障碍是知识产权保护,但是医药企业仍可以仿制国内外那些已过专利保护期或尚未取得专利保护的药品开发药品。对这些生产民族药的企业来说,模仿创新的优势主要体现为降低了技术难度、降低了研发成本、迅速提高市场占有率。

3. 民族医药企业、医药高校和科研院所等智囊机构合作

民族医药企业可以与医药高校和科研院所进行合作,体现为对已有技术进行产业开发、共同协作开发、新技术和产学研技术创新一体化三种模式。对于新发展起来的民族医药企业来说,由于自身技术水平较低,积极通过各种渠道与医药高校和科研院所进行密切合作,搜寻那些对医药企业有利而又未进行产业化的最新医药技术以此来

实现技术突破；对有一定发展历史和实力的民族医药企业来说，自身具备一定的研发能力，资金保障较强，可以根据市场需求积极与高校和科研院所共同协作开发新技术；按照利益共享风险共担的原则，民族医药企业可以采取与政府、科研机构和高等院校等各主体共同投资形成产学研联合体，促进产业资本与知识资本互相渗透融合，带动技术创新。

4. 企业协同创新

目前大多数民族医药企业数目较多但规模偏小，可以综合各个企业的技术、人才、资金优势，由两个或两个以上的民族医药企业联合进行技术创新，这样能缩短创新开发周期，提高成功率。因此，这些药企可以进行优化重组，开展广泛的技术合作与交流，进行技术互补，达到共同创新的目的。

（二）生态理念下以政府服务型市场化为主导的少数民族旅游产业创新与发展模式

在民族地区旅游业发展第一阶段，特征基本上是计划式的政府主导型的管理与发展模式，政府在行业管理上实施"统一管理、分散经营"原则，几乎包办了和旅游业相关的所有事务，到这一阶段末期，民族地区的旅游业基本上实现了初级产业转型，由"政治接待型"转变为"出口创汇型"。第二阶段，国家深化改革，发展体制和经济增长方式"双转型"，随着改革开放的整体推进和国有企业改革不断深入，民族地区旅游产业的市场化程度和产业化程度大幅提高，到这一阶段末期，民族地区旅游业实现了由"政府主导型"旅游业发展模式转变为"政府主导型市场化"的模式，行业管理原则是实施"政企分开、统一领导，分级管理，分散经营，统一对外"。第三阶段，政府在管理制度建设和行业服务上更为完善健全，而在民族地区旅游业的投资经营等方面相对退出，基本完成了由"政府主导型市场化"模式转变为"政府服务型市场化"模式。21世纪生态旅游观成为旅游产业发展的重要理论和指导思想。生态旅游的责任是保护旅游资源，保证旅游地的经济、社会、生态效益，使旅游产业可持续发展。

政府服务型发展模式是我国市场经济的重要特征。少数民族旅游产业政府主导核心在于发挥政府对旅游市场的干预作用，主要体现在基础设施建设、方针政策和环境营造等各个方面，共同推动了民族地区旅游产业的超常发展，其范围通常包括三个方面：一是建立健全旅游市场机制和完善旅游市场体系；二是制定和实施灵活的旅游产业政策及相关的配套政策；三是培育健康的政府企业关系模式。

少数民族地区旅游产业发展基于经济价值与生态价值的双重视角，从宏观层面、中观层面及微观层面布局旅游资源开发，旅游产品体系及食、住、行、游、购、娱等要素形式与内容，创造可持续旅游产业发展方式。一般来说，具体操作手段为政府垄断核心景区，保障了政府对旅游产业发展的动态主导能力，可以对旅游业的创新与发展实施有效的动态把握。围绕核心景区，对周边零星景区、景点和相关旅游服务设施的开发与建设引入市场化机制，在市场化运作过程中，加强对市场与企业的引导。

(三) 以标志性特色文化资源市场化为主导的少数民族文化产业创新与发展模式

民族文化是民族文明发展的记载，并形成一种特色资源，例如少数民族的歌谣、曲艺、传说、民族工艺和建筑、传统礼仪和习俗等，这些文化资源需要民族文明传承的保护性开发；民族文化是精神化的物质资源，文化资源的可以商品化满足了人们精神消费的需求，因此，更需要将文化资源的文化价值转化为经济价值的经营性开发的文化产业发展。

西部少数民族地区总体的经济落后状态制约文化产业自主形成与发展，政府需要基于文化生态观意识，审视标志性的民族文化资源文化产业的运作方向与方式，采取特色推进的文化产业发展。民族地区应积极鼓励开发文化旅游资源，做到加强民族文化优势，强化文化与旅游管理部门的相互合作，积极引导社会各主体以各种方式参与文化旅游资源的开发、利用和经营，形成特色突出、层次分明的各级各类文化产品。

首先，应做好特色民族文化旅游业发展的区域布局规划，指导各地区因地制宜地发展特色旅游项目，形成多样化、多层次的文化旅游网络和市场运营机制。

其次，政府部门应加强自身的主导作用，统一协调解决文化资源发展中的重大问题。强化行政管理部门的综合管理和协调职能，共同搞好民族文化资源的综合利用和开发管理。

最后，应建立健全文物和自然景观方面的政策法规体系，民族文化资源的开发利用要在有效保护文化遗产和自然资源环境的前提下进行，依法规范文化资源市场秩序，采取有力措施打击经营中的不法行为。

(四) 国家立法保护下市场导向的少数民族用品产业创新与发展模式

改革开放给我国的经济和社会生活带来了新的生机，国家的各项事业走上了正常轨道，民族特需商品的生产和使用也重新获得了生机，党和政府对民族贸易和民族特需商品的生产和销售更加重视。但目前存在的问题主要表现为少数民族用品民贸优惠政策的稳定性较差，民贸民品优惠政策落实不到位，民贸民品企业自身发展缓慢，严重制约了少数民族用品产业的创新与发展。民族特需品产业持续稳定发展思路发展如下：

1. 把国家有关民族特需品的法规保护和政策优惠落到实处

一直以来，我国民族特需品保护的两种重要渠道和方式是政策和法规，其为有效保护民族特需品起到了重要的保障作用。当前乃至今后很长一段时期，政策和法规仍然是我国民族特需品保护的重要方式。在民族特需品的保护方面，要根据市场经济、民族需要等实际情况，加强民族特需品的政策法规保护、实施、监督力度，因时因民族调整政策法规保护的内容。具体来说：一是加强政策保护；二是加强法规保护；三是加大民族特需品现有政策法规的实施、监督力度。

2. 重视民族特需品生产和供应的保护工作

民族特需品是少数民族传统文化的载体之一，每个民族的特需品都有独特的民族传统文化内涵。在发展社会主义市场经济条件下，要充分尊重少数民族的风俗习惯，体现出民族特需品保护工作的重要性；要建立健全保护民族特需品的政策和完善民族特需品的市场秩序；要积极培育民族特需品生产企业的竞争力，发挥企业家和能工巧匠的生产积极性和创造性。

3. 建立以市场调节为主、政策法规保护为辅的民族特需品生产、供应体制

在社会主义市场经济条件下，市场机制是基本游戏规则，民族特需品的生产与供应必须遵循市场供求规律，使民族特需品的生产和供应完全或者主要由市场来配置。具体来说：一是把民族特需品与发展民族地区旅游业结合起来，以旅游业带动购物，以购物促进旅游业。近年来，许多民族特需用品作为重要的民族旅游商品，带动了当地旅游购物、民族工艺品等特色产业，例如，新疆的地毯、绣花帽，西藏的藏刀，云南的民族服饰，蒙古族工艺品等成为众多海内外游客的首选民族工艺品。二是培育民族特需品龙头企业，生产优势产品，增强竞争力。例如，青海伊佳布哈拉集团公司的产品不仅销往青海、甘肃、新疆等国内民族用品市场，而且80%的产品出口到沙特阿拉伯、阿联酋、巴基斯坦、马来西亚等国，成为亚洲最大的伊斯兰民族服饰用特需品生产企业。

参考文献

[1] 朱玉福. 民族特需品：政策、法规、市场"一个都不能少"[J]. 中国民族，2009（5）.

[2] 朱玉福. 论市场经济视阈下的民族特需品[J]. 黑龙江民族丛刊，2007（3）.

[3] 来仪. 关于保护性开发西部少数民族传统文化的思考[J]. 贵州民族研究，2005（12）.

[4] 古丽布斯坦. 新疆旅游业发展分析与对策研究[D]. 北京：中央民族大学硕士学位论文，2004.

[5] 汪秀婷. 国外产业创新模式对我国产业创新的借鉴[J]. 武汉理工大学学报，2007（8）.

[6] 吴杨建，吴巧生. 产业创新模式浅探：以长株潭城市群机电产业发展为例[J]. 特区经济，2008（10）.

第三章 少数民族特色产业发展与创新的 SWOT 分析*

在以市场为基础性资源配置方式的社会里,区域产业的成长最终必须依赖于其有别于其他区域的独有特色。而特色产业更是少数民族地区实现跨越式发展、缩小与发达地区差距的制胜之道。本文将利用 SWOT 分析法,针对少数民族特色产业发展与创新的中内外影响因素及外部环境的机遇与挑战内容逐项分析,以明确其未来发展思路。

一、关于少数民族特色产业

(一) 区域差异是特色产业形成的前提

目前学术界对特色产业尚无统一的定义。对特色产业含义的理解,关键在"特色"二字。古语有云:"事物之独胜处曰特色,言其特别出色也。"既为特色,至少需要具备两点:一是"独",即与众不同的个性,特色首先是事物迥然不同于他物之处;二是"胜",即要不同得出色,不同不是目的,目的是在不同中彰显独到的竞争优势,以出奇制胜。可见有差异才有可能形成特色,差异是特色的前提,特色经济首先是一种差异经济。

事物之间存在着差异和多样性,这是客观必然。就不同区域而言,其经济发展所依赖的各种基础条件各不相同。仅以资源禀赋差异为例,自然资源、劳动、资本等各种生产要素在地域之间的分布并不均衡,有的地区自然资源储量丰裕而资本缺乏,有的地区资本富余而其他资源稀缺。而且,资源要素在空间上具有不完全流动性。自然资源类要素固定于特定的地域,无法自行移动;而生产技术、人力资源、资金、设备等也要受到市场发育程度、转移成本、管理体制、宏观政策、历史文化等经济、非经济的因素限制,使得要素在流动过程中必须克服空间距离的阻力。资源要素在空间上的不完全流动性导致了资源的地域专属性和独占性,从而大大强化了不同地域的资源禀赋差异,使以地域专属资源为特征、有别于其他区域的本地域特色产业的形成成为可能。

---

* 本文原载《前沿》,2011 年第 13 期,作者:张斯琴、杨丽梅、张璞。

（二）民族特色产业发展对民族地区乃至全国意义重大

我国少数民族地区土地面积613万平方公里，占全国国土总面积的63.89%；民族地区人口17948万，占全国总人口的13.81%，广袤民族地区的经济发展水平对于全国综合国力的提高起着至关重要的作用。但是，民族地区在拥有丰富自然资源的同时，却依然徘徊在欠发达的边缘，产业水平普遍落后，遭受着"富饶的贫困"。依托区域特色优势资源，因地制宜发展独具市场竞争优势的民族特色产业，在实现民族地区经济跨越式发展的同时，也有利于国家整体的协调发展。

二、少数民族特色产业发展创新的 SWOT 分析

（一）优势（Strengths）

地缘区位优势。少数民族聚居地区多数地处边境，随着改革开放的深化，曾经的区位劣势转变成了区位优势。我国陆地边境线长约2.2万公里，其中约1.9万公里在民族自治地方，与周边14个国家接壤，北有俄罗斯、蒙古，西北是哈萨克斯坦、吉尔吉斯斯坦等，西面是阿富汗、巴基斯坦，西南有印度、尼泊尔等，南面则是缅甸、老挝、越南。此外，菲律宾、马来西亚、文莱、印度尼西亚也同广西、云南等省份隔海相望。目前民族地区拥有多个陆路和海上口岸，如内蒙古满洲里是我国最大的陆路口岸，地处欧亚第一大陆桥的交通要冲，是我国环渤海港口通往俄罗斯等独联体国家和欧洲的最便捷、最经济、最重要的陆海联运大通道，承担着中俄贸易60%以上的陆路运输任务。区位上的便利给民族特色产品走向更广阔的市场提供了通畅的渠道。

自然资源优势。中国民族地区地跨多个纬度带，气候类型复杂多样，温度、降水等各不相同，形成了多样化的地质地貌与自然风光。我国多山，众多的高山主要分布在民族地区，山地气候是"一山有四季，十里不同天"和"山下百花山上雪"的"立体气候"，呈现了显著的垂直变化。此外，丘陵、森林、草原、江海、沙漠等类型多样的地貌与各民族底蕴丰厚的风俗文化相结合，成为民族地区与众不同、不可复制的风土景观。由于民族地区普遍开发较晚，这种景观保留了难得的自然性、原始性，便于发展独具优势的绿色生态旅游、农业旅游、文化旅游等特色旅游业，正好顺应了旅游业发展的新趋势。此外，民族地区的草原、森林及其他生物资源都占有全国绝对优势的储量，珍稀动植物种类繁多，仅云南一省的植物种类就相当于全国的50%。能源及其他矿产资源也具有种类全、储量大的特点，类型有水能、地热、风能、太阳能、煤炭、石油及天然气，各种金属非金属矿藏等。

一定的特色产业基础。少数民族畜牧业可谓发展历史悠久，很多民族在历史上就

以游牧为主。改革开放多年来，民族地区围绕自己的地域、资源、悠久的人文历史风俗等优势，已初步形成了一批特色优势产业，初步确立了自己的生产规模及市场基础，成为我国重要的农产品、能源和原材料生产基地。例如内蒙古的羊绒、肉奶加工，云南的鲜花、烤烟，新疆的棉花、瓜果等都占据了全国相当的市场份额。

劳动力充足且成本低廉。民族地区拥有丰富的劳动力资源，并且其工资水平远远低于其他发达省份，劳动力丰富且成本低廉，是产业发展的有利条件，民族地区也可组织大力发展民族特色手工艺制品生产。

悠久多元的民族文化和风俗传承。少数民族多拥有自己的民族文化和不同的风俗习惯，经过上千年的代代传承，形成了各民族与众不同的璀璨文化。如果说资源禀赋等属于民族发展特色产业的物质基础的话，悠久的特色文化就是少数民族特色产业发展的精神基础。

（二）劣势（Weakness）

特色产业选择不科学。很多民族在主导特色产业的选树上没有充分分析认清自身优势特点，只是盲目复制别民族别地区的特色产业，导致特色产业不特色，地区间产业重构现象严重，而本地区产品无论品质还是成本方面都没有竞争优势，增长乏力。一些地区甚至不惜压低价格、恶性竞争，严重破坏了产业成长的良性环境。

特色产业发育不良。民族地区大资源小产业，先天有余后天不足，特色产业具有浓重的"资源型"特点，多以资源型产品初级开发加工为主，搞数量扩张，发展方式粗放，产业链条短，产品附加值低，效益低下。而且远未形成具有较高辐射带动能力的产业集群，龙头企业数量少、规模小、创新能力弱、市场拓展能力和对产业的带动能力很差，更缺乏叫得响影响广的知名品牌，民族特色产品面对较高的市场门槛只能望而却步，特色产业成为民族地区经济增长点及支柱产业的周期很长。

特色产业结构不合理。很多少数民族特色产业仍以农牧业为主，由于地处山区，耕作条件落后，基础设施差，抗御自然灾害的能力很低，农业生产仍未摆脱"靠天吃饭"的状况。而大部分民族地区工业化水平低，甚至有些县域处于零工业，已有的主要部类以矿产资源采掘开发为主，化工、高级制造业等发展缓慢。而围绕特色农产品加工的轻工业所占比重很小，形成规模和品牌的产品更少。第三产业仍以传统的商业、服务业为主，新兴的金融保险、信息、咨询、科技等的发展滞后，远远不能满足现代化经济发展的需要。

资金不足，人才匮乏。民族地区多数位置偏僻，交通不便，路桥、机场、通讯、水电等基础设施建设仍然极不发达，成为民族地区特色产业发展壮大的"瓶颈"。落后的金融体系、有限的融资渠道、较低的投资回报率等，使得少数民族地区缺乏融资吸引力，发展资金不足。一些少数民族传统观念中闭塞保守、安于现状的意识浓厚，少有开拓精神，而且民族地区科教水平普遍落后，导致特色产业发展中具有较高技术水平和管理经验的人才缺乏，更无力开展科研及技术开发，产业创新能力不足。

（三）机遇（Opportunities）

产业结构深化调整转型政策。金融危机使世界经济与产业格局进入新的调整时期，危机以来，世界产业结构正经历新一轮的深刻调整，主要发达国家纷纷加大对科技创新的投入、加快对新兴技术和产业发展的布局，力争通过发展新技术、培育新产业，创造新的经济增长点，抢占新一轮经济增长的战略制高点。与此同时，中国经济结构也进入了深度调整阶段，围绕传统制造业转移和升级、培育和发展新兴产业、提升现代服务业规模和效率三条主线，深化经济结构调整力度，提高经济发展质量和效益，是中国下个阶段经济工作的重点。新的形势对于少数民族特色产业的发展既是机遇，也是挑战，需要认清形势、抓住机遇，在优化提高中扩大自身的发展空间。

西部大开发战略。我国155个民族自治地方中有5个自治区、27个自治州和83个自治县分布在西部地区，还有3个自治州和15个自治县比照享受国家的西部大开发政策，西部民族自治地方面积占西部地区的86.5%，占民族自治地方总面积的96.7%。西部大开发战略实施10年来，中央各部委共向西部少数民族下达了40.8亿元发展资金，占10年来少数民族发展资金总额的69.2%，有效解决了西部民族地区一些特殊困难和问题。民族地区发展急缺的资源之一即是资金，如今战略实施进入第二阶段，必然给民族地区发展带来新的机遇。

消费者需求日益差异化、多元化。短缺经济早已结束，随着生活品质的提高，消费者越来越追求个性化、差异化的产品消费，也更加强调绿色消费、生态消费，而金融危机也带来了消费者消费理念的变化，使之更趋理性。少数民族特色产业应该有效迎合消费需求的新趋势，主打优质、特色的产品，从而占领广阔的市场。

（四）威胁（Threats）

国际国内竞争激烈。随着加入世界贸易组织的步步深入，中国的企业不得不面对日益激烈的全球竞争，少数民族特色产业自身比较弱小，依靠单个小企业单打独斗，很难构建起自己产品的大市场，要应对来自国内外大企业的挑战，其压力是巨大的。

特色产业的发展环境不健全。特色产品的大市场体系尚未建立，一方面是由于产品特点及工艺特点；另一方面是受生产技术及规模所限，大部分特色产品的市场辐射距离短，主要以本地市场为主，很难进入全省乃至国内外大市场，而这又进一步导致产品的规模、产品的质量标准化乃至产品品牌的构建等步履艰难。

政府对特色产业扶持的方式和推动模式有待改进。民族地区政府推动经济发展的主要方式是投资拉动、大项目带动、企业扶持、偏向于计划经济的推动模式。但民族地区特色产品的特点是种类多、涉及面广、规模小、成长力弱、市场辐射力弱。政府资源分散，各司其政，专业整合度欠缺，资金的有限性、每个企业得到扶持力度的有限性使计划手段对特色产业发展的推动模式很难奏效。

三、结 论

通过分析民族地区特色产业发展创新中的影响因素，不难得出这样的结论：民族地区"硬件"有余、"软件"薄弱，即长于物而短于人，主要资源富集但资金、技术、人才等缺乏。在知识经济时代，高科技对经济的拉动作用日趋增强，据中国科学院公布的科学发展报告表明，东部地区与西部少数民族地区的发展差距实际上是知识差距、信息差距、教育差距、技术差距、体制差距。按照比较优势理论，少数民族应该基于自身丰富的资源优势选择资源导向型产业作为重点。但是这种"资源—技术—市场"的发展路径，很容易陷入"资源型陷阱"，沦为发达地区的初级资源和能源供应地。少数民族在经济发展中，应该首先坚持市场导向原则。特色由市场认定，特定的市场需求是形成特色经济的一个决定性因素。市场存在特色偏好，特色产业的特色定位及取向必须与市场需求的特色倾向相吻合。其次，传统资源型产业的优化升级，对少数民族产业发展意义尤其深远。这意味着要摒弃过去仅以短期的经济增长为指向的急进求快心态，彻底放弃资源产品初级开发加工的简单经济增长模式，按照低碳高效的原则确立正确的产业发展战略，通过产业链的拓展延伸，发展经济效率、生态效益、社会效益兼备的优质产业。

参考文献
[1] 李文庆.少数民族地区特色产业内涵探析[J].现代经济，2009（1）.
[2] 郭京福，毛海军.民族地区特色产业论[M].北京：民族出版社，2006.
[3] 高筱梅，樊勇.特色经济形成的机理探讨[J].经济问题探索，2003（10）.
[4] 庄万禄.论西部民族地区特色经济发展战略[J].西南民族大学学报，2004（1）.
[5] 阚保强，李巍，高珊珊.青藏高原东北边缘地区少数民族产业结构发展研究[J].甘肃农业，2010（12）.
[6] 李忠斌.民族经济发展新论[M].北京：民族出版社，2004.
[7] 中国民族统计年鉴（2008）[M].北京：民族出版社，2009.

第四章 西部民族地区战略性新兴产业的金融支持研究——基于面板数据模型的实证研究*

我国西部民族地区包括内蒙古、西藏、陕西、甘肃、宁夏、青海、新疆、重庆、四川、贵州、云南和广西 12 个省、市、自治区。长期以来，西部民族地区走的是高消耗、重污染的粗放型发展模式，着眼于短期经济效益的回报，形成了环境污染、资源浪费，但经济发展总体水平仍然不高且地区发展不平衡的尴尬局面。西部民族地区亟须寻找一条能够转变经济增长方式、实现资源与环境协调发展的可持续发展道路。战略性新兴产业的提出为西部民族地区的产业发展带来了福音，同时也指明了方向——依托资源优势，发挥科技的支撑和引领作用，培育具有民族优势和特色的战略性新兴产业。而战略性新兴产业的发展需要金融、科技、资源、政策等多方面的支持与引导。金融作为现代经济发展的中枢，在战略性新兴产业的培育和发展过程中起着举足轻重的作用，金融支持率的高低也决定着产业繁荣与否。所以，采用定量分析方法对西部民族地区战略性新兴产业的金融支持作一个科学客观的分析是十分必要的，能够为西部民族地区政府制定支持战略性新兴产业的金融发展政策提供科学依据。

一、文献回顾

面板数据模型经过几十年的发展现已成为计量经济学研究的重要内容之一，并且广泛应用于金融支持经济增长、产业发展等领域的研究。贝克、莱文和诺曼 2000 年就开始采用面板数据（Panel Data），建立动态计量经济模型来研究金融发展和经济增长之间的关系。段一群等（2009）基于 7 个装备制造产业 1998～2006 年的面板数据构建了金融体系与装备产业增长率之间的关系模型，探讨了间接金融和直接金融对该行业增长的金融支持效应。张荐华（2010）利用 2002～2008 年中国能源工业发展与金融支持的面板数据，综合考察了融资的规模、结构与能源工业的产值增长、能耗强度之间的关系。由于本研究的战略性新兴产业提出时间距今只有 3 年，而且细分为 7 大产业，而面板数据是同时在时间和截面空间上的二维数据，因此，利用面板数据模型进行研究更能说明不同金融市场对各产业的支持效应。

---

* 本文原载《内蒙古科技与经济》，2014 年第 6 期，作者：郝戊、苗田。

二、实证研究

（一）面板数据模型简介

面板数据计量经济模型不仅可以建立静态计量模型，还能建立动态计量模型。面板数据的静态模型通常包含 6 种，即混合估计模型、固定效应模型、随机效应模型、确定系数面板数据模型、随机系数模型、平均数据模型。面板数据模型的一般形式如下：

$$y_{it} = \partial_i + \sum_{i=1}^{k} \beta_{ji} x_{jit} + \mu_{it} \tag{1}$$

其中，$i = 1,2,3,\cdots,N,N$ 表示 N 个个体；$t = 1,2,3,\cdots,T,T$ 表示已知的 T 个时点；y_{it} 是被解释变量对个体 i 在 t 时刻的观测值；x_{jit} 是第 j 个非随机解释变量对于个体 i 在 t 时刻的观测值；β_{ji} 是在第 i 界面上的第 j 个解释变量的模型参数；∂_i 为常数项，代表不同个体 i 的影响；μ_{it} 是随机误差项。

（二）指标选取及模型构建

由于本研究的内容重点不是对产业发展水平的评价，而且战略性新兴产业还处于初级阶段，无法挖掘更深层次的评价指标，在产业发展指标的选取上以传统产业指标为主，所以笔者选择产业产值（y）对产业发展水平进行描述。在战略性新兴产业发展的过程中，银行和证券市场是其资金需求的主要供给者。因此，在金融支持指标的选取上，借鉴张训（2011）在对战略性新兴产业的金融支持研究时确定的金融支持指标，将产业的银行贷款余额（x_1）和股票融资额（x_2）作为直接融资和间接融资的代表，以此来分析直接和间接金融支持效应。根据上述面板数据模型，结合相应的变量构建模型如下：

$$\ln y_{it} = \partial_{it} + \beta_{1it} \ln x_{1it} + \beta_{2it} \ln x_{2it} + \mu_{it} \tag{2}$$

其中，y 是产业的产值，x_1 是产业的银行贷款余额，x_2 是产业股票市场融资额。i 和 t 分别表示第 i 产业和第 t 年，μ_{it} 是随机误差，是不可观察的行业效应。为了消除异方差的影响，模型中的变量都取对数。

（三）数据来源

由于战略性新兴产业的提出距今才 3 年，其数据统计工作尚存在空缺，笔者最终选择将目前已经上市的公司作为研究样本，其数据较为真实，且容易得到。西部民族地区战略性新兴产业上市公司的数量不多,季度数据变化不明显,所以笔者搜集整理了这些上市公司 2010~2012 年半年度和年度财务数据。这些数据来源于凤凰财经网公布的上市公司年报,采用的分析软件是 Eviews 6.0。各个产业所选择的样本数如表 1 所示。

表 1 西部民族地区战略性新兴产业所选样本数统计

产业(6)	节能环保	新材料	新能源	信息技术	高端装备	生物医药
样本数(116)	15	16	17	15	27	26

注:由于西部民族地区新能源汽车上市公司只有 1 家,不具有产业代表性,所以剔除了新能源汽车产业。

三、实证结果及分析

(一)面板数据平稳性检验

笔者针对相同根的情况下单位根检验采取 LLC 检验,不同根的情况则采 Fisher – PP 检验。在水平值的单位根检验中变量 y 和 X_i 只包含截距项,X_i 包含截距项和趋势项。单位根检验结果如表 2 所示。

表 2 单位根检验结果

变量	LLC 检验		Fisher – PP 检验	
产业产值 y	检验统计量	P 值	检验统计量	P 值
	-6.96793	0.0000	56.9566	0.0000
银行贷款余额 X_1	检验统计量	P 值	检验统计量	P 值
	-9.14877	0.0000	34.8925	0.0005
股票融资额 X_2	检验统计量	P 值	检验统计量	P 值
	-5.15429	0.0000	21.9861	0.0377

注:原假设均为:"存在单位根"。

从表 2 可以看出,在 5% 的显著性水平下,无论是相同根情况下的面板假设检验还是不同根情况下的面板假设检验,产业产值 y、银行贷款余额 x_1、股票市场融资额 x_2 数据均为平稳性序列数据。

(二) 面板数据模型的检验与设定

1. F 检验

F 检验又称作冗余的固定效应检验,用来确定是建立混合模型还是固定效应模型。F 检验结果如表 3 所示。

表 3　F 检验结果

Effects Test	Statistic	d. f.	Prob.
Cross – section F	5.494123	(5.28)	0.0012

注:原假设为固定效应模型是冗余的,即建立混合模型。

结果显示,检验统计量 F 对应的 P 值为 0.0012,非常小,所以可以拒绝原假设,即固定效应模型非冗余,从而摒弃混合模型。

2. Hauseman 检验

在 F 检验确定固定效应模型优于混合模型后,再通过 Hauseman 检验来判断模型是个体固定效应还是个体随机效应。Hauseman 检验原假设与备择假设分别是:

H_0:个体效应与回归变量无关(个体随机效应回归模型)

H_1:个体效应与回归变量相关(个体固定效应回归模型)

Hauseman 检验结果,如表 4 所示。

表 4　Hausman 检验检验结果

Test Summary	Chi – Sq, Statistic	Chi – Sq, d. f.	Prob.
Cross – section random	0.121188	2	0.9412

从表 4 可以看出,个体随机效应对应的 P 值为 0.9412,远远大于 0.05,所以接受原假设,认为应建立个体随机效应模型。

3. 模型选择检验

面板数据模型有变系数、变截距、不变系数模型之分,根据 F 统计量假设检验确定这 3 种形式之一。F 检验的假设如下:

$H_1: \beta_1 = \beta_{2+} = \cdots = \beta_N$

$H_2: a_1 = a_2 = \cdots = a_N$

$\beta_1 = \beta_{2+} = \cdots = \beta_N$

如果接受 H_2,则本文应该建立不变系数模型,不需要进行下一步检验;如果拒绝 H_2,则对 H_1 假设进行检验,如果接受 H_1,则认为应该建立变截距模型,否则建立变系数模型。

先分别建立这 3 个模型,并对 3 个模型进行回归统计,在每个回归统计量中可以得出相应的残差平方和,$S_1 = 0.6002, S_2 = 1.5057, S_3 = 2.2286$,其中 $N = 6, T = 6, k = 2$。

可计算统计量 F_1, F_2。

$$F_1 = \frac{(S_2 - S_1)/[(N-1)k]}{S_1/[NT - N(k+1)]} = \frac{(1.5057 - 0.6002)/10}{0.6002/18} = 2.72$$

$$F_2 = \frac{(S_3 - S_1)/[(N-1)(k+1)]}{S_1/[NT - N(k+1)]} = \frac{(2.2286 - 0.6002)/15}{0.6002/18} = 3.26$$

通过 Eviews 软件，利用函数@得到 F 分布的临界值，其中 d 为临界值点，K_1 和 K_2 分别是 F_1、F_2 的自由度。在给定 5% 的显著性水平下（$d = 0.95$），得到相应的临界值为：$F_{\delta 1}(10, 18) = 2.41$，$F_{\delta 2}(15, 18) = 2.27$。由于 $F_2 > 2.27$，所以拒绝 H_2；又因为 $F_1 > 2.41$，所以拒绝 H_1，因此应建立变系数模型。

（三）个体随机效应变系数模型的实证结果

为了避免面板数据可能存在异方差和序列相关性，在模型的估计过程中选择广义最小二乘法（GLS）对异方差及序列相关问题进行修正，模型估计结果如表5、表6、表7所示。

表5　六个产业的银行贷款支持结果

产业	α_i	β_2	t - Statistic	Prob.
节能环保	-9.3148	-1.5838	-123.7995	0.0000
新材料	-0.6346	-1.0618	-5.2465	0.0000
新能源	0.9055	0.0604	1.7654	0.0908
信息技术	0.1055	0.6152	2.3872	0.0256
高端装备	-0.9839	-0.5628	-3.0725	0.0054
生物医药	1.3263	0.6419	30.4963	0.0000

表6　六个产业的股票融资支持结果

产业	α_i	β_2	t - Statistic	Prob.
节能环保	-9.3148	4.9824	31.2087	0.0000
新材料	-0.6346	2.7280	6.5392	0.0000
新能源	0.9055	0.8880	4.7460	0.0001
信息技术	0.1055	0.5484	4.0654	0.0005
高端装备	-0.9839	2.0853	4.6504	0.0001
生物医药	1.3263	0.2395	2.4673	0.0215

表7　随机效应模型检验结果

R^2	F 统计值	F 概率值	DW 值
0.695523	4.378288	0.001172	2.809004

R^2 是样本决定系数,为 70%,表明模型的拟合程度一般;F 概率值为 0.0012,通过了显著性水平 5% 的检验,说明模型方程显著,总体来看,该模型是合理的。

(四) 实证结果分析

1. 截距项效应

从表 6 模型回归的结果来看,节能环保、新材料、高端装备制造的截距项为负数,说明如果缺乏金融支持,这三个产业的经济效益为负,将无法开展生产。其中节能环保产业的幅度最大,达到 -9.31481,主要是由于节能环保产业的投资回报周期长,对科技的依赖性较强。而新能源、新一代信息技术、生物医药的截距项虽然为正数,但幅度都很小,说明这 3 个产业在没有金融支持的情况下,产业的发展也难以为继。总之,截距项效应表明,西部民族地区战略性新兴产业的发展离不开银行贷款和股票融资的支持。

2. 银行贷款效应

由表 6 可以看出,银行贷款支持这部分,新能源产业系数的 P 值大于 0.05 的置信度,所以认为新能源银行贷款增长系数不合理。其他产业中,新一代信息技术、生物医药的银行贷款增长系数为正,分别为 0.6152、0.6419。就这 2 个产业而言,银行贷款每增长 1%,新一代信息技术产业的产值增加 0.6152%,生物医药产业的产值增加 0.6419%,这两个产业的产值与银行贷款余额呈正相关性。节能环保、新材料、高端装备制造产业的银行贷款增长系数为负,银行贷款融资额每增长 1%,这 3 个产业的产值分别下降 1.5838%、1.0618%、0.5628%,3 个产业的产值与银行贷款余额呈负相关性。

3. 股票融资效应

由表 7 的可以看出,区别于银行贷款,股票融资额对产业发展起到一定的促进作用。6 大产业的股票融资增长系数均为正。股票市场的融资额每增加 1%,节能环保产业的产值增加 4.9824%,新材料产业的产值增加 2.7280%,新能源产业的产值增加 0.8880%,新一代信息技术的产值增加 0.5484%,高端装备制造产业的产值增加 2.0853%,生物医药产业的产值增加 0.2395%。其中节能环保产业的增长系数最高,生物医药产业的增长系数最低,主要是由于西部民族地区战略性新兴产业发展的侧重点在节能环保、新材料、新能源、高端装备制造这些产业上,新一代信息技术和生物医药相对发展缓慢,融资支持力度也较低。

四、结　语

通过面板数据模型的回归结果分析银行贷款和股票融资的金融支持效应,可以得到以下结论:

(1) 西部民族地区战略性新产业的发展不能没有金融市场的资金支持,由于全国战略性新产业处于初级阶段,西部民族地区的起点更低,企业本身并没有多少资本积累,如果没有外部资金的注入,企就无法开展科研工作,无法实现技术创新,企业将难以生存,产业发展也会停滞不前。

(2) 西部民族地区战略性新兴产业的间接金融支持效果欠佳,银行贷款效应大部分为负,没有对产业产生良好的催化作用。究其原因,主要有两点:西部民族地区金融机构数量少且类别单一,四大国有商业银行仍占有绝对主导地位,其低下的服务水平和运作效率严重影响了银行贷款对产值增长的效用;商业银行信贷资金的门槛高、成本大,战略性新兴产业的企业规模小、风险大,很难达到贷款条件,即使获准贷款,企业也会面临较高的融资成本,加重运营负担。

(3) 股票融资的支持力度明显高于银行贷款,说明西部民族地区战略性新兴产业的直接融资效应优于间接融资效应,股票市场将更有利于战略性新兴产业的快速成长。在西部民族地区的资本市场中,股票市场发展较于债券市场发展相对较快,相对成熟的运行机制和严格的交易监管制度能够更好为战略性新兴产业上市公司服务。但是股票融资对产业的支持效应不是十分显著,主要在于西部民族地区战略性新兴产业上市公司数目不多且主要分布在主板市场,适合规模小、发展初期的企业融资的中小板和创业板则寥寥无几,所以股票融资总量远远落后于东中部地区。

参考文献

[1] Beck Levine, New Firm Formation and Industry Growth: Does Having a Market - or Bankbased System Matter [R]. Working paper, World Bank, 2000.

[2] 段一群,李东,李廉水. 中国装备制造业的金融支持效应分析 [J]. 科学学研究,2009,27 (13):388 - 392.

[3] 何初阳,袁春力. 我国民族地区经济发展的金融支持研究 [J]. 湖北社会科学,2009 (3):68 - 71.

[4] 张荐华. 能源工业发展与金融支持——基于面板数据的实证分析 [J]. 广东金融学院学报,2010,25 (4):89 - 99.

[5] 张训. 战略性新兴产业发展的金融支持研究 [D]. 长沙:长沙理工大学,2012:1 - 87.

[6] 顾海峰. 战略性新兴产业演进的金融支持体系及政策研究 [J]. 经济问题探索,2011 (11):74 - 78.

[7] 翟华云,张情. 我国民族地区资本市场支持战略性新兴产业发展研究 [J]. 中南民族大学学报,2012,31 (3):127 - 130.

[8] 杨胜丽. 西部民族地区金融支持不足原因及对策 [J]. 合作经济与科技,2012 (437):74 - 75.

第八篇　少数民族特色产品开发与设计

第一章　地方民族特色产品包装设计[*]

随着全球经济一体化趋势的发展，中国产品正走向世界。而我们常说，"民族的正是世界的"，地方民族特色产品的设计开发迫在眉睫，而一个好的产品首先要有的是能吸引顾客眼球的产品包装设计。56 个民族 56 支花，各个民族都有本民族的文化底蕴，所以各民族的民族特色产品包装设计也各显风骚。我国有五千年的文化积淀，因此产品包装设计的内涵是取之不尽、用之不竭的。人们可以在做产品包装设计时提取部分中国元素，尽量突出地方民族风情特色，包装设计出来的产品则会更显内涵和文化底蕴，获取更大的市场效益，在国际市场上也更有竞争力。中国的包装设计既要保持自己的风格，又要跟上国际潮流，不致落后被淘汰，这样就要进行地方民族特色元素与现代包装设计的有机结合，形成中国包装设计的时代风格。笔者将以地方民族特色元素为出发点，简单谈谈对地方民族特色产品包装设计的个人见解。

一、包装设计中的地方民族特色元素

不同民族、不同地区在不同阶段都有不同的文化和历史背景。通过一定时期的发展，逐渐形成了各具特色、精彩纷呈的地方民族特色元素。例如，日本的民族特色产品包装既有来自于禅宗文化的审美意识，也有江户时期都市文化的美感精华，既有浮世绘的装饰风格，又追求华贵的艺术形式。自然、脱俗、简朴以及孤高、幽静等是日本民族产品包装设计的重要特征。而中国台湾地区的民族特色产品包装既有来自中国大陆的绘画、刺绣、年画、剪纸等素材，也有闽南传统审美的遗风，它会给人以现代风格与传统风格并重的印象。又如海南的椰果、贵州的蓝印花布、江西的竹编、山东的麦秸秆等地方民族特色材料；传统书法、国画、雕刻、木版年画；各地的剪纸、皮影、漆画、刺绣等工艺品以及诸如戏剧、脸谱、服饰等物品的装饰图案纹样及色彩；古典文学、民间传说、神话故事等作品中的内容和插图，还有各地民族特色建筑造型。无不代表了各地的民族特色。这些地方民族特色元素不仅形式丰富多彩，而且蕴藏着深刻的文化内涵。因此，这些元素具有代表本民族文化与内涵的特点。而且这些元素可以发散为多种近似元素，而那些近似元素也具有代表本民族文化与内涵的特点。这个特征与现代包装设计所寻求的语汇十分近似，也是地方民族特色元素在现代设计中

---

[*] 本文原载《包装工程》，2009 年第 1 期，作者：韩冬楠。

再发现、再利用、再创造的契合点。

二、地方民族特色元素在产品包装设计中的表达

我们提倡现代包装元素从民族中来，从传统中来，但是现代包装并不是地方民族特色艺术简单地重复移位和变异。创新才是现代包装的灵魂，应从地方民族特色艺术的形式中提取要素，充分运用现代设计技巧，融入现代设计理念再创造。这样，设计出来的包装作品既保留了地方民族特色设计艺术的风韵和特色，又带有鲜明的时代特征，具有全新的视觉形象和文化冲击。

（一）以独特的地方民族特色造型来吸引消费者眼球

造型是运用艺术手段，依赖美的规律，将一个物体用最准确、最美观、最逼真的形象来表现。而在地方民族特色产品的包装设计中，造型可借鉴本民族特色元素或其延伸，所展示的不仅仅是具有民族特色的外形，而且延伸了消费者的审美心理空间和文化心理感应，传达出形体所隐藏的民族特色文化词汇，将有限的形体物理空间转换成了无限的心理想象空间。用这种独特的地方民族特色造型来包装产品，势必会引起消费者的心理暗示，使产品独特的文化背景更加突出，从而增强市场竞争力。例如，内蒙古酒碗的装饰花纹设计成颇具蒙古风情的图案，在碗的质地和漆艺方面再做一些改进，就合成了典型的蒙古族风情的艺术装饰效果。在酒器的设计上，可以把牛羊角的式样融入其中，如图1所示。在色彩设计上可以使用动物角的角质本色。酒器中的酒杯座也是一个设计点，可以设计为流畅的弧面状。这样既加入了蒙古族产品的感觉，又体现了中国传统文化特色。如蒙古王酒的包装借蒙古包为外观造型来体现产品的古朴及产地。用民族特色图形来表现原始的风情，用一望无际的大草原来做背景，充分展现了蒙古民族的风土人情。

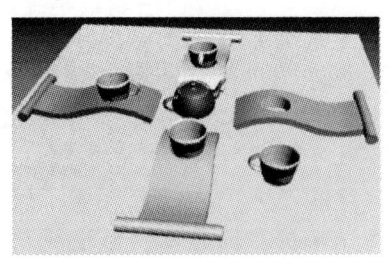

图1 内蒙古酒品的设计

（二）以民族独有的典型图形来增加产品的地方文化特殊性

设计装饰图案可以来自绘画、刺绣、年画、剪纸等素材，例如，北京奥运会火炬采用的祥云图案、京剧脸谱；陕西剪纸的抓髻娃娃图案，还有木版年画中的门神、娃娃抱鱼；婚俗剪纸中的莲花、石榴、喜鹊、龙凤等；吉祥图案——万字纹、回纹、如意纹、祥云图案、方胜图案等。这些图形往往具有鲜明的地方民族特色，表现手法往往简练，体现出其随意性、意象性和抽象性，从艺术风格上看是单纯、概括、淳朴、庄重，讲究本身的文化内涵。如果处理好图案在产品包装上的运用，会取得意想不到的效果。例如，提取适量蒙古袍，如图3所示的绸缎花边，"盘肠"、"云卷"图案结合现代包装理念用在产品的外包装纸盒上。这就通过运用民族特色图案来很好地增加产品的地方文化特殊性。再如图4所示，此设计以地方民族民间的神话故事为主图，具有较强的民族风格。鲜艳大胆的色彩与白色的底色形成鲜明的对比，整个产品设计表现出浓浓的地方民族特色文化。

图3　蒙古袍

图4　洋河酒

（三）以地方民族特有含义的色彩来点缀产品的包装设计

在地方民族特色包装设计中，色彩的配色素材的来源非常广阔，可乞灵于古老的本民族文化遗产。从一些原始的、古典的、传统的、民间的、地方民族的艺术中祈求灵感，例如，原始岩画中单纯、拙朴、强烈的色彩；地方动植物天然、独特的色彩；工艺服饰中浓烈、华丽的色彩；民族建筑纯朴、自然，具有代表性色彩；或者象征了当地民间故事、神话传奇超脱的精神境界的含蓄、淡雅、清新的色彩等。虽然色彩本身难以构成独立的形象，但它所营造的氛围却能给人留下深刻印象，同时也使包装设计作品更富有表现力。例如，蒙古族男子多喜欢穿蓝色、棕色，女子则喜欢穿红色、粉色、绿色、天蓝色。蒙古人认为，像乳汁一样洁白的颜色，是最为圣洁的，多在盛典、年节、吉日时穿用。这样，地方民族特色产品的包装设计就可以充分利用相关色彩，从而突出产品的特色，并增加销量。

（四）以民族文字或代表民族的文字引起消费者的民族文化共鸣

汉字作为一种艺术形式，是中国古代文化的瑰宝，在世界上也是独一无二的。在现代包装设计中，文字早已超越了其本身的内涵而以一种独特的视觉艺术被广泛运用。在地方民族特色产品包装设计中，不仅可以利用民族文字或代表民族特色文化的文字在画面中形成独特的形式感和视觉效果，同时可以利用文字的表现性，书法艺术的内在美和其包含的意境、情调、风度、品格来诠释产品的内涵和地方民族特色文化底蕴。如图 5 所示，潇洒飘逸的书法字体既作为包装的图形又作为包装的主题文字，金色的字体与酒洋红的色调互相映衬，高档、雅致，同时也是产品品质的表现。

图 5 百年郎酒

（五）以民族特色材料创造产品包装的新潮流

所谓民族特色材料，大体上分为两类，一类是纯天然材质，例如竹、木、草、麻、葫芦；另一类是兽皮等和自然材料的制成品，例如，陶、瓷、玻璃、纸、帛、漆器等。在地方特色民族产品的包装设计中，自然材料的运用又被赋予了新的内涵和形式。一方面，自然材质所传达出的或稚朴或纯粹或脱俗或优雅等的风格，满足了人们因工业化、城市化进程的加剧所带来的压抑和孤独感，而希望生活中能有更多的人情味、自然味、民族味的心理需求；另一方面，可以将一些具有地方特色和民族特色的手工艺制品连同材质应用到一些特定的产品包装设计中，虽然不能大批量生产，但作为有特色的旅游文化纪念品或馈赠品，不但丰富了市场，使得传统的手工艺得到更好的保护和传承，同时也扩大了现代包装的覆盖面。

三、地方民族特色元素在产品包装设计中的原则

（一）坚持本土化原则

对于地方民族特色产品的包装设计，产地定位尤为重要。在包装设计中应致力于渲染地域的优势，强调地方民族特色元素。例如内蒙古蒙牛乳业生产的蒙牛牌牛奶的包装（见图6），突出内蒙古大草原自然无污染的生态特点，源于绿色草原的纯净牛奶，使消费者放心。具有地方民族特色风味的产品，应从当地民族典型的传统包装材料、图案装饰中寻找素材，表达出与别的产品截然不同的独特性，以奇制胜。

图6　蒙牛牛奶包装

（二）注意现代包装设计技术与地方民族特色元素结合

要突出产品的地方民族特色，就要用到地方民族特色元素，而如何将地方民族特色产品的特色包装设计用新颖、独特的形式展现出来，是包装设计的核心。包头的奶制品应该有内蒙古地方特色，藏族奶制品应该有藏族特色，两者不能调换或互混。当然，最重要的是现代包装设计技巧与地方民族特色元素的和谐结合。产品的包装设计上可以出现具象图形，直接刺激消费者感官。如图7所示，此包装以神话人物和诗为文化基调，借用天然的木质材料装饰形式以及书法、绘画和印章等表现茶的素淡和高雅。绿色和木色的调子又给人一种触摸自然的感受，使顾客看了产品的包装设计后产生一种浓浓的民族气息和回归大自然的思想感情。

（三）充分考虑市场需求

市场永远是衡量设计成败的度量计，没有市场的设计永远是没有意义的，因此，设计必须面向市场，以市场的需求为切入点，以满足不同消费特征为设计目标。产品

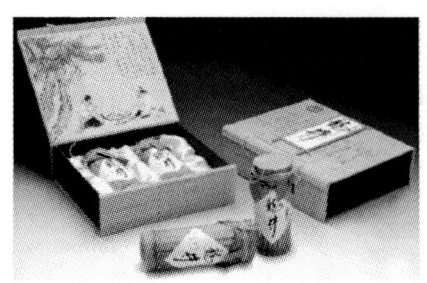

图7 龙井茶

包装设计的功效是为了保护产品、美化产品、宣传产品，也是一种提高产品商业价值的技术和艺术手段。产品包装设计具有明确的目标，它最终都须面对消费对象，设计的目标不是产品本身而是人，包装设计在突出地方民族独特的风土人情时必须体现消费对象的兴趣爱好，并引导消费者提高审美意识，具有实用性和艺术性双重特性。在科技发展日新月异的今天，设计永远都应该走在产品前面，走在消费者前面，具有超前意识和启迪性。

四、结　语

我国有五千年的文化积淀，各民族都有本民族的文化底蕴，所以产品包装设计的内涵是取之不尽、用之不竭的。然而在做产品包装设计时应当尽量突出地方民族风情特色，包装设计出来的产品才能获取更大的市场效益。我们要形成各民族独特的地方民族特色风格，在吸收外来文化的同时，要更加强烈地意识到弘扬本民族文化传统的重要性，在民族与世界、过去与未来之间找到一条适合本民族地方特色包装设计文化发展的道路。引用中国著名民俗学家钟敬文先生的话：民族文化的保存、发展、前进，关系到能不能有效地吸取和消化外来文化的问题。在开放过程中，外国的东西不但要进来，而且会冲进来，像潮水一样，假如我们固有的东西不能保住，不能在自己的根基上发展前进，那么在文化上可能成为外国文化的附庸。任何一个没有自己文化的民族，不管其在物质方面如何发达，其在精神文化方面必将成为外国文化的俘虏，其结果无疑是悲惨的。在现在这样一个日新月异的时代里，我们不得不思考对地方民族文化的传承和外来文化的借鉴以及面对广阔空间的创新。而中国的包装设计正一步步走向成熟，需要更多的理性思维和创新思维，更好地发掘地方民族特色文化，去完善一个全新的地方民族特色产品包装设计体系。只有当各个地方的民族特色产品包装设计体系完善了，那么整个国家的包装设计体系才会更加完整，更加健全。

参考文献

[1] 尹章伟,熊文飞,何方.包装造型与装潢设计[M].北京:化学工业出版社,2006.

[2] 王安霞,李营伟.基于符号意象的包装设计情与意的传达[J].包装工程,2008,29(7).

[3] 韩冬楠.包头旅游产品开发的设计定位与特色[J].装饰,2006(3).

[4] 黄静.现代包装设计中的传统文化元素[J].成都美术学院,2008(4).

[5] 黄吉淳,陈涟年.包装艺术设计[M].重庆:重庆大学出版社,2002.

[6] 柳林.民族化包装设计[M].武汉:湖北美术出版社,2003.

[7] 徐燕.包装开启的行为导向研究[J].包装工程,2008,29(9).

[8] 钟敬文.民间文学基础理论[M].上海:上海文艺出版社,1985.

第二章 民族元素在现代首饰设计中的作用[*]

由于尖端技术的发展给现代物质造成了一种难以名状的压抑感,人们在心灵深处希望得到一些抚慰和安宁,民族文化的质朴和敦厚使人备感亲切。在现代首饰设计中,设计者通过将现代的物质材料与传统风格的造型有机地结合在一起,更多地运用和吸收民族的艺术精华,使作品具有清新自然的格调,体现人性的回归,表现出纯真高尚的美。以此来实现人们对产品的精神、文化和思想的功能追求。

一、现代首饰设计的分类及趋势

现代首饰的设计风格很难加以界定,现代社会文化的多元化和频繁更迭,使首饰设计常常综合了几种风格和手法。这里大致将这些风格归纳为四种:第一种,强调富贵感的金银类首饰:曾几何时,粗粗的黄金链条冲击着人们的视线,这就是金银的力度表现。第二种,民族特色首饰:这类首饰,在造型、色彩以及材料上给人们留下了深刻的印象。现代流行的"波希米亚风"、"复古风"都同属于对民族感的强调。第三种,未来感十足的概念型首饰:夸张的造型、高科技的产品,往往能够吸引年轻消费群体的目光。第四种,复合型的首饰设计:在硕大的金银中描绘类似民族的弯曲线条,再镶嵌夸张色彩的珠宝,制作方面又采用高科技的各种手段等。这类首饰设计是对设计师的考验,也是对消费者接受能力的考验。

不论是哪一种风格,在今天的设计中,设计师着眼于唤起人们心灵深处的感觉,探求新的设计思路和更加广阔的设计视野,试图达到"万花丛中一点绿"的新颖效果。现代的首饰设计更加注重于表达简洁单纯的美感,正如人们试图寻找简单的生活代替繁杂的生活一样,设计就是实现这一转变的工具,如图1所示。

设计中只有注入了人的感情才可以去打动更多的人。情感是艺术表现普遍的与永恒的主题,例如,亲情、友情、爱情都是现代首饰设计常用的表达主题。消费者的需求在变幻的同时也在不断地对设计提出新的要求,首饰除了装饰的基本作用外,还应该具备一些其他的功能作用,即给人以心理安慰或给人以舒适和安全感等。首饰设计师程学林这样说:"设计师要学会讲故事,设计本身就是在诉说一个故事,这个故事首先打动自

---

[*] 本文原载《包装工程》,2011年第2期,作者:韩冬楠。

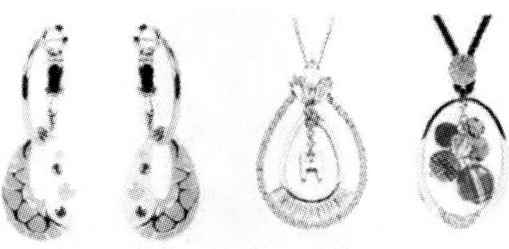

图1 现代首饰

己,然后才能打动别人。只有触动人们心灵的作品,才是一件优秀的作品,这样才能使作品的材料所蕴涵的文化内涵,发挥到极致完美。"这也道出了现代首饰设计要求,首饰作品正是作为一种感情在设计师和消费者之间传递着,如图2~图5所示。

图2 黄金首饰   **图3 民族特色首饰**

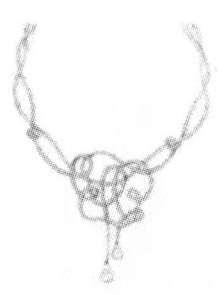 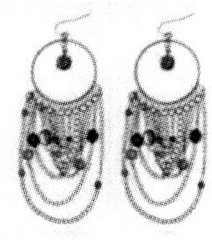

图4 概念型首饰   **图5 复合型首饰**

二、传统与现代民族与世界

现代民族文化是传统民族文化经过世界性交流与互动后形成的。继承传统以巩固现代,是任何时代维护民族文化的前提和关键。世界文化的交流是民族文化得以发展壮大的必要条件,只有民族文化得以发展和维护,世界文化才会有发展的可能,才能构成人类文明的发展。传统与现代、民族与世界相互关联在设计中得到了没有语言的诠释。"复古"并非仅仅是一种潮流而已,它是往昔岁月与未来社会的交流,它是人类心灵深处的质朴清静与繁杂喧嚣的沟通。"民族风"犹如一枝青蔓穿梭于漫乱的枯藤之中,积极向上地发展壮大,象征着新的生命,充满了新鲜的活力,正在不断为实现全世界的新理想而奋斗!这就是世界容纳民族的方式,也是民族印证世界的角度。

三、现代首饰设计中运用与发展民族元素

民族的元素很多,当然要求设计师经过精挑细选,从中吸取精粹,用现代的方式处理民族的艺术,加工民族的艺术,使民族艺术具有现代感,逐步形成传统与现代的完美结合,民族风格首饰如图6所示,设计师结合传统的古典韵味,设计出具有深厚文化底蕴的首饰,在给人一种从传统文化中寻根溯源之感的同时,又不失现代气息。这种富有特色的现代首饰同现代艺术品一样,它的知觉式样既不是任意的,也不是由单纯的造型和色彩组成的,而是某种观念、情感、民族性元素的准确解释者,如图7所示。设计师的灵感来源于中国结这一较为传统的元素,构成一件中国传统民俗的饰物,以具体形象的设计理念去表达、体现中国浓厚的传统文化气息。

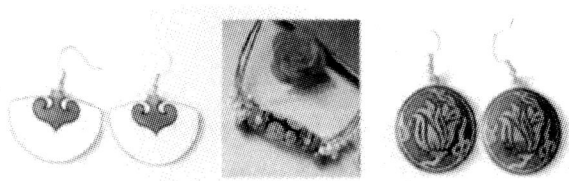

图6 民族风格首饰

图7 中国结首饰

蒙古族元素是众多民族元素的重要组成部分,也是蒙古族传统文化的重要组成部分。由于蒙古族热情豪爽、风俗独特,蒙古族元素是展现蒙古民族思想情感、精神风貌的视觉艺术形态,是在长期的历史发展过程中沉淀和积累下来的传统艺术宝库。因

此，笔者以蒙古族元素作为研究重点。

蒙古族是我国具有代表性的北方少数民族，是骑在马背上的民族，具有自己的审美特征，在历史上蒙古族由一支游牧部落逐步强大。建立起封建王朝——元朝。形成了自身的文学、艺术、宗教、哲学、建筑、科学等体系。蒙古族特别偏爱鲜艳、光亮的颜色，这些色彩都使人感到色调明朗、身心欢娱。蒙古族又崇尚白色、天蓝色这样一些纯净、明快的色彩。蓝天白云，绿草红衣，一种天然的和谐。鄂尔多斯蒙古部落妇女头饰是蒙古族首饰设计特色的综合体现，最突出的特点是两侧的大发棒和穿有玛瑙、翡翠等粒宝石珠的链坠，民族色彩浓厚，如图8所示。

图8　蒙古族头饰

蒙古族元素首饰如图9所示，是笔者提取蒙古族元素的系列首饰设计，在进行蒙古族首饰设计时，注重色彩的选用，白色和天蓝色是这一系列首饰的主打色彩，同时采用了玛瑙和翡翠粒点缀其中，既起到了较强的装饰作用同时也突出了首饰的民族特色；在首饰的材质选用方面选用了粗犷效果的棉线类材质，反映了草原游牧民族粗犷的性格特征。

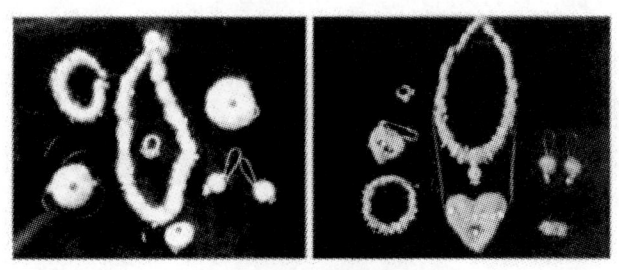

图9　蒙古族元素首饰

四、任重道远的设计师

工厂虽然给了产品生命，但产品的灵魂是设计师赋予的。在首饰设计的过程中，设计师需要从多角度考虑产品的生长过程，对产品负责、对消费者负责也是对自己的努力负责。"拿来主义"的运用也有自身原则。"取其精华，去其糟粕"是永久不变的使用法则。民族首饰设计要求设计师用民族语言表达现代的时尚观念，设计师必须对民族文化和民族精神有一定的了解，真心地去感受一样东西，才能发挥思想的能力并创作出好的作品。现代社会凡事重在创新，首饰设计更不例外。

民族元素中到底有哪些精髓在吸引着消费者的目光？民族元素中哪些力量在鼓舞消费者的精神？……一系列值得思考的问题在等待设计师的答案，答案最终会出现在设计师的作品当中，至于正确与否，评价的资格又取决于消费者。

五、结　语

社会的发展要求设计随之发展。只有适应时代发展的设计才能赢取更多的目光。现代生活充满了紧张的情绪，在竞争压力如此大的快节奏社会，人们需要的设计是体现人心理和生理需求的作品。据调查，现代首饰产品的消费在不断增长，消费水平的提高使消费者对消费品的各项要求不断提高，什么是消费者真正需要的产品？设计师的任务就是发现和创作。市场上销售的五花八门的饰品总是缺少一种宁静的美丽，这种宁静就是民族的气息，消费者需要这份宁静，他们等待时尚的现代民族首饰，民族和世界的联系牵动着每个人，设计就是要表达和传递这份感情，这就是设计的责任。未来的首饰设计需要一条正确的发展方向，这是成功的关键。

参考文献

［1］现代首饰特征：设计新材料多［EB/OL］.［2005-02-25］. http：//www.0755zb.com.

［2］浅议现代首饰设计主题及审美情趣［EB/OL］.［2006-03-02］. http：//www.efu.com.cn.

［3］首饰设计要有民族文化特——访珠宝首饰设计师程学林［EB/OL］.［2009-05-26］. http：//www.001gem.com.

［4］周泳. 传统性元素在现代首饰设计中的应用［J］. 宝石和宝石学杂志，2004，6（3）.

［5］李科. 蒙古族传统装饰元素的特征及其在现代室内设计中应用的研究［D］. 南京：南京林业大学，2007.

［6］张欣宏. 蒙古族传统家具图案元素分析［J］. 家具，2006（1）.

［7］蒙古族服饰［EB/OL］. http：//baike.baidu.com/view/193303.htm，2009.

第三章 商业用生态蒙古包设计*

"敕勒川，阴山下，天似穹庐，笼盖四野。天苍苍，野茫茫，风吹草低见牛羊。"这首质朴的牧歌使北方游牧民族的生活、习俗跃然纸上。游牧民族依水槽而居，频繁迁徙，于是方便拆卸、搬运的蒙古包便成了游牧民族最佳的住所。蒙古包俗称毡庐，圆形，由条木椽子、网状围墙、圆形天窗和门等组合搭建而成，外面蒙上毡子，用鬃毛绳子转圈勒紧加固，蒙古包体现了我国古代北方游牧民族为适应大自然、逐水草而居的民居特色。蒙古包是蒙古族先民千年以来在迁徙的过程中，通过文化不断地融合，结构不断地改变而形成的极具欣赏性与实用性的建筑。蒙古包的结构暗含着深奥的星相学、民族学元素，以及宗教（萨满教）学元素，是人们了解和体验蒙古族人民生活的最佳渠道。

几千年来，蒙古包随着游牧人东来西往，庇护着游牧民族。蒙古包因此成为蒙古族文化的重要组成部分，随着我国人民生活水平的提高，少数民族旅游业蓬勃发展，而草原旅游正是其中重要的组成部分。受到许多热爱草原文化的人们的喜爱与追捧，住蒙古包体验牧民生活更是成为了草原旅游上一个不可或缺的部分。

一、传统商业用蒙古包对比

随着现代科技的高速发展，新材料新工艺因为其优良的功能而得到了广泛应用，传统用于旅游蒙古包的建筑材料因为其在功能和环保上的弱势将逐渐淡出历史舞台。新型材料和工艺设计的蒙古包是传统文化的传承，对于传统蒙古包的制作元素要全部保有，并且还要适当加上一些能满足人们日益增长的物质文化需要的元素。现有的蒙古包有着很强的市场潜力，而其结构、功能也有很大的可提升空间，本次设计在保留传统文化的同时将对蒙古包的功能、结构进行新的提升，赋予其新的概念。

目前大部分蒙古风情园的蒙古包建筑多采用水泥结构，这种设计使蒙古包拥有一系列现代化的居住设施，淋浴、餐厅齐全，而不像传统蒙古包那样空间功能单一，更是取消了便于迁徙的特点。充分适应了现代旅游业发展需求的同时，又保存了完整的文化符号。但是这种蒙古包的不足也显而易见，例如，它的防潮性、通风性、采光性都受到设计因素的影响。而且内蒙古地区用的水泥大部分是碱性水泥，碱性水泥对于

---

* 本文原载《包装工程》，2010年第20期，作者：韩冬楠。

其周围的土地有碱化作用，进而侵害草原土质，影响上土层植被。于是，建筑用环境亲和材料对于草原地区今后的生态旅游发展有着重要意义，发展草原生态旅游便不失为一种优化选择，从而实现草原旅游的良性循环。此次设计的材料主要从这个方面考虑。

二、生态蒙古包的造型设计

鲁迅曾说过："只有民族的才是世界的，只有文化的才是长久的。"因此，在所设计的蒙古包中，要保留最原始的蒙古草原牧民文化，突出"天苍苍，野茫茫"的感觉，但是又要把现代科技融入草原当中，使其更具特色，更具视觉冲击力，同时又能满足游客越来越多的需求。大胆地赋予新型蒙古包树上屋的造型，暗中契合了人类登高望远的本性，同时又大量地采用了玻璃、钢铁等新型材质，来满足结构的需求和游客观景的需要。在空间和使用方式上也对其进行了全新的诠释。它不再是单一的居住环境，可以是一个地标性建筑物，像草原上的朵朵白云；也可以是一个观景台，一个矗立在茫茫草原上的雕塑作品；或者是一个空中宴会厅，极大地满足了现代人生活的需求和品味。同时在树上屋中又保留了蒙古包的原始造型，并赋予它蒙古族最祥瑞的图样，使其保留着蒙古族的文化元素，生态蒙古包如图 1 所示。新型蒙古包的使用定位在旅游度假村中，在赋予新的概念的同时也赋予了新的功能，同时不丢弃文化的符号。民族风格高度稳定地改变着人们的思想行为包括认知审美，成为一种世代相传的民族文化精神。把文化融入新型蒙古包的皮肤中、骨骼中，就像是朵朵美丽的白云漂浮在美丽的内蒙古草原上，使游客心旷神怡，为其带来极大的视觉冲击力。在简单的集合造型中布置渗透了蒙古族的民俗元素，还渗透了人对天空的向往与敬畏元素。

图 1　生态蒙古包

三、生态蒙古包的结构设计

蒙古包的外形结构是按照圆和饱满的精神理念来建构的，建筑的风格无论怎样变化,始终不会改变"圆"的本质造型。不论从哪个方面看,蒙古包都是圆的,这种形式最有利于抵挡大风大雪。而这种综合的功能用文艺作品的方式表现出来,还是别的民族少有的。就结构来看,它反映出强烈的民族风格,所有载人结构都会保留最原始的蒙古包造型,以圆为基础几何形态,并且更加接近天空的设计,赋予了其更加强烈的对天的崇敬和向往。此次设计的蒙古包巧妙地将蒙古包的传统文化意象与现代科技相结合。很大程度上改善了旧式蒙古包。高分子材料乙烯—四氟乙烯共聚物(ETFE)包裹水泥建材的应用,改变了碱性水泥对草原的碱化作用。钢架支撑结构的使用使蒙古包更坚实可靠。值得一提的是,新式的商业蒙古包设计当中大胆地使用了玻璃材料,这大大改善了蒙古包内部的采光条件。建筑材料是建筑工程的物质基础,建筑材料的发展与建筑技术的进步有着不可分割的关系,它们相互制约、相互依赖、相互推动。随着建筑材料的发展和革新,建筑的结构设计上也有了更大的可能性。蒙古包作为建筑的一种也随之发生了巨大的变革。

新型蒙古包的设计不仅在造型和结构上发生了巨大的变化,在赋予其新的概念的同时也需要相应地采用新型材料进行建筑。新型建材具有轻质、高强度、保温、节能、节土、装饰等优良特性。采用新型建材不但使房屋功能大大改善,还可以使建筑物内外更具现代气息,满足人们的审美要求。

四景观蒙古包如图 2 所示,该设计象征着草原上的祥云,由巨大的支撑柱支撑起来,5 个蒙古包如花朵状连接起来,中间有巨大的宴会厅,整体结构由 4 个观景蒙古包和 1 个主宴会厅组成。由电梯进入主宴会厅,宴会大厅粉饼通往 4 个观景蒙古包,每个观景蒙古包外都设有观景台,附电梯的蒙古包如图 3 所示,生态蒙古包平面图如图 4 所示。

图 2　四景观蒙古包　　　　　　　　　　图 3　附电梯的蒙古包

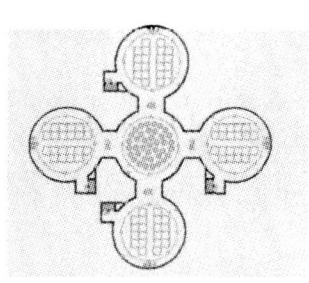

图 4　生态蒙古包平面图

在功能上,新型蒙古包是为了旅游而设计的蒙古包式建筑,由于它是矗立在草原上的高层建筑,所以在功能上赋予了其观景屋的概念。在系列1的蒙古包中,中间比较大的蒙古包拥有宴会厅的功能,而其他向四周伸展的蒙古包便是观景屋,登高望远,无边草原尽在眼中。由高达20多米的观景屋向外观看可以令游客们有种身在云端俯瞰草原之感。

电梯间的设计,使蒙古包在保有传统文化气息的前提下突出品位个性,同时也是人民登高望远的客观需要。这样的设计高度以及空旷的草原上没有其他高一点的建筑物,因此避雷设施是必要的。设计过程中又一个难题:如何解决草原风阻的问题?众所周知,草原气候属于大陆气候和季风气候。根据计算机模拟风阻实验,在不同的季节里将蒙古包的某个或某几个方向加大重力,使其与风阻平衡,当然,这就要求根基部分更牢固。但是设计方案2就不存在这种弊病,它采用的是三角式底座支持,有效地加强了根基的牢固程度。

三景观蒙古包如图5所示,设计的灵感来源于飞碟的造型,整体设计极具现代感,内部和下部有电梯,中间部分为观景平台,3个圆形蒙古包成三角态势犄角相依。整体被高高架起,将会成为草原上一道亮丽的风景线。

图5 三景观蒙古包

独特的造型,蒙古包文化的承袭,高科技建筑方法的使用,使设计的商业用蒙古包匠心独具。把蒙古包建筑在这样的高度,不但可以使人们得到视觉上的满足,事实上,这也是一个防潮的措施。草原湿气比较重,这不利于人的健康。ETFE膜的使用使新式蒙古包具有很强的耐腐蚀性、自洁性、较长的寿命、防火性。乙烯—四氟乙烯共聚物(TEFE)具有聚四氟乙烯的耐腐蚀特性,加之其平均线膨胀系数接近碳钢的线膨胀系数,使ETFE(F-40)成为金属的理想复合材料。其特有的抗黏着表面使其具有高抗污、易清洗的特点,通常雨水就可以清洁主要污垢。ETFE寿命为25~35年,属可循环利用材料。ETFE膜达到DIN4102B1防火等级标准,燃烧时也不会滴落。且该膜质量很轻,每平方米只有0.15~0.35千克。这种特点使其即使在烟、火引起的膜融化情况下也具有相当的优势。

四、设计材料分析

新型蒙古包的设计不仅在造型和结构上发生了巨大的变化，在赋予其新的概念的同时也需要采用新型的材料进行建筑。新型建材具有安全、环保、轻质、高强度、保温、节能、装饰等优良特性。采用新型建材不但使房屋功能大大改善，还可以使建筑物内外更具现代气息，满足人们的审美需求。

在建造材料的选择上，为了保证其更加稳定安全，整体系列蒙古包的支架结构都需要采用稳固、牢靠的钢结构，以保证材料的刚性和寿命可以满足结构的要求。高分子材料（ETFE，乙烯－四氟乙烯共聚物）的应用使旅游地能为游客提供更舒适、可靠、安全的服务。

五、结　语

区域文化代表着每个国家、每个民族的文化传统和文化特征的持久生命力。新材料以及新工艺的应用是现阶段新型蒙古包设计的趋向，因此，大胆地使用新材料 ETFE 是本次新型蒙古包设计突出的一个重点，在造型方面，新型蒙古包传承了传统文化意象，采用传统的圆作为基础几何形态。

参考文献
[1] 郭永明. 郭氏蒙古通 [M]. 北京：作家出版社，2003.
[2] 徐万邦. 中国少数民族文化通论 [M]. 北京：中央民族大学出版社，1996.
[3] 安柯钦夫. 中国北方少数民族文化 [M]. 北京：中央民族大学出版社，1999.
[4] 高文琪. 探究楚文化精髓秉承文化传统 [EB/OL]. (2006－12－17). http：//2gsfj. com/thread－88595－1－1. html.
[5] 高瞩，吉晓民，史丽. 中国传统文化艺术与产品形态的审美传承 [J]. 包装工程，2010，31（2）.
[6] 柳逸善. 关于蒙古包的审美研究 [D]. 北京：中央民族大学，2005.
[7] 安钢. 乙烯及其部分衍生物工业基础 [M]. 北京：化学工艺出版社，2008.

第四章　包头市旅游产品开发的设计定位与特色[*]

包头市地处内蒙古腹地，气候条件较其他县市有优势。近年来，包头市旅游业发展尤其迅速，然而旅游产品的设计发掘与快速发展的旅游业相比，显然有些滞后了。现今，市面上的旅游纪念品虽然样式较多，品种也不少，但大部分产品都缺少新意，很少有那种能让游客眼前一亮的产品。我们应该从旅游产品的设计定位上来把握产品设计的水准，使其为包头市旅游业带来更大的利润。

为了更好地设计出合理而新颖的旅游产品，设计师对包头的历史文化及各个旅游景点应该有充分的了解和认识，以下就是对包头市旅游文化的简介。

包头，蒙语"包克图"，意为"有鹿的地方"，因此，包头也被称为鹿城。包头市位于华北北部、内蒙古自治区西部，地处环渤海经济开发区与黄河上游资源富集区交汇处。东距首都北京700公里，距自治区首府呼和浩特150公里，北靠蒙古国，南临黄河，与鄂尔多斯市相邻；东西接沃野千里的"敕勒川"（土默川平原）和河套平原；绵延起伏、雄伟壮观的大青山（阴山山脉）横贯中部，山后即是一望无际的山北高原。

近年来，包头市城市建设发展迅速、市区园林绿化建设成绩斐然。由于包头市大力实施硬化、绿化、美化、净化、亮化工程，现有10000平方米以上绿化、休闲广场30多处，街心花园、街头景点90多处，人均公共绿地面积10平方米，城市建成区绿化覆盖率达33.5%，基本形成了城市的广场文化。市内参观景点有代表原始文明的"阿善遗址"，保存完好的赵长城、秦长城、麻池古城、库伦古城，还有阴山古刹五当召、塞外名寺美岱召等名胜古迹，希拉穆仁草原、九峰山自然保护区和梅力更等也是非常好的旅游风景区。

可以看出，包头市并非一片戈壁沙滩，也有独特的自然风光。每当夏季来临，成吉思汗草原生态园区内水草肥美、鸟语花香，一眼望不到头的绿色与蓝天白云相接，置身其中，"天苍苍，野茫茫，风吹草低见牛羊"的感觉油然而生。高山草甸，草原春坤山，一望无际的龙梅玉荣大草原，天然的森林氧吧固阳境内九峰山自然保护区，都是包头市最好的天然画卷。因此，一些皮画通常都是以这些旅游资源为题材，若将这些自然风光刻画到其他装饰品上如一些器物、摆设，能取得更好的效果。

通过对包头旅游资源的简单介绍，我们可以发现，除了已有的旅游产品，还可以开发出许多新的产品创意来。当然，旅游产品的设计是多元的，历史文化、地理环境、自然风光、人文传统等因素是必不可少的，而设计的重点应该放在包头旅游景点的民

---

[*] 本文原载《装饰》，2006年第3期，作者：韩冬楠。

族风情、传统文化上。

首先，蒙古族丰富的人文传统无疑是最吸引人的旅游资源。五当召是内蒙古地区喇嘛教寺庙中驰名古今、蜚声中外的一座庙宇，是内蒙古唯一保存完整的纯藏式建筑群，也是藏传佛教的活动中心。无论是门外汉还是专业人士都对它坚毅而神秘的建筑风格赞叹不已。塞外名寺美岱召在研究蒙古史、佛教史、建筑史和美术史上也具有重要价值。因此，将这些景点、历史、人文记录在旅游产品上，是一个非常好的创意。

其次，广袤的草原上还孕育着久远动人的传说和美丽神秘的典故，例如，汉元帝时胡汉和亲，昭君出塞，沿石门水北入匈奴，途经石门，留下了许多美丽的故事和传说，后人多写诗为记，如"敛眉光禄塞，回望夫人城"，"汉国明妃去不还，马驮弦管向阴山"等。除了运用一般的装饰手法，还可以利用一些设计师常常忽略掉的细节，如敖包相会的典故，对原有的旅游产品进行新的包装，形成新的卖点。

考虑到市场行情，在旅游产品尤其是蒙古风情的旅游产品中，迷你型产品比较容易受到游客的钟爱。例如，随身携带的储物盒（可以设计成八卦式样，采用玻璃与不锈钢材质，悬挂于室内并可随身携带储藏小东西，将中华传统与现代科技结合起来，如图1所示）。再者，设计一款可拆装的方形储物盒，可以拆开来用，也可以合起来用，平时摆在书架上也是一个装饰品；人们旅游时通常会自己带一些常用药品，以备万一，因此，针对此而设计的药盒可以将其功能与其他功能结合起来，或者将这一功能应用于钥匙扣之类的纪念品上。当然，钥匙扣这样的小产品也可以变出很多花样来，例如，可以将时间显示、收音机、MP3等电子功能加于其上，设计出颇具时尚感的产品。

图1 储物盒设计

当然，一些实用性较强的产品也颇受游客青睐。蒙古酒具是市面上比较常见的产品，如果将酒碗的装饰花纹设计成颇具蒙古风情的图案，在碗的质地和漆艺方面做一些改进，就能形成典型的蒙古族风情的艺术装饰效果，如图2所示。在酒器的设计方面，可以把牛羊角的式样融入其中；在色彩设计上可以使用动物角的角质本色。酒器中的酒杯座也是一个设计点，可以设计为流畅的弧面状，这样既加入了蒙古族产品的感觉，又体现了中国传统文化特色。

蒙古刀也是市面上最具代表性的旅游产品之一，而水果刀也是可考虑的卖点，因此，如果将蒙古刀的外形附加上水果刀的功能，同样可以成为一款新的设计。

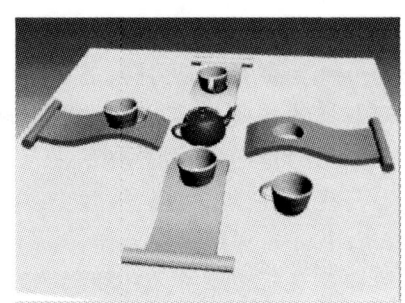

图 2　酒杯座设计

在包头市的旅游景点中,喇嘛庙较多,既能代表民族、地域、风土人情等方面的特色,又能成为旅游者收藏的纪念品,这正是庙宇旅游产品的开发方向。浓缩召庙文化,取具有宗教特色的喇嘛教经轮之形,应用到旅游产品设计上,不仅在给游客的纪念品上传扬了宗教文化,还可以方便拥有者的生活。

此外,旅游者通常都会有一种回归自然的愿望,在绿色的大草原上驰骋甚至把酒言欢,都是人生快事。为自己准备一件方便携带并具蒙古风情的帐篷更是现代游客的心愿。将现有的蒙古包设计成为可伸缩式的便携帐篷,这样不但高效利用了空间,也在传统生活与现代科技中找到了完美的切合,让生活充满乐趣,让设计融入生活。

旅游产品的设计还存在着色彩单一的缺点,由于普遍采用了皮子的赭石本色,显得非常古老。我们不妨对一些产品采用绿色与白色组合的色彩系列,这样更能彰显出大草原中蓝天白云的宽广与宁静。例如,西藏的天珠一般都是墨绿和深蓝色,充分体现了布达拉宫的神圣和青藏高原的圣洁。所以,对于特殊意义的产品完全可以采用黑色或深蓝色,尽显内蒙古民族文化的深邃与神秘。

旅游产品的设计一定要充分考虑制作工艺过程及取材的针对性,甚至不同产品要运用不同材质和肌理图案进行设计。例如,石质的饰品可以考虑把著名的阴山岩画图案加上。

最后,包头市旅游产品的设计应当突出地方性特色,同时也要将实用性元素考虑在内,当然,美观性也是关键因素。例如,旅游产品一定要突出当地的一些旅游业的特色。牛羊角制品不一定非要做成梳子、耳勺等梳妆用品,也可以用于制造其他用途的产品上,这样既突出了地方性的民族特色,也开发出了比较实用的旅游产品。

包头市旅游纪念品虽然品种较多,但真正有艺术欣赏价值又具有强大实用性的产品少之又少。这些也可以作为旅游产品设计所要把握的关键和遵循的原则。当地的民俗典故可以作为旅游产品设计一个比较好的题材。例如,敖包相会的传说就可以被利用起来。敖包本是由一些许愿的石块组成,如果出售敖包石,并给它们做一些包装设计,例如,做成岩画或者蒙古文字图样,这样外包装可以留给游客做纪念,而石块用于投掷许愿。这样一来,不仅进行了许愿祈祷这一活动,还可以给人们留下某种念想,产品同时也具有了一定收藏价值,使人睹物思情。

在漫漫旅途中,旅游爱好者最需要的紧急物品当然是旅游导航图了。彩色系列化设计,不同颜色,搭配不同时装、不同心情,创造性的携带方式和换壳设计体现魔术内涵，功能强大而新颖的魔术掌上地图一定会是青年游客的首选。自动旅游导航器以及设计新颖的旅游手册也是可圈可点的设计点。

综上所述，包头市旅游纪念品的设计中应当注意的问题，主要还是造型的新颖性、新品种的开发等方面，只有尽量突出包头的民族风情，设计出来的产品才能获取更大的市场效益并促进包头市旅游业的发展。文化特色、民族风情因素都应该是旅游产品的设计开发中的重中之重。

参考文献

［1］赵江洪. 设计心理学［M］. 北京：北京理工大学出版社，2004.

［2］陈鸿俊. 设计人性化之趋向［EB/OL］. ［2001-10-21］设计在线网，www. dolcn. com.

［3］朱天明. 设计色彩对比手册［M］. 上海：东方出版中心，2003.

［4］傅桂涛. 文化的回归与设计的回归［EB/OL］. ［2001-08-29］设计在线网，www. dolcn. com.

后 记

内蒙古科技大学产业创新研究团队对产业创新问题的研究始于 2000 年，当时由张璞教授负责的课题组主持了内蒙古自治区哲学社会科学规划课题"内蒙古产业创新研究（0106）"，取得了初步的研究成果。其后课题组对产业创新问题给予了全面的关注。2008 年，由张璞教授主持的国家社会科学基金项目"少数民族特色产业创新与发展研究（08XMZ048）"获批准立项，2013 年，由张璞教授负责的课题"创新驱动内蒙古产业结构调整的对策研究（NJZX15）"又获得了内蒙古自治区高校人文社会科学重点项目的资助。2009 年 3 月，经内蒙古教育厅批准，内蒙古科技大学经济与管理学院申报的"产业信息化与产业创新研究中心"成为内蒙古自治区高校人文社会科学的重点研究基地，基地重点研究方向之一为内蒙古产业创新与发展。2010 年，资源型产业信息化与创新发展研究团队被学校评为校级科研创新团队。本书即是近年来研究团队发表的关于少数民族特色产业创新与发展的研究论文的汇编。

本书收录了产业创新研究团队主要成员发表的论文，编著者除了张璞教授、郝戊教授外还有：内蒙古科技大学经济与管理学院的杨丽梅教授、魏曙光教授、王雅荣教授、韩冬楠教授、王晓轩副教授、张斯琴副教授、赵周华副教授、边璐博士、闫包成副教授、弓秀玲副教授、张江朋博士等。

需要说明的是，本书汇编的是同一专题的论文，书中各篇论文的观点、数据等难免有个别重复之处，敬请读者谅解。

本书中的每篇论文，汲取和借鉴了国内外大量研究文献中的有益观点，在此向相关学者表示诚挚的感谢！

感谢经济管理出版社为本书出版所付出的努力！

编者
2014 年 5 月于内蒙古科技大学